MW00457359

clave

Osho ha sido descrito por *The Sunday Times* de Londres como «uno de los mil artífices del siglo XX» y por el *Sunday Mid-Day* (India) como una de las diez personas —junto a Gandhi, Nehru y Buda— que ha cambiado el destino de la India. En una sociedad donde tantas visiones religiosas e ideológicas tradicionales parecen irremediablemente pasadas de moda, la singularidad de Osho consiste en que no nos ofrece soluciones, sino herramientas para que cada uno las encuentre por sí mismo.

Para más información, visite el sitio del autor:
www.osho.com

OSHO

El ABC de la iluminación

Un diccionario espiritual
para el aquí y el ahora

Traducción de
Fermín Guisado

DEBOLS!LLO

El ABC de la iluminación
Un diccionario espiritual para el aquí y el ahora

Título original: *Yellow Pages of Enlightement*

Primera edición en Debolsillo en España: septiembre, 2007
Primera edición en Debolsillo en México: noviembre, 2017

D. R. © 2001, Osho International Foundation, www.osho.com
Todos los derechos reservados
Publicado por acuerdo con Osho International Foundation,
Bahnhofstr. 52, 8001 Zúrich, Suiza

D. R. © 2003, Editorial Kairós, S. A.

D. R. © 2007, Penguin Random House Grupo Editorial, S. A. U.
Travessera de Gràcia, 47-49. 08021 Barcelona

El material de este libro ha sido seleccionado entre varias de las charlas dadas por Osho
ante una audiencia durante un periodo de treinta años.
Todos los discursos de Osho han sido publicados íntegramente en inglés y están también disponibles en audio.
Las grabaciones originales de audio y el archivo completo de textos se puede encontrar on-line en la biblioteca de la
www.osho.com
OSHO® es una marca registrada de Osho International

D. R. © 2017, derechos de edición mundiales en lengua castellana:
Penguin Random House Grupo Editorial, S. A. de C. V.
Blvd. Miguel de Cervantes Saavedra núm. 301, 1er piso,
colonia Granada, delegación Miguel Hidalgo, C. P. 11520,
Ciudad de México

www.megustaleer.com.mx

D. R. © Fermín Guisado, por la traducción, cedida por Editorial Kairós, S. A.

Diseño de la portada: departamento de diseño de Penguin Random House/Yolanda Artola
Fotografía de la portada: © John Grant, Stone/Getty-Images

ISBN: 978-607-315-928-9

Impreso en México – *Printed in Mexico*

El papel utilizado para la impresión de este libro ha sido fabricado a partir de madera procedente
de bosques y plantaciones gestionadas con los más altos estándares ambientales, garantizando
una explotación de los recursos sostenible con el medio ambiente y beneficiosa para las personas.

Penguin
Random House
Grupo Editorial

Abnegación

El amor es abnegación. Es mucho lo que se está perdiendo, sobre todo en Occidente, debido a que el amor se ha convertido casi exclusivamente en pasión, excitación y emoción: en un pelotazo. Eso también forma parte del amor; pero no es su meollo, sino una parte muy superficial. Bueno, a veces también es necesaria la excitación; pero es como la sal en la comida, no la comida misma. La abnegación es el verdadero ingrediente: la esencia misma del amor.

Abstinencia

Desde el momento en que nos introducimos en el útero materno, nos convertimos en un ser sexual; no hay manera de evitarlo. De modo que quien quiera evitar el sexo no tiene más remedio que reprimirlo y convertirse en un ser antinatural, con lo cual toda su vida será una vida pervertida. La represión es posible, pero no la trascendencia.

Una vez escuché lo siguiente:

Ellen y Dolph llevaban treinta años casados y no habían faltado una sola noche a las delicias conyugales. Un día, Ellen fue al médico y este le dijo que debía guardar tranquilidad y reposo completos durante seis meses o de lo contrario pondría en peligro su vida.

Ellen y Dolph decidieron que debían permanecer separados durante aquel período. Ella se trasladó a un dormitorio del piso superior y él se quedó en la planta baja.

Transcurridos tres meses de abstinencia total y soledad, su fuerza de voluntad se derrumbó y Dolph decidió hacer una visita al dormitorio de su mujer. Cuando empezaba a subir las escaleras, descubrió que ella bajaba.

—Cariño —dijo ella—, bajaba dispuesta a morir.

—Me alegro, vida mía —respondió él—, pues yo subía para matarte.

No seamos insensatos, hagamos sencillas las cosas. ¡No hace falta matar o morir! La represión nos complicará mucho las cosas a lo largo de la vida y acabará por desgarrarnos; por convertirnos en esquizofrénicos: célibes por fuera y lo contrario por dentro.

Abstracciones

Siempre resulta más sencillo amar las cosas abstractas. Es más fácil amar a la humanidad que a los seres humanos, pues amando a la humanidad no se corre ningún riesgo. Un solo ser humano es mucho más peligroso que la humanidad entera. La humanidad es una palabra; no existe ninguna realidad que se corresponda con ella. El ser humano es una realidad, y cuando se transita una realidad, se suceden los buenos tiempos y los malos; el dolor y el placer; los ascensos y las caídas; los altos y los bajos, la agonía y el éxtasis. El amor a la humanidad no tiene éxtasis ni agonía. De hecho, amar a la humanidad es una manera de soslayar a los seres humanos: como eres incapaz de amar a los seres humanos, te pones a amar a la humanidad simplemente para engañarte a ti mismo.

Evita las abstracciones.

Absurdo

Todo lo hermoso es absurdo. La alegría es una de esas experiencias desprovistas de toda utilidad. Tanto el amor como la paz o la iluminación son absurdas: absurdas en el sentido de que no tienen el menor significado más allá de sí mismas; su significado es intrínseco.

La belleza es absurda; la alegría es absurda; la risa es absurda.

Acopia en tu vida tantas cosas absurdas como puedas. Hay gente que colecciona cosas extrañas, ¡como sellos de correos! Colecciona cosas absurdas, pues cuantas más cosas absurdas tengas, más rico serás.

Aburrimiento

Los animales jamás se aburren. Fíjate en un búfalo rumiando hierba, cada día la misma hierba, tendido y rumiando sin parar; pero jamás se aburre. Tú puedes aburrirte de mirarlo, pero él no se aburre. Los animales nunca se aburren, no hay manera de aburrir a un animal. Su mente es demasiado crasa; demasiado torpe, ¿cómo puedes aburrirle? Para aburrirse hace falta una altísima sensibilidad; cuanto mayor sea tu sensibilidad, más grande será tu aburrimiento. Los niños no se aburren, todavía están más próximos al mundo animal que al humano; son animales humanos. Todavía disfrutan con las cosas sencillas, de modo que no se aburren. Pueden ir a cazar mariposas cada día y no llegar a aburrirse, por lo que están dispuestos a ir todos los días. ¿Has hablado alguna vez con niños?, ¿les has contado alguna vez una historia; la misma historia? Te dirán: «Cuéntala otra vez». Y cuando se la hayas contado otra vez, te dirán: «Cuéntala de nuevo».

No puedes aburrir ni a los niños ni a los animales. El aburrimiento es humano; una cualidad muy importante, de hecho, puesto que solo se da al más alto nivel de conciencia. Cuando uno es muy sensible, se siente aburrido —la vida parece carente de significado y desprovista de sentido en sí misma—; te sientes como si fueses un mero accidente, como si tu presencia aquí fuese irrelevante. Hasta que llega un momento en que uno está tan sumamente aburrido que empieza a pensar en suicidarse.

¿Qué es el suicidio? Es simplemente abandonar; decir que hasta aquí hemos llegado. No quiero volver a jugar a este juego y abandono definitivamente la partida. A no ser que alcances ese punto, no es posible la transformación, pues solo a partir de él puedes transformarte. Ahí está la encrucijada.

Accidentes

Como la vida avanza y la mente mira al pasado, la mente y la vida nunca se encuentran. La mente va hacia atrás y vive de espaldas. La mente es un espejo retrovisor del que hay que valerse cuando la ocasión lo requiere. En efecto, el espejo retrovisor del coche cumple una función importante; pero si te obsesionas con el espejo retrovisor y no dejas de mirarlo, si conduces pendiente exclusivamente del espejo retrovisor, el asunto puede volverse peligroso. Sin duda habrá accidentes y más accidentes, y nada más que accidentes.

Y eso es lo que le ha pasado a la humanidad. Mira: tres mil años de historia y lo único que encuentras son accidentes, accidentes y más accidentes. En tres mil años hemos disputado cinco mil guerras. ¿Quieres más accidentes?

¿Y qué le hemos hecho a la tierra, a la naturaleza, durante esos tres mil años? Hemos destruido la ecología. En estos momentos, como no se haga algo de manera inmediata, la tierra puede llegar a ser inhabitable.

La tierra ha sido envenenada por nosotros; la estamos matando. ¡Tenemos que vivir en ella y la estamos convirtiendo en un cadáver! En muchos lugares empieza a apestar. Hemos provocado un cáncer a la tierra y a la naturaleza; ella nos ha dado la vida y nosotros, a cambio, le damos muerte. Y la razón fundamental, la causa principal, es que hemos hecho caso a la mente, que va hacia atrás.

Aceptación

Durante tan solo veinticuatro horas, prueba lo siguiente: aceptación total; suceda lo que suceda. Si alguien te insulta, acéptalo, no reacciones y observa lo que ocurre. De repente notarás que fluye en tu interior una energía que nunca antes habías notado. Cuanto te sientes débil y alguien te insulta, te molestas y empiezas a pensar de qué manera tomarás venganza; esa persona te ha atrapado y, en adelante, no harás otra cosa que darle vueltas y más vueltas. Durante días, noches e incluso años, no podrás dormir y tendrás pesadillas. Hay gente capaz de desperdiciar toda su vida por una nimiedad insignificante, como que alguien le haya insultado.

Basta con volver la vista hacia tu pasado para recordar unas cuantas cosas. Cuando eras un chiquillo, el maestro te llamó idiota en clase y todavía lo recuerdas con rencor. Tu padre dijo algo, pero tus padres lo han olvidado y no logran recordarlo ni aunque tú se lo recuerdes. Tu madre te lanzó determinada mirada y desde entonces te ha acompañado la herida, que sigue abierta, en carne viva, y explotarás con solo que alguien la roce. No dejes que la herida se extienda, no permitas que te esclavice. Busca las raíces; acércate al Todo. Durante veinticuatro horas —solo veinticuatro horas— trata de no reaccionar, de no rechazar nada; pase lo que pase.

Si alguien te empuja y te derriba, ¡cáete! Luego levántate y vete a casa. No hagas nada al respecto. Si alguien te agrede, inclina la cabeza y acéptalo con gratitud. Vete a casa, no hagas nada; aunque solo sea durante veinticuatro horas, y experimentarás un arrebato de energía que nunca antes habías conocido: una nueva vitalidad que surge de las raíces, y una vez que la hayas conocido, una vez que la hayas experimentado, tu vida cambiará. Luego te reirás de todas las tonterías que venías haciendo: de todos los rencores, reacciones y venganzas con las que te habías estado destruyendo.

Nadie puede destruirte salvo tú; nadie puede salvarte excepto tú. Eres Judas al mismo tiempo que Jesús.

Actividad

Recuerda dos palabras: una es «acción»; la otra, «actividad». La acción no es actividad; la actividad no es acción. Sus naturalezas son diametralmente opuestas. Acción es cuando la situación lo requiere: actúas; respondes. Actividad es cuando la situación no importa, no se trata de una respuesta; eres tan inquieto interiormente que la situación no es más que un pretexto para mantenerte activo.

La acción nace de una mente silenciosa —es la cosa más hermosa del mundo—. La actividad surge de una mente inquieta —es la más deplorable—. Acción es cuando el acto tiene relevancia; la actividad es irrelevante. La acción responde al momento: es espontánea; la actividad está cargada de pasado. No es una respuesta al momento presente, sino más bien el exutorio de la inquietud que has venido arrastrando desde el pasado hasta el presente. La acción es creativa; la actividad es enormemente destructiva: te destruye a ti y destruye a los demás.

Trata de entender esa sutil diferencia. Por ejemplo: estás hambriento y comes; eso es acción. Pero si no estás hambriento, no tienes el menor apetito y a pesar de todo comes, eso es actividad. Lo que haces es destruir la comida, machacarla con tus mandíbulas hasta destruirla, lo cual te permite un cierto alivio de tu inquietud interior.

Actuar

¡Deja de actuar! Pero cuando digo que dejes de actuar, no estoy diciendo que no hagas nada. Esta es la segunda cosa que debes entender: cuando digo que dejes de actuar, no me interpretes mal, no estoy diciendo que no hagas nada. «Deja de actuar» significa simplemente que dejes de empujar a la corriente; que te dejes llevar por el río. Él ya va camino del océano y te llevará a tu destino, sea este cual sea: X, Y o Z; eso es imprevisible. Nadie conoce el punto exacto en que el río se encontrará con el océano, ni dónde ni cuándo, y es bueno que nadie lo sepa. Es bueno porque así la vida sigue siendo un misterio; una continua sorpresa. Uno se asombra a cada paso y le embarga una profunda admiración.

Admiración

Quien quiere ser admirado es porque no siente respeto por sí mismo. Somos educados con sentimientos de culpa que arraigan profundamente en nosotros. Desde el principio somos reprendidos por los padres, los maestros, los sacerdotes, los políticos y toda la clase dirigente. A todos los niños se les repite continuamente un único sonsonete: «Hagas lo que hagas, no está bien. Estás haciendo lo que no debes hacer y dejando de hacer lo que deberías hacer». Todos los niños reciben directa o indirectamente la impresión de que no son realmente queridos, de que sus padres están cansados, de que en cierto modo se los tolera o de que son una molestia.

Eso causa una profunda herida en las personas y da origen al rechazo de uno mismo. Buscamos admiración para ocultar esa herida.

La admiración es una compensación. Si te respetas a ti mismo, es más que suficiente; si te gustas a ti mismo, no tienes necesidad de ninguna admiración y ni siquiera la deseas, pues en cuanto empiezas a desear la admiración de los demás, empiezas a comprometerte con ellos. Tienes que colmar sus esperanzas, pues solo entonces te admirarán. Tienes que acomodarte a sus dictados y no puedes gozar de una vida en libertad.

Adulterio

El significado corriente del término es hacer el amor con una mujer con la que no estás casado. Pero el verdadero significado del adulterio es hacer el amor no estando enamorado. Aunque se trate de tu propia esposa, si no estás enamorado, hacer el amor con ella es adulterio.

Pero el hombre es un fenómeno complejo: hoy en día puedes estar enamorado de tu mujer —¡sí, incluso de tu mujer! Sé que es difícil, duro y que además es muy raro, pero ocurre—. Hoy en día puedes estar enamorado de tu propia mujer, en cuyo caso hacer el amor con ella es una oración, una forma de culto y una comunión con la existencia.

Solo que esa comunión también se puede dar con cualquier otra mujer con la que no estás casado —si hay amor de por medio, no es adulterio—. Y si lo que hay por medio no es amor, incluso lo que haces con tu esposa es adulterio.

Adultos

Todos los niños son inteligentes, mucho más inteligentes que los llamados adultos. Los adultos son solo «llamados»; es muy raro encontrarse con una persona que sea realmente un adulto. La principal característica de una persona verdaderamente adulta es que mantiene viva la inocencia y conserva la mirada asombrada y el corazón inquisitivo de un niño; la pureza y la claridad del niño siguen intactas en él. Ha logrado derrotar a la sociedad; no ha permitido que nadie destruya su inteligencia.

Agua

En todas las tribus primitivas, el agua simboliza la vida. La vida se basa en el agua: el ochenta y cinco por ciento del cuerpo humano es agua. Toda la vida, tanto la del hombre como la de los animales, los árboles y los pájaros, depende del agua. El agua era uno de los elementos básicos a los que había que rendir culto. Lo mismo que al sol, todos los pueblos primitivos rendían culto al agua; ambos eran venerados como dioses. Y tiene al mismo tiempo un significado metafórico.

El agua representa varias cosas. La primera es que no tiene forma, pero puede adoptar cualquiera; tiene la capacidad de adaptarse a todas las formas. Si la viertes en un tarro, adopta la forma del tarro, y si la viertes en un vaso, toma la forma del vaso. Es infinitamente adaptable. Ahí radica su virtud: no conoce la rigidez. El hombre debe ser como el agua, y no tan rígido y frío como el hielo.

El agua siempre fluye en dirección al mar. Esté donde esté, siempre se dirige hacia el mar: hacia el infinito. El hombre debe ser como el agua y encaminarse siempre hacia Dios. El agua se conserva pura mientras está en movimiento: si fluye; y si se queda parada, se vuelve impura: estancada. Así que tanto el hombre como su conciencia deben mantenerse en movimiento, siempre fluyendo, y no quedarse parados en ninguna parte.

Cuando el hombre se queda parado, se vuelve sucio e impuro. Si el flujo se mantiene y uno está dispuesto a pasar de un instante al siguiente sin asideros y sin el lastre del pasado, conserva la inocencia y la pureza.

Ahogamiento

Un buen nadador tiene tanta confianza que casi llega a fundirse con el río. No lucha contra él, no intenta agarrarse al agua y no está rígido ni tenso. Si te pones rígido y tenso, te ahogarás; si estás relajado, el río se ocupará de ti. Por eso cuando alguien se muere, su cadáver flota en el agua. Es un milagro; ¡es asombroso! El vivo se ahogó engullido por el río y el muerto sencillamente flota en la superficie. ¿Qué ha pasado? El muerto conoce algún secreto del río que el vivo ignora. El vivo luchaba; el río era su enemigo. Estaba asustado y desconfiaba. Pero el muerto, al no estar allí, ¿cómo podía luchar? El muerto está completamente relajado, sin la menor tensión, y de repente sale a la superficie. El río se ocupa de él. No hay ningún río capaz de ahogar a un muerto.

Alegría

La alegría es muy superior al placer y a la felicidad. Es mucho más delicada y más suave; más parecida a una flor. Si tienes que escoger entre las tres, mejor que te quedes con la alegría. Es una sutil armonía. Cuando tu cuerpo, tu mente y tu corazón funcionan al unísono, en profundo acuerdo, aparece la alegría. El cuerpo contribuye con algo y la mente también, pero quien aporta la mayor parte es el corazón. La alegría contiene un poco de placer, un poco de felicidad y alguna cosa más.

Alemanes

La gente siempre se ha preguntado cómo se las compuso Adolf Hitler para dominar a una raza tan inteligente como los alemanes. ¿Por qué?

Parece una paradoja que un hombre como Martin Heidegger, uno de los más grandes pensadores de la época, apoyara a Adolf Hitler. Los grandes profesores de las grandes universidades alemanas dieron su apoyo a Adolf Hitler. ¿Por qué? ¿Cómo fue posible?

Además, Adolf Hitler no era más que una persona estúpida, ignorante y poco sutil. Pero tenía algo en su interior de lo que carecían los profesores, las personas inteligentes y el propio Martin Heidegger. Tenía algo en su interior que ninguna persona inteligente puede tener: certidumbre absoluta. Era idiota, pero podía hablar sin cortapisas y afirmar cosas como si las supiera. Era un loco, pero su locura tuvo una gran repercusión: cambió completamente el curso de la historia humana.

No es de extrañar que los alemanes se sintiesen tan interesados e impresionados por él. Eran personas inteligentes, de las más inteligentes del mundo, y la inteligencia siempre comporta confusión. Ese es el secreto del éxito de Adolf Hitler. La inteligencia comporta confusión y la confusión comporta estremecimiento y miedo; uno no sabe adónde ir ni qué hacer y empieza a buscar un caudillo. Empieza a buscar a alguien que pueda decir las cosas con rotundidad; que pueda afirmarlas categóricamente.

Alerta

Si estás alerta, si tus acciones son cada vez más conscientes, hagas lo que hagas, no lo harás en estado de somnolencia. Todos los esfuerzos de la sociedad van encaminados a volverte automático: a hacer de ti un autómata y convertirte en un perfecto mecanismo eficiente.

Cuando empiezas a aprender a conducir estás alerta pero no eres eficiente, porque la alerta consume energía y tienes que estar alerta a muchas cosas: las marchas, el volante, el freno, el acelerador y el embrague. Hay tantas cosas a las que tienes que estar atento que no puedes ser eficiente; no puedes ir deprisa. Pero más adelante, cuando te vuelves eficiente, no necesitas ser consciente. Puedes ir tarareando una canción, reflexionando o resolviendo un acertijo mientras el coche circula solo. El cuerpo lo asume automáticamente. Eres más eficiente cuanto más automático te vuelves.

La sociedad necesita eficiencia, por eso te hace cada vez más automático: hagas lo que hagas, sé automático. La sociedad no se preocupa de tu conciencia; tu conciencia es un problema para la sociedad. Se te exige que seas más eficiente y más productivo. Las máquinas son más productivas que tú. La sociedad no te necesita como hombre sino como dispositivo mecánico, por eso te hace más eficiente y menos consciente. En eso consiste la automatización. Así es como te engaña la sociedad. Te vuelves más eficiente, pero tu alma está perdida.

Si puedes entenderme: todo el esfuerzo de las técnicas de meditación tiene que ir encaminado a desautomatizarte, a ponerte de nuevo alerta y a convertirte otra vez en un hombre, no en una máquina.

Alienación

Si desarraigas un árbol, empezará a morirse: su verdor desaparecerá, el follaje no tardará en marchitarse y nunca más dará flores. La primavera llegará y pasará sin que el árbol se entere. Se ha alienado de la existencia. Ya no está arraigado en la tierra ni en relación con el sol, ni le queda ningún puente. Está rodeado de muros y todos los puentes están rotos.

Eso es lo que le ha sucedido al hombre moderno: es un árbol desarraigado. Ha olvidado cómo relacionarse con la existencia: cómo musitar a las nubes, los árboles o las montañas. Ha olvidado completamente el lenguaje del silencio... pues el lenguaje del silencio es el que tiende un puente entre tú y el universo que te rodea. El universo no conoce otro lenguaje. En el mundo hay tres mil lenguas; pero la existencia no conoce más lenguaje que el lenguaje del silencio.

Después de la Segunda Guerra Mundial, un general inglés estaba hablando con un general alemán. El alemán estaba muy perplejo; dijo: «Teníamos el ejército mejor pertrechado del mundo, la mejor tecnología de guerra, el líder más grande que haya conocido la historia y los mejores generales; además de un ejército leal. ¿Cómo es que no logramos vencer?, ¿por qué? ¡Parece francamente imposible que hayamos sido derrotados! Es increíble; aunque ha sucedido, ¡sin embargo no acabamos de creérnoslo!

—Te has olvidado de una cosa —dijo sonriendo el general inglés—, nosotros solíamos rezar a Dios antes de cada batalla; ese es el secreto de nuestra victoria.

—¡Pero nosotros también teníamos por costumbre rezar a Dios cada mañana!— replicó el alemán.

—Sabemos que teníais la costumbre de rezar —exclamó el general inglés echándose a reír—, pero vosotros rezáis en alemán y nosotros en inglés, ¿y acaso os ha dicho alguien que Dios entienda el alemán?

Cada cual está convencido de que su lengua es la lengua de Dios. Los hindúes afirman que el sánscrito es la lengua sagrada, la lengua divina —*deva vani*—; Dios solo entiende el sánscrito. Pero preguntad a los mahometanos: para ellos, Dios solo entiende el árabe; de lo contrario, ¿por qué tendría que haber revelado el Corán en árabe? Y si preguntáis a los judíos, Dios solo entiende el hebreo.

Dios no entiende ninguna lengua porque Dios significa la totalidad de la existencia. Dios solo entiende el silencio, pero hemos olvidado el silencio. Y al olvidar el silencio, el arte de la meditación, nos hemos alienado.

Alquimia

Medita sobre algo negativo y verás como lenta, muy lentamente, te va embargando la sorpresa: la tristeza se vuelve alegría; la ira, compasión; la avaricia, desprendimiento, y así sucesivamente. Es la ciencia de la alquimia interior: cómo transformar lo negativo en positivo; cómo transformar el metal base en oro.

Pero recuerda, no empieces nunca por lo positivo porque no sabes nada sobre lo positivo. Y eso es precisamente lo que mucha gente va enseñando por el mundo —«pensadores positivos» los llaman—. No saben nada acerca de la alquimia interior. No empieces por el oro, pues si ya tienes el oro, ¿cuál será el punto de partida? No tendrás necesidad de alquimia. Debes empezar por el metal base; el metal base ha de ser transformado en oro. Y el metal base es lo que tienes, lo que *eres*. Lo que eres es infierno, que debe ser transformado en paraíso. Dispones del veneno, que ha de ser transformado en néctar. Empieza por lo negativo.

Todos los budas han insistido: progresa *via negativa*, porque lo negativo trae lo positivo, y lo trae con gran facilidad. No lo persigas ni trates de imponértelo. Si empiezas por lo positivo, tal como predican los llamados pensadores positivos, acabarás siendo un farsante. ¿Qué piensas hacer? ¿Vas a empezar con alegría? Puedes empezar sonriendo, pero esa sonrisa será dibujada: solo estará en los labios; ni siquiera a flor de piel.

Empieza por lo negativo y no tendrás ninguna necesidad de pensar en lo positivo. Si meditas sobre lo negativo, si profundizas en ello hasta su raíz más profunda, de repente se produce una explosión: lo negativo se desvanece y aparece lo positivo. En realidad siempre ha estado allí, oculto tras lo negativo. Lo negativo no era más que un refugio. Lo negativo era necesario porque todavía no eras lo bastante digno; lo negativo era necesario para que pudieses hacerte merecedor de recibir lo positivo.

Amabilidad

La amabilidad es una cualidad y no una forma de relación. No tiene que ver con nadie más; es básicamente una cualidad interna. Puedes ser amable incluso cuando estás solo. En cambio, estando solo, no puedes ser amigable; necesitas al otro. La amabilidad es una especie de fragancia: una flor abierta en la jungla que sigue siendo fragante aunque no pase nadie. No importa que nadie lo sepa, es su cualidad. Puede que nadie llegue a saberlo, pero eso no importa; es alegría.

La amistad solo puede existir entre un hombre y otro hombre o, a lo sumo, entre un hombre y un animal —un caballo, un perro—. Pero la amabilidad puede existir incluso para con una piedra, un río, una montaña, una nube o una estrella lejana. La amabilidad no tiene límites porque no depende del otro; es, inequívocamente, tu propia floración.

Amargura

Somos amargos porque no somos lo que deberíamos ser. Todo el mundo está amargado porque siente que la vida no es lo que debería ser: si eso es todo, ¡vaya fiasco! Tiene que haber algo más, y a menos que descubramos ese algo más, no podremos desterrar la amargura. La amargura engendra la ira, la envidia, la violencia, el odio y todo tipo de emociones negativas. Nos quejamos continuamente, pero la verdadera queja viene de muy adentro; es una queja por la existencia: «¿Qué hago aquí? ¿Por qué estoy aquí? No pasa nada. ¿Por qué me veo obligado a vivir si no pasa nada?». El tiempo pasa sin cesar y la vida no aporta ninguna dicha. Eso genera amargura.

No es casual que los viejos se amarguen tanto. Es muy difícil vivir con los viejos, aunque sean tus propios padres. Es muy difícil por la sencilla razón de que han tirado toda su vida por la ventana, y eso los amarga. Saltan por todo para descargar su negatividad; montan escenas catárticas por cualquier cosa. No pueden tolerar que los niños sean felices, bailen, canten y griten de júbilo; no lo pueden soportar. Les molesta porque han desperdiciado su vida. Y cuando dicen: «No nos molestéis», lo que están diciendo en realidad es: «¿Cómo os atrevéis a estar tan contentos?». Están en contra de los jóvenes y, hagan estos lo que hagan, siempre les parece mal.

En realidad están amargados por todo lo que significa la vida y no paran de buscar excusas... Es muy raro encontrar un viejo que no esté amargado, pues eso significa que su vida ha sido realmente hermosa, que realmente ha madurado. En ese caso los viejos tienen una enorme belleza que ningún joven puede tener; un cierto grado de sazón, de madurez y de plenitud. Han visto y vivido tanto que están profundamente agradecidos a la existencia.

Pero es muy difícil encontrar esa clase de viejo, pues quiere decir que es un Buda, un Cristo o un Krishna. Solo un iluminado puede no amargarse en la vejez, pues la vida se ha ido y se aproxima la muerte, ¿qué motivos hay para ser feliz? Uno está sencillamente enojado.

Has oído hablar de gente enfadada, de jóvenes enfadados; pero realmente no hay ningún joven que pueda enfadarse tanto como los viejos.

Nadie habla de los viejos enfadados, pero mi propia experiencia —he observado a jóvenes y viejos— es que nadie puede enfadarse tanto como un viejo.

La amargura es un estado de ignorancia. Tienes que trascenderla; tienes que adquirir ese estado de conciencia que sirve de puente para pasar al otro lado. Y el propio trayecto constituye una revolución. En el momento en que trasciendes todas las quejas y todos los noes, surge un enorme sí —solo sí, sí, sí— y una inmensa fragancia. La misma energía que antes era amargura ahora se convierte en fragancia.

Ambición

Las ambiciones son contagiosas. Evita a la gente ambiciosa o de lo contrario un poco de su fiebre acabará por infectarte; por afectarte. Puede que empieces a moverte en una dirección que no es la tuya o que empieces a hacer cosas que jamás creíste que llegarías a hacer; pero caíste en ciertas compañías...

No tienes más que echar un vistazo a tu vida: casi toda es accidental. No es esencial, sino accidental. Tu padre quiso que fueses médico y por eso eres médico. Ahora bien, ambicionaba que su hijo llegase a ser un médico famoso y colmó su ambición. Te utilizó como un medio para colmar su ambición. Eso no es amor, es explotación.

La ambición es la causa fundamental de la locura.

Trata de entender tu ambición; tus esfuerzos por ser alguien en el mundo acabarán por volverte loco. No seas nadie y se habrá acabado el problema. Renuncia a la ambición y empieza a vivir, pues el ambicioso no consigue vivir; siempre lo pospone. Su verdadera vida siempre será mañana, y el mañana nunca llega. El ambicioso no puede por menos que ser agresivo y violento, y la persona agresiva y violenta acabará inevitablemente loca.

La persona no ambiciosa es pacífica, cariñosa y compasiva. La ambiciosa siempre tiene prisa; siempre va corriendo: precipitándose hacia algo cuya presencia intuye vagamente, pero que nunca alcanzará. Es como el horizonte, que no existe; solo lo parece. La persona no ambiciosa vive aquí y ahora, y estar aquí y ahora es estar cuerdo. Estar completamente en el momento es estar en tus cabales.

Amor

El amor no ha de ser tan solo una relación; ha de ser un estado del yo. Cada vez que te enamoras de alguien, a través de ese alguien te enamoras del Todo. Y si realmente acontece el amor, descubrirás que de repente empiezas a amar a los árboles y a los pájaros y al cielo y a la gente. ¿Qué ocurre exactamente cuando te enamoras de un hombre o de una mujer? Cuando te enamoras de una mujer te enamoras de todas las mujeres. Esa mujer no es más que una representante: un ejemplo de todas las mujeres que en el mundo ha habido, hay y habrá; una puerta abierta a todas las mujeres. Pero la mujer no es solo una mujer, es asimismo un ser humano, luego te has enamorado de todos los seres humanos. Pero la mujer tampoco es solo un ser humano, también es un ser y, por lo tanto, te has enamorado de todos los seres. Si alguna vez te enamoras, te sorprenderá descubrir que tu energía amorosa se proyecta sobre todo lo que encuentra. Ese es el verdadero amor.

Amor propio

Nos han enseñado a censurarnos a nosotros mismos; nos han enseñado que somos despreciables. Nos han dicho de mil y una maneras que somos porquería, y eso ha entrado a formar parte de nuestra educación.

El primer paso es respetarte a ti mismo pues, si no te respetas a ti mismo, no podrás respetar a nadie más en el mundo.

Ámate a ti mismo, pues, si no eres capaz de amarte a ti mismo, no podrás amar a nadie más. Y si no puedes amarte a ti mismo, ¿cómo podrá amarte alguien? Cuando no hay amor ni respeto por tu propio ser, la vida se convierte en un desierto, pues solo mediante el amor y el respeto puedes hacer que brote un jardín de tu propio ser y que empieces a aprender a tañer el arpa de tu propio corazón. Uno empieza a aprender a ser más poético, elegante, estético y sensible... pues la vida es una gran oportunidad que no hay que dejar escapar; un tesoro que no hay que dilapidar.

Así pues, el primer paso, y el más fundamental, es amarte y respetarte a ti mismo. Pero eso no quiere decir que te conviertas en un egoísta. Amarte a ti mismo no es crearte un ego. Tanto los árboles como los pájaros se aman a sí mismos y no tienen ego.

Androginia

Cada ser humano es a la vez hombre y mujer; pero se identifica únicamente con una parte de su ser. Crees ser un hombre pero dentro de ti hay también una mujer esperando a ser reconocida, acogida y aceptada. Pero te empeñas en negarla. Afirmas: «Soy un hombre». Acabarás desequilibrado. Si eres una mujer, también tienes a un hombre aguardando en tu interior, pero reniegas de él. De ese modo nunca llegarás a ser un todo; te quedarás escindido para siempre. Existe un punto de la conciencia, la comprensión o la percepción en que el hombre y la mujer que llevas dentro coinciden y se mezclan hasta disolverse el uno en el otro. Es lo que William Blake llamó el «matrimonio interior», por el cual te conviertes en andrógino; hombre y mujer al mismo tiempo. En la India tenemos un símbolo perfecto para representarlo: *Ardhanarishwar*. Son estatuas de Shiva en las que una mitad del cuerpo es masculina y la otra mitad femenina. Es al mismo tiempo el amante y la amada; el *yin* y el *yang*. Es el andrógino.

El mismo tipo de unión entre opuestos se produce continuamente en múltiples direcciones y dimensiones. La necedad y la sabiduría son dos polaridades. Si eres sabio, pero niegas tu necedad, no eres sabio del todo, pues una parte de ti aún no ha sido absorbida. Una parte de ti anda rondando a tu alrededor; aún no se ha convertido en parte integrante de ti. Si eres necio y piensas que eres necio, estás negando y suprimiendo al sabio que llevas dentro. El sabio es ambas cosas y, sin embargo, ninguna. Las trasciende ambas, de modo que puede afirmarse que no es ninguna; pero como en él las dualidades han desaparecido convertidas en una nueva síntesis, se le puede llamar asimismo de las dos maneras.

Ángeles

Nadie cree en el sol o la luna porque existen. La gente cree en dios, los ángeles, los demonios y en esto, lo otro y lo de más allá porque no existen. Simplemente te montas sistemas de creencias a las que aferrarte.

Angustia

En todo corazón hay una gran angustia: la angustia de no conocerse a sí mismo, de no saber de dónde venimos ni adónde vamos ni quiénes somos ni qué es la vida en realidad. «¿Cuál es el significado de la vida?»: esa es nuestra angustia y nuestra congoja.

La vida parece sumamente fútil y carente de todo significado; pura repetición mecánica. No paras de hacer las mismas cosas una y otra vez. ¿Para qué? La angustia viene de que el hombre se siente muy accidental; como si no fuese importante. Y el hombre no puede vivir a menos que perciba que tiene algún sentido, que aporta algo significativo al mundo, que la existencia le necesita y no es tan solo un fenómeno inútil; que no es accidental sino necesario, que está cumpliendo con algo tremendamente importante. A menos que uno sienta eso, está perdido.

Los pensadores existencialistas han hecho famosas muchas palabras. Una de ellas es *angustia*; la angustia es sufrimiento espiritual. No todo el mundo la siente. La gente es tan lerda, tan estúpida y tan mediocre que no siente angustia, sigue haciendo sus cositas durante toda la vida y se muere. Viven y mueren sin llegar a saber qué es realmente la vida.

De hecho, la gente descubre por primera vez que estaba viva cuando está a punto de morir; el contraste con la muerte los hace despertar: «He perdido una oportunidad». Ese es el dolor de la muerte. No tiene nada que ver con la muerte directamente, sino solo indirectamente.

Cuando uno se muere, siente un gran dolor; pero ese dolor no tiene ninguna relación con la muerte. El dolor es: «Estaba vivo y ahora todo se acaba sin que haya logrado hacer nada importante. No he sido creativo. No he sido consciente: he vivido mecánicamente, como un sonámbulo».

Anhelo

El deseo es objetivo; el anhelo no. El anhelo se refiere a lo que tiene ganas de explotar dentro de ti. Es interior; subjetivo. Si una rosa quiere convertirse en loto, es un deseo; pero si la rosa desea ardientemente llegar a ser una rosa, es un anhelo. Si la semilla quiere brotar y convertirse en un árbol es un anhelo. Es perfectamente admisible; es como debe ser. Pero si la semilla quisiera convertirse en una mariposa, sería un deseo.

El deseo es absurdo; el anhelo es existencial. El anhelo es bueno; el deseo es peligroso, y como la diferencia es tan sutil, conviene estar muy alerta.

Anhelo es la eclosión de lo interno; deseo es la acumulación de lo externo. El hombre desea dinero; el hombre anhela la meditación. El hombre desea poder; el hombre anhela la pureza. El hombre desea conocimiento; el hombre anhela la conciencia. El hombre desea el mundo; el hombre anhela a Dios.

Todo lo que en ti es intrínseco es anhelo. Desvía tus energías del deseo al anhelo. El anhelo es realización.

Anticristo

Cuando creamos una ficción, tenemos que crear la antificción. Los cristianos hablan de la llegada del anticristo. En primer lugar, Cristo era un pobre tipo inculto y un poco antojadizo: montado en su burro y predicando a un puñado de idiotas, que siempre los hay disponibles. Además, en toda su vida no pudo encontrar más que una docena de seguidores. Por eso los cristianos tuvieron que crear la idea del anticristo, pues solo entonces Jesús se convierte en un Cristo verdadero: un auténtico salvador que te salvará del anticristo. Han transcurrido dos mil años y nadie ha encontrado a ningún anticristo. Muchos son los que la cristiandad ha condenado como anticristos, pero es precisamente a través de esa condena como se cumple el deseo de hacer de Cristo una realidad.

El sacerdote es el anticristo, el papa es el anticristo y los miles de misioneros católicos y protestantes son los anticristos. ¡El anticristo ya ha aparecido! El primer anticristo fue Pedro, el fundador de la Iglesia. En realidad ha hecho mucho más daño Pedro, el primer papa, que Judas. Judas contribuyó enormemente a la obra de Cristo: si Judas no hubiese vendido a Jesucristo a sus enemigos, puede que ni siquiera hubieses oído hablar de él. Si Jesús entró a formar parte de la conciencia humana fue gracias a la crucifixión. Judas no es realmente su enemigo. De hecho, George Gurdjieff solía contar una historia muy bonita —¡de su propia invención, por supuesto!—. Pero las historias inventadas por personas como George Gurdjieff tienen un inmenso significado. Solía decir que Judas vendió a Jesús por treinta rupias de plata —por solo treinta rupias de plata— a sus enemigos, ¡pero a petición del propio Jesús! Fue un mandato suyo; él se lo ordenó a Judas. Y, por supuesto, siendo como era un discípulo fiel, no podía decir que no. Con lágrimas en los ojos y el corazón desgarrado cumplió su mandamiento, lo cual parece tener también una cierta relevancia, pues cuando Jesús fue crucificado, todos los discípulos huyeron; salieron corriendo. Nadie sufrió tanto como Judas. Judas se suicidó al día siguiente, antes de veinticuatro horas. No podía vivir sin Jesucristo.

Solo es una historia, pero hay algo sobre lo que conviene meditar: Judas no perjudicó la causa de Jesús; él no es el anticristo, sino los llamados seguidores: las personas que fundaron la cristiandad; ellos sí que son el anticristo.

Apego

Nos apegamos con mucha facilidad y nos apegamos a casi todo. La vida es un devenir: nada se mantiene inalterable; pero esperamos y deseamos que nada cambie. En el mundo hay tanta frustración porque todas nuestras esperanzas quedan insatisfechas. Cada esperanza lleva aparejado un desastre.

Apego significa aferrarse a algo, deseando que nunca deje de ser como es. Pero eso es pedir lo imposible. El joven quiere permanecer joven para siempre, pero eso es imposible; más tarde o más temprano tiene que envejecer. Pero la vejez, más que proporcionar alegría, comporta sufrimiento, cuando, por el contrario, debería ser la culminación misma de la vida. Debería ser la cumbre más alta, coronada de nieve, pero es un agujero negro. Es un agujero negro porque nos hemos aferrado a la juventud. Nos aferramos al cuerpo, pero llegará un día en que el cuerpo desaparecerá. Habítalo, ámalo, respétalo y cuídalo, pero no te apegues a él. Recuerda que es una posada: un alojamiento para una noche; pero hay que partir por la mañana.

Y lo mismo ocurre con todo. Te enamoras de una persona, te apegas a ella y acto seguido empieza el sufrimiento. Te vuelves posesivo, pues temes que se enamore de otra persona; empiezas a ponerle trabas, a obstruir su libertad y a reducirla a un objeto. Todo el amor y el respeto empiezan a desvanecerse y dejan paso a un enfrentamiento continuo entre dos egos. Tú quieres poseerle a él y él quiere poseerte a ti. ¿Cómo puede haber amor en esa guerra constante? El apego destruye el amor; es veneno para el amor.

Ama profundamente, intensamente, pero no mezcles la posesión ni los celos. A buen seguro que aparecerán, si te apegas. El mayor arte que hay que aprender en la vida es a flotar sin apegos; a pasar por la vida sin resultar afectado por nada. Las cosas vienen y van, pero tú permaneces absorto en tu yo: concentrado y sereno.

Apertura

En un puño no hay espacio, mientras que en una mano abierta cabe la totalidad del cielo; pero solo en una mano abierta. El significado es muy sutil, pero a la vez muy hermoso: si tratas de agarrarlo, lo pierdes, y si no lo intentas, sigue allí. Si no lo intentas, en tu mano tienes nada menos

que la totalidad del cielo. Si tratas de agarrar el cielo, haciendo de tu
mano un puño, todo desaparece.

Aprendices

Dicen que un adepto al zen no pierde nunca la mentalidad de aprendiz;
nunca se convierte en un experto. Está dispuesto a aprender y no se cierra, sino que permanece vulnerable y abierto. Si tienes algún mensaje
que transmitirle, no dice de buen principio que «ya lo sabe todo». La expresión *mentalidad de aprendiz* es muy importante.

   ¿Has tenido ocasión de comprobarlo? Cuando empiezas a hacer algo
por primera vez, sientes una gran alegría. Cuando aprendes a conducir, por ejemplo: ¡disfrutas tanto...!, pero al cabo de un mes, cuando ya
has aprendido, la alegría se desvanece y se vuelve aburrido; pura rutina.
Sigues conduciendo, pero ya no escuchas el zumbido del motor ni notas
la corriente de aire ni observas el funcionamiento rítmico del coche. Ya no
ves nada: ni los árboles ni los pájaros ni el sol; nada. Al principio, durante
unos días, fue como una luna de miel: una luna de miel con el coche.

   Y lo mismo ocurre con todas nuestras experiencias. ¡Al principio todo
parece tan hermoso...! Te enamoras de una mujer y todo es tremendamente hermoso: increíble; pero al cabo de unas cuantas semanas todo se
ha desvanecido: se ha acabado. Te encuentras en un callejón sin salida y
buscas otra mujer, u otro hombre. ¿Qué ha ocurrido?, pues que has perdido la mentalidad de aprendiz.

   La mente del aprendiz es una mente inocente; una mente ignorante. Mentalidad de aprendiz significa saber que no sabes nada. Como
eres consciente de que no sabes nada, estás dispuesto a aprender: accesible y abierto. Pase lo que pase, tienes curiosidad por saberlo todo y
te intrigan cada momento y cada matiz. Estás exultante, y pronto te
conviertes en un experto. El día en que te vuelves un experto, el aprendizaje termina y empiezas a acumular saber.

   Por eso, un verdadero hombre de conocimiento no pierde nunca la
mentalidad de aprendiz. Nunca se convierte en un experto; nunca deja
de aprender.

Aprendizaje

El conocimiento es prestado; el aprendizaje es tuyo. El conocimiento es a través de las palabras, el lenguaje y los conceptos; el aprendizaje es a través de la experiencia. El conocimiento siempre es finito: lo sabes; está completo. El aprendizaje nunca está completo. Nunca se completa; siempre está en marcha. El aprendizaje es un proceso: uno aprende y aprende, y hasta el último momento no cesa de aprender.

Armonía

No tienes más que verlo, todo es armonioso. Los árboles se balancean al viento; hay armonía. No luchan contra el viento, sino que bailan con él. Las estrellas se desplazan en tremenda armonía. Esta vasta existencia es como una gran orquesta: cada cosa concierta con todo lo demás. No hay conflictos, divisiones ni discordancias.

Solo el hombre se puede considerar aparte porque tiene conciencia, y la conciencia te proporciona una alternativa. O te consideras distinto y caes en el sufrimiento y el infierno, o tratas de comprender la unidad y, de repente, surge la felicidad. Ser uno con el Todo es maravilloso; estar separado del Todo es sufrimiento.

Arrepentimiento

El término inglés *repent* (arrepentirse) precisa una explicación, pues ha sido mal interpretado a lo largo de muchos siglos. Jesús repite una y otra vez: «Arrepentíos»; pero no para de decir: «¡Arrepentíos! ¡Arrepentíos, que el fin del mundo se acerca!». La traducción del griego al inglés de las enseñanzas de Jesús supuso una gran calamidad para muchas palabras. La palabra «arrepentirse» es una de las que más lo padecieron. Se trata de una traducción del término griego *metanoia*, que significa volverse hacia dentro; *metanoia* significa meditación. «Arrepentirse» también significa retorno: retorno al origen.

No tiene nada que ver con la idea de arrepentimiento que te han enseñado en las iglesias o que te han inculcado los sacerdotes. Arrepentirse no tiene nada que ver con el arrepentimiento. Arrepiéntete significa:
«¡Vuélvete hacia dentro! ¡Regresa! ¡Vuelve al origen de tu yo! ¡Vuelve al
centro mismo de tu yo!».

Arte

La paradoja del arte estriba en que primero tienes que aprender su disciplina y luego olvidarte completamente de ella. Si no sabes el ABC, no
serás capaz de profundizar mucho en él. Pero si solo conoces la técnica y no haces otra cosa que ponerla en práctica durante toda tu vida,
podrás llegar a ser muy hábil técnicamente, pero no dejarás de ser un
técnico; nunca llegarás a ser un artista.

En el zen se dice que si quieres ser pintor, tienes que pasarte doce
años aprendiendo a pintar y luego doce años olvidándolo todo acerca de
la pintura. Olvidarla completamente, como si no tuviese nada que ver
contigo. Durante doce años medita, corta leña o saca agua del pozo; haz
cualquier cosa, pero no pintes.

Y por fin, un día serás capaz de pintar. Veinticuatro años de formación: doce años formándote para aprender la técnica y doce años
formándote para olvidarla. Después ya puedes pintar, la técnica ha entrado a formar parte de ti. Ya no se trata de un conocimiento técnico,
sino que ha pasado a ser parte de tu sangre, de tus huesos y de tu médula. Ahora puedes ser espontáneo; ya no te pondrá trabas ni te apri-
sionará.

Arte objetivo

Arte objetivo significa algo que te ayuda a centrarte; que te ayuda a estar
más sano y más integrado. Si contemplas el Taj Mahal en luna llena, te
sumergirás en un espacio muy meditativo. Contemplando una estatua
de Buda, con solo que te sientes en silencio junto a una estatua de Buda,

algo en tu interior quedará silencioso y sosegado; igual que Buda. Eso es el arte objetivo, y tiene una enorme importancia.

Pero el arte objetivo ha desaparecido del mundo porque han desaparecido los místicos. El arte objetivo solo es posible cuando alguien ha alcanzado un plano superior de existencia; es obra de quienes han llegado a la cumbre. Pueden ver tanto la cima como el valle. Pueden ver tanto la culminación de la humanidad, su belleza, como su deterioro y su fealdad. Pueden otear al mismo tiempo las profundidades de los valles oscuros donde la gente se arrastra y las cimas iluminadas por el sol. Tienen la capacidad de crear ciertos mecanismos para ayudar a la gente que se arrastra en la oscuridad a alcanzar las cimas iluminadas. Su arte constituye un mecanismo para el crecimiento interior; para la madurez.

El arte moderno es pueril —no infantil, recuérdalo, sino pueril—; no inocente sino estúpido, insensato y patológico. Tenemos que deshacernos de esa tendencia. Hay que crear una nueva forma de arte, un nuevo tipo de creatividad. Debemos restituir al mundo lo que Gurdjieff llama el arte objetivo.

Asombro

Deja que la vida penetre en ti; hazte más abierto y vulnerable: siente y experimenta más. Por todas partes hay pequeñas cosas repletas de maravillas. Fíjate en un niño; llévalo al parque y quédate observándolo. Así debes ser tú también: tan asombroso y tan lleno de asombro; corriendo tras aquella mariposa o a recoger una flor; jugando con el barro, revolcándose en la arena... el niño está imbuido de divinidad.

Si vives en el asombro serás capaz de celebrar. No vivas en el conocimiento; vive en el asombro. No sabes nada. La vida es sorprendente: vayas a donde vayas, es una continua sorpresa. Vívela como una sorpresa; como un fenómeno imprevisible en que cada momento es nuevo. ¡Inténtalo!, ¡dale una oportunidad! No perderás nada con ello y puedes ganarlo todo.

Ateísmo

Siempre me gusta contar esta pequeña historia:

Un gran ateo escribió con letras mayúsculas en la pared de la sala de estar: «GOD IS NOWHERE» (DIOS NO ESTÁ EN NINGUNA PARTE). Por descontado, todo aquel que iba a visitarle no tenía más remedio que leerlo, pues las letras eran muy grandes y le quedaban justo delante de los ojos.

Tuvo su primer hijo y, un día estaba jugando con él. El niño estaba aprendiendo a leer despacito, de modo que se puso a leer la frase de la pared. Tenía que leer «God is nowhere», pero «nowhere» era una palabra muy larga y el niño no conseguía leerla de un tirón. Así que la partió en dos y leyó: «GOD IS NOW HERE» (DIOS ESTÁ AQUÍ Y AHORA): la palabra «nowhere» dividida en dos partes.

Por vez primera, el padre miró la frase y exclamó: «¡Dios mío! Este niño me ha despertado la conciencia. Ya no podré leer nunca más la frase de un tirón; siempre recordaré «aquí y ahora».

Fue un momento de transformación para el ateo. Por primera vez, pensó: «¿Sé a ciencia cierta que Dios no está en ninguna parte? ¿Acaso he explorado la totalidad del universo? ¿He explorado mi ser interior?».

Tan ciegos están los teístas como los ateos; ambos son creyentes. El único que está en lo cierto es el agnóstico, que no es teísta ni ateo; simplemente busca la verdad. No tiene sistema de creencias ni prejuicios, ni ideología preestablecida.

Yo no veo mucha diferencia entre el ateísmo de un comunista y el teísmo del Vaticano. El teísmo del Vaticano se basa en la fe. *Das Kapital* es la Biblia para el comunista, y como Marx afirma que Dios no existe, eso se convierte en dogma para cualquier niño de un país comunista. En la India, todos los niños creen en la existencia de Dios. Ambas son creencias: una es positiva y la otra negativa; pero creencias al fin y al cabo. Ni los comunistas saben ni el Vaticano tampoco.

Los que saben afirman que es imposible decir nada acerca de la realidad última; no puede traducirse en palabras. Sigue siendo un misterio que puedes penetrar, pero del que no puedes decir nada. Puedes disfrutarlo, recrearte con él e incluso bailarlo; pero el lenguaje es demasiado limitado.

Esa es la verdadera carencia de la filosofía: no puede expresar la experiencia suprema de los meditadores.

Solo el agnóstico puede ser un meditador. Renuncia a cualquier programación sin importarle si proviene de los teístas o los ateos. Hay que dejar a un lado toda programación, la totalidad de la mente, y penetrar en el espacio de la no-mente.

> *En la no-mente no existe el tiempo,*
> *solo el momento presente y un profundo silencio,*
> *y una gran claridad,*
> *y tú eres un ser luminoso*
> *aquí y ahora.*

Atención

Todo el mundo habla de su sufrimiento. ¿Por qué se pone tanto énfasis en ello? ¿Por qué se le dedica tanta atención? Recuerda una de las leyes: todo aquello a lo que se dispensa mucha atención crece. La atención es alimento: cuanta más atención dedicas a algo, más crece.

Actualmente los biólogos dicen que un niño crece más si es querido, porque a través del amor recibe mayor atención. Hasta una planta crece más si el jardinero le presta atención. Si la descuida, aunque le proporcione de todo: suelo adecuado, fertilizantes, riego y luz solar, de todo excepto una atención consciente, tarda más en crecer. Se trata de un hecho científico, observado y comprobado. Si quieres a una planta y le dedicas mucha atención, si le hablas y le dices de vez en cuando «te quiero», crece más deprisa.

La atención es una vitamina, lo más importante de la existencia. Si nadie te quiere, empiezas a marchitarte. Si nadie te presta atención, la muerte se instala en ti; sientes deseos de morir. Si alguien te presta atención, te hace revivir. La atención es vida: impulso vital.

Si nadie te quiere, acabarás suicidándote, pues eres incapaz de quererte a ti mismo. Si fueses capaz de quererte a ti mismo, si fueses capaz de prestarte atención a ti mismo, no necesitarías la atención de nadie más. Un buda puede vivir solo en este mundo, pero tú no. Si estuvieses solo, te suicidarías inmediatamente. Dirías: «¿Para qué? ¿Por qué he de vivir? ¿Quién va a quererme? ¿A quién querré yo?».

Las mismas leyes también se aplican interiormente; psicológicamente. Si concedes mucha atención al sufrimiento, le estás ayudando a crecer, y si prestas mucha atención a la felicidad, contribuyes a que aumente.

No te conviertas en tu propio enemigo. Si te encuentras inmerso en el sufrimiento es debido a que has prestado atención a cosas equivocadas. Desvía tu atención. Con que recuerdes un solo momento de felicidad es suficiente; dispénsale atención y aumentará. La semilla crecerá y se convertirá en un gran árbol.

Autenticidad

Ser auténtico significa mantenerte fiel a tu propio Yo. Ahora bien, ¿cómo te mantienes fiel? Has de tener en cuenta tres cosas. La primera es no escuchar nunca lo que otros digan que has de ser, sino escuchar en todo momento tu voz interior; lo que a ti te gustaría ser. De lo contrario malgastarás toda tu vida.

No lo olvides: sé fiel a tu voz interior. Si te conduce al peligro, afróntalo; pero mantente fiel a tu voz interior. De ese modo puede llegar un día en que alcances un estado que te permita bailar de satisfacción interior. Mantente alerta, lo primero es tu yo, y no permitas que los demás te manipulen ni te controlen. Y son muchos: todo el mundo está dispuesto a controlarte, a cambiarte y a indicarte una dirección que tú no has pedido; todo el mundo quiere proporcionarte una guía para tu vida. La guía está en tu interior; nadie más que tú tiene el plano original.

Ser auténtico significa ser fiel a uno mismo. Se trata de un fenómeno sumamente peligroso; pocas personas pueden hacerlo. Pero cuando la gente lo hace, triunfa; no te puedes imaginar la belleza, la elegancia y la simpatía que se pueden alcanzar. La razón por la que todo el mundo parece tan frustrado es que nadie ha escuchado su propia voz interior.

Escucha siempre tu voz interior y haz oídos sordos a todo lo demás. A tu alrededor hay mil y una tentaciones, pues mucha gente va pregonando su mercancía. El mundo es un supermercado en el que todo el mundo está interesado en venderte lo suyo. Todo el mundo es un vendedor, pero si atiendes a demasiados vendedores acabarás loco. No escuches a nadie, simplemente cierra los ojos y escucha tu voz interior. Eso es al fin y al cabo la meditación: escuchar la voz interior. Es lo principal.

Avaricia

Ser avaro es vivir en la miseria, pues la persona que no es capaz de dar, tampoco lo es de recibir. La persona que no es capaz de darse cierra; tiene miedo a dar. Tiene que ser muy precavido y mantener las puertas y las ventanas cerradas, herméticamente cerradas, para que nada se le escape. Pero esas puertas son las mismas por las que entran las cosas. Si mantienes las puertas cerradas, no podrán afectarte ni el viento ni los rayos del sol; pero tampoco podrás ver las estrellas ni las flores, y su fragancia no impregnará tu yo. El avaro está destinado a vivir en la miseria; está aislado. Vive desterrado; desarraigado como un árbol sin raíces. Su vida no es más que un lento progreso hacia la muerte; no sabe nada de la abundancia de la vida.

Ayer

Ayer ya no existe; solo existe hoy, e incluso hoy ya ha pasado. Solo existe este momento.

Ayer me escuchaste; lo dejamos resuelto. Ayer ya no existe, pero la mente lo lleva consigo. Si realmente me escuchaste ayer, no puedes llevarlo contigo, pues si lo llevas contigo, ¿cómo podrás escucharme hoy? El humo del ayer será una molestia: estará el humo y me escucharás a través del ayer y te perderás. Hay que olvidarse del ayer para poder estar aquí y ahora.

Cargar con el pasado causa problemas. El problema no es lo que dije ayer o lo que digo hoy, el problema es que por cargar con los ayeres te pierdes el hoy.

No hay pasado ni futuro; solo existe este momento.

Belleza

La belleza es propia de la naturaleza; nunca es civilizada. En cuanto la civilizas se vuelve fea. No hay manera de civilizar a la belleza. La belleza ha de ser intrínsecamente natural, pues es parte integrante de la naturaleza. Es natural; no puede educarse. Por eso los árboles, las bestias y los pájaros son bellos. Es imposible encontrar un pájaro o un ciervo que sean feos. La naturaleza es bella espontáneamente.

El hombre es el único que es feo, y el dilema se plantea porque el hombre es el único que trata de ser bello. El propio esfuerzo por volverse bello trae consigo la fealdad. La idea misma de ser bello demuestra que has admitido que eres feo; supone tu propia condena. Una cosa es cierta: la persona que trata de ser bella ha admitido su inferioridad, su fealdad y su vileza, ya que trata de ocultarlas, disimularlas o mejorarlas. El hombre es el único animal que se esfuerza por ser bello, y el único que es feo.

Así pues, lo primero que hay que tener presente en la vida es que cuanto más próximo estés a la naturaleza —a su aspecto salvaje, como el océano salvaje, las montañas salvajes o la jungla salvaje—, más bello eres. En la belleza hay alegría y de ella surge el amor, la expresión y la creatividad.

Solo una persona bella puede ser creativa, porque se acepta a sí misma. Está tan contenta y agradecida de ser quien es, que de su alegría, su gratitud y su aceptación brota naturalmente la creatividad. Puede que le apetezca pintar un retrato, crear música, hacer el mundo un poco mejor o contribuir al desarrollo de los seres humanos; pero le gustaría hacer algo por lo mucho que la existencia ha hecho por ella. La creati-

vidad solo surge del agradecimiento: la verdadera fuente de la creatividad.

Ahora bien, eso solo es posible si te aceptas a ti mismo; si no tratas
de ocultarte tras una máscara, de pergeñarte un camuflaje o de crearte
una personalidad y permites que tu esencia se pronuncie.

Los animales no tienen personalidad —no me estoy refiriendo a los
animales domésticos, que tienen un principio de personalidad—. Ningún perro salvaje tiene personalidad, sino esencia; pero una vez domes-
ticado, empieza a ser político y se vuelve diplomático. Deja de ser un individuo y empieza a ser una persona: finge. Le pegas y sigue moviendo
la cola en señal de alabanza —eso es personalidad—. Le gustaría hacerte pedazos, pero sabe que eres el jefe y conoce sus limitaciones. Sabe que
pronto será la hora de la cena y se verá en un aprieto; le pegarán y le cas-
tigarán. Es consciente de su desamparo y por eso se crea una persona:
una máscara. Se vuelve falso y empieza a fingir; se civiliza y se vuelve
educado... y pierde la belleza. La belleza está asociada a la naturaleza y a
la inmensidad. El océano es natural e inmenso; no puedes ver la otra orilla. Nunca puedes ver la otra orilla de la belleza. Puedes sentirla, pero no
asirla; no puedes sujetarla entre tus manos. Puedes vivirla, gozarla y
zambullirte en ella, pero jamás serás capaz de comprenderla, pues es in-
sondable e inconmensurable.

La belleza es oceánica: inmensa; tremendamente extensa. La belleza, como el océano, tiene profundidad. La persona civilizada vive en la
superficie: es un nadador, no un buceador. Sabe desenvolverse muy bien
en la circunferencia, con la que está muy familiarizado, con sus costumbres, sus maneras, su etiqueta y todo eso. Justo debajo tiene un
inmenso abismo, pero él permanece indiferente.

La belleza tiene que ver con la profundidad: cuanto más profundo te
vuelves, más bello eres. La belleza, por tanto, no es de este mundo, pues
la profundidad es la dimensión de lo divino. Cuanto más profundices,
más cosas irán brotando de tu núcleo más secreto. La belleza no es un
maquillaje sino un manantial. El maquillaje está en la superficie; la
belleza, en las profundidades.

Benefactores

Los llamados funcionarios públicos han sido las personas más maliciosas del mundo; han provocado más sufrimiento que nadie. Si consiguiéramos librarnos de todos los funcionarios públicos, la humanidad estaría en mucho mejor situación; pero esos benefactores no dejarán tranquila a la humanidad. ¿Y qué consiguen con ello? Solo consiguen una cosa: como son desgraciados y quieren olvidarse de ello, la mejor manera es ponerse a pensar en las desgracias de los demás; eso les proporciona una huida de su propio entorno miserable. Cuando estás muy preocupado por los problemas de los demás, tus propios problemas quedan naturalmente eclipsados.

Es un hecho muy conocido que lo que tratan de evitar las personas que se interesan en el psicoanálisis y las que se hacen psicoterapeutas son sus propios problemas psicológicos. Tienen miedo de afrontarlos, y el camino más fácil es concentrarse en los problemas de los demás. Cuando estás rodeado de problemas ajenos, que son tantos y más grandes que los propios, empiezas a olvidarte naturalmente de los tuyos. No te queda tiempo para pensar en ti mismo.

Beso

El beso es simbólico; simboliza cualquier encuentro entre el *yin* y el *yang*, entre lo masculino y lo femenino, entre Shiva y Shakti. Si das la mano a una mujer, es un beso, pues las manos se besan entre ellas; si tocas sus labios con los tuyos, es un beso; la unión de los genitales también es un beso. Por eso, en el Tantra, el beso simboliza todo encuentro entre opuestos. A veces se puede besar con solo mirarse. Si tus ojos se encuentran y entran en contacto, es un beso, pues se ha producido el encuentro.

Biblias

¿Quién lee esas Biblias o esos Vedas? Solo los viejos que se aproximan a la muerte y temen, tal vez, que pueda existir un Dios. Puede que se encuentren con Dios y si les hace alguna pregunta, que por descontado las hará, más vale que tengan hechos los deberes. Para mayor seguridad, estudia el libro sagrado; lee un poco de aquí y de allá. Como Dios te encuentre, te haga una pregunta y no sepas responderla, seguramente tendrás problemas.

Bien

Quédate en silencio y se hará el bien. El bien sigue al silencio como tu sombra a ti. Y no hay manera de hacer el bien si no estás en silencio. Aunque trates de hacer el bien, si no estás en silencio saldrá todo mal. Por eso los llamados benefactores no paran de hacer mil y una maldades en el mundo. Vuestros llamados benefactores son la gente más maliciosa, pero hacen el bien en tu lugar. Lo hacen por su bien, pero ni siquiera puedes librarte de ellos.

Bocado de Adán

Esta glándula de la garganta recibe ese nombre porque Adán se comió la manzana pero no pudo engullirla, se le quedó atascada en la garganta porque tenía sentimientos encontrados: una parte de él quería comérsela y explorar, y la otra parte estaba asustada. Se la comió, por tanto, sumido en un conflicto. De modo que no crees más bocados de Adán; ¡nunca! Haz las cosas totalmente de tal manera que puedas engullirlas y digerirlas.

Buscar

Hay que trabajar en uno mismo, pero solo de manera negativa. Uno no puede trabajar en sí mismo de manera positiva, pues no se trata de crear algo, sino de descubrir algo que ya está ahí.

Cuando pintas es un acto positivo —estás creando la pintura—; pero cuando cavas un pozo es un acto negativo. El agua ya está ahí; no tienes más que eliminar algunas capas de tierra, rocas y piedras. Una vez eliminadas tienes el agua a tu disposición. El agua está ahí y tú estás ahí, pero entre los dos hay una barrera que debe ser eliminada. Eso es lo que quiero decir con trabajo negativo.

El hombre ya tiene todo lo que anda buscando. La verdad está ahí, la felicidad está ahí y el amor está ahí; en una palabra: Dios está ahí. Dios no es una persona, sino la totalidad de los valores que están más allá de la mente. Pero la mente es la barrera, de modo que has de cavar un pozo. Tienes que eliminar varias capas de pensamientos, recuerdos, deseos, fantasías y sueños. En el momento en que abres en la mente una puerta hacia el más allá, todo lo que siempre habías deseado se pone a tu alcance.

Cuando Gautama Buda alcanzó la iluminación, sonrió, y sin dirigirse a nadie en particular, dijo para sí: «¡Es ridículo! Lo he estado buscando durante miles de vidas y estaba adormecido en lo más profundo de mí mismo!».

Lo buscado está en el buscador. Por eso las *Upanishads* dicen que el método de investigación es *neti neti. Neti neti* significa «ni esto ni eso»; es un proceso de eliminación. Vas negando y eliminando hasta que finalmente, cuando ya no queda nada que eliminar ni que negar, cuando te has vaciado del todo, lo encuentras.

Búsqueda

La vida es una búsqueda y no una pregunta; un misterio y no un problema, y la diferencia es inmensa. El problema ha de ser resuelto, puede ser resuelto y debe ser resuelto; pero el misterio es insoluble: ha de ser vivido y experimentado. La pregunta, una vez resuelta, desaparece; para descubrir un misterio tienes que disolverte en él. El misterio permanece, el que desaparece eres tú. Es un fenómeno completamente diferente. En filosofía el problema desaparece, pero tú permaneces; en religión, el misterio permanece y tú desapareces: te evaporas.

El ego está muy interesado en las preguntas y tiene mucho miedo al misterio. Las preguntas surgen del ego, que juega con ellas y trata de encontrar las respuestas; pero cada respuesta genera a su vez más preguntas. Es un proceso interminable; por eso la filosofía no ha llegado a ninguna conclusión.

Las preguntas son alimento para la mente.

Cálculo

La vida se puede vivir de dos maneras: como cálculo o como poesía. El ser interior del hombre tiene dos facetas: la calculadora, que produce la ciencia, los negocios o la política, y la no calculadora, que produce la poesía, la escultura o la música. Ambas facetas se mantienen incomunicadas y llevan existencias separadas, por eso el hombre está enormemente depauperado e innecesariamente desequilibrado; hay que tender puentes.

En lenguaje científico se dice que el hombre tiene dos hemisferios. El hemisferio izquierdo calcula, es matemático y prosaico, mientras que el derecho es poesía, amor y canción. Un lado es lógica; el otro, amor; un lado es silogismo; el otro, canción, pero en realidad no están comunicados, de ahí que el hombre viva en cierto modo escindido.

Todo el esfuerzo por mi parte va encaminado a tender puentes entre esos dos hemisferios. El hombre ha de ser tan científico como pueda por lo que se refiere al mundo objetivo, y tan musical como pueda en lo que atañe al mundo de las relaciones.

Hay dos mundos fuera de ti. Uno es el mundo de los objetos: la casa, el dinero, los muebles; y el otro es el mundo de las personas: la mujer, el marido, la madre, los niños, los amigos. Con los objetos, sé científico; pero nunca con las personas. Si eres científico con las personas, las reduces a objetos, y eso es uno de los peores crímenes que puedas cometer. Si tratas a tu mujer como un simple objeto, como un objeto sexual, te estarás comportando de manera muy deplorable. Si tratas a tu marido como un mero soporte financiero, como un medio de subsistencia, será una inmoralidad y, por consiguiente, la relación será inmoral; será prostitución, pura y simple prostitución.

No trates a las personas como medios, pues son fines en sí mismas. Relaciónate con ellas con amor y respeto. No las poseas nunca ni te dejes poseer por ellas. No dependas de ellas y no vuelvas dependientes a las que están a tu alrededor. No generes ningún tipo de dependencia; sigue siendo independiente y deja que los demás lo sean.

Eso es música; es la dimensión que denomino la dimensión musical. Si logras ser todo lo científico posible con los objetos, tu vida será rica, incluso opulenta; pero si consigues ser todo lo musical posible, tu vida tendrá belleza. Hay, además, una tercera dimensión que está más allá de la mente. Las dos anteriores son propias de la mente: la científica y la artística; la tercera, que es invisible, es la dimensión de la no-mente y es propia de la mística. Esa es accesible a través de la meditación.

Calendario

En Inglaterra cambian la fecha a medianoche. Realmente, no tiene sentido. Es absurdo, ya que nadie se levantará de la cama a medianoche solo para cambiar la fecha. Es ilógico y poco práctico. Conforme al sentido común, la fecha tendría que cambiarse por la mañana. Siempre pasas tu calendario por la mañana. ¿Y por qué se ha hecho así? Hay un secreto.

Cuando en la India son las 5.30 de la mañana, en Inglaterra es medianoche. Hubo una época, antes de esta civilización, en que el pensamiento hindú imperaba en todo el mundo. Igual que cuando el imperio británico se extendía por todo el mundo, la hora de Greenwich era la hora oficial, a la que todos se referían. Actualmente, con la caída del imperio británico, la hora de Greenwich ha sido prácticamente olvidada. Pasados diez o quince mil años, nadie se acordará de ella.

Hubo un mundo anterior al *Mahabharata* —una guerra prehistórica india— en que el pensamiento hindú dominaba en todas partes. Cuando amanecía en la India, era el momento de cambiar la fecha, y como en Inglaterra era medianoche, ese era el momento en que cambiaban la fecha del calendario. Y así se quedó.

Te asombrará saber que, hace trescientos años, el Parlamento de Inglaterra aprobó una ley extraordinaria para empezar el año el 1 de enero. Antes el año acababa el 25 de marzo. ¿Qué significado tiene que el año acabara el 25 de marzo? En sí, no tiene ninguno, pero ese era el día en que acababa el año indio. El 25 de marzo acaba el año indio, y así era también en todo el mundo. Tuvieron que aprobar una ley extraordinaria para cambiarlo.

Cambio

El dolor aparece porque no dejamos que el cambio se produzca. Tendemos a aferrarnos; queremos que las cosas sean estáticas. Si amas a una mujer, quieres que mañana siga siendo tuya, igual que hoy. Por eso aparece el sufrimiento. Si nadie sabe a ciencia cierta lo que va a pasar en el instante siguiente, ¿qué decir de mañana?

Un hombre consciente sabe que la vida cambia constantemente. La vida es cambio. Solo hay una cosa permanente, y es el propio cambio. Todo cambia excepto el cambio. Ser feliz es admitir esa naturaleza de la vida y aceptar esa existencia cambiante con todas sus estaciones, sus humores y su continuo devenir que no se detiene un solo instante.

* * *

Descubre por qué estás aburrido. Cambia.

La vida es tan corta...

Asume riesgos; sé un jugador: ¿qué puedes perder?

Llegamos con las manos vacías y con las manos vacías nos vamos. No hay nada que perder. Solo un ratito para ser juguetón, para cantar una bonita canción, y se acabó el tiempo.

Cada momento es precioso.

Caos

El caos siempre es bueno. El orden siempre suena a muerte. Del caos brotaron las estrellas; del orden, solo Adolf Hitler.

Así que yo no tengo ningún problema con el caos. En cambio, cuando todo está en orden, acaba siendo un campo de concentración.

El caos es precioso. Otro nombre del caos es libertad.

* * *

Estás viviendo en una de las épocas más maravillosas —lo viejo está desapareciendo, o ya ha desaparecido, y se ha producido el caos—, porque fue gracias al caos que nacieran las grandes estrellas. Tienes la oportunidad de crear un nuevo cosmos; una oportunidad que solo se presenta de vez en cuando: muy raramente. Tienes la fortuna de estar vivo en estos tiempos críticos. Aprovecha la oportunidad.

Capitalismo

El capitalismo es el primer sistema en el mundo que crea capital, es decir, riqueza. Antes, existía el feudalismo, que nunca creó riqueza sino que explotaba a la gente; la expoliaba. La riqueza de que gozaban los reyes en el pasado era un crimen. Era fruto de la explotación; tomada por la fuerza a la gente, a los pobres; no la creaban ellos.

El capitalismo es el primer sistema que crea riqueza. Hace falta inteligencia para crear riqueza. Y a no ser que creemos tanta riqueza que la riqueza pierda todo significado, a menos que creemos un modelo de riqueza tan alto que automáticamente el pobre empiece a volverse rico... Nadie puede comerse la riqueza —¿qué vas a hacer con ella?—. Hay un punto de saturación, y cuando el capitalismo llega al punto de saturación, empieza a florecer el comunismo. Por eso llamo comuna a mi comunidad. Comunismo, el término comunismo, procede de «comuna».

Creo en el capitalismo. Tal vez sea la única persona en todo el mundo que confiesa abiertamente creer en el capitalismo, porque por primera vez en la historia de la humanidad existe un sistema que crea riqueza, y puede crear tanta riqueza que, con la ayuda de la ciencia y la tecnología científica, hace innecesaria la pobreza. No hay necesidad de distribuir la riqueza, pues se distribuirá automáticamente. No hay necesidad de ninguna dictadura del proletariado. El capitalismo puede mantenerse en perfecta armonía con la democracia, la individualidad y la libertad de opinión. No destruye nada.

Por eso, mi opinión es que debemos difundir la idea de crear riqueza en lugar de distribuirla. ¿Qué vas a distribuir si no lo tienes primero?

Carácter

La sociedad respeta al hombre coherente; la sociedad llama a la coherencia «carácter», pero el hombre real no tiene carácter. Un hombre de verdad carece de carácter o está más allá del carácter, pues no puede permitírselo sino a costa de la propia vida. Si renuncias a la vida puedes tener carácter, y si no renuncias a ella tendrás muchos caracteres, pero no tendrás carácter. Si no renuncias a la vida, ¿cómo puedes tener carácter? La vida es nueva a cada instante, y lo mismo pasa contigo.

La sociedad no te respetará: no serás un ciudadano respetable; pero ¿qué más da? Solo los mediocres se interesan por el respeto de la sociedad. Lo único que preocupa a la persona auténtica es si está viviendo su vida o no; si está o no viviendo según su propio criterio, es su vida y se siente responsable de sí misma.

La responsabilidad principal no es para con la nación, la Iglesia ni nadie; la verdadera responsabilidad es para contigo mismo, y consiste en que has de vivir según tu propio discernimiento y dejarte llevar por la vida sin ningún compromiso.

El hombre de carácter hace concesiones. Su carácter no es otra cosa que un esfuerzo para garantizar a la sociedad: «No soy peligroso», y proclamar ante ella: «Seguiré las reglas del juego; estoy a tu entera disposición».

Caras

Una vez me contaron que cuando Abraham Lincoln estaba buscando gente para el consejo de ministros, uno de sus consejeros le sugirió el nombre de cierta persona. Abraham lo rechazó.

—¿Por qué? —le preguntó el consejero.

—No me gusta su cara —respondió Lincoln.

—¡Ese no puede ser el motivo! —exclamó el consejero—; pero si él no es responsable de su cara... cuanto menos no debería ser un motivo. ¿Qué puede hacer? No puede evitarlo.

—No —dijo Lincoln—, después de los cuarenta, cada hombre es responsable de su cara.

Estoy de acuerdo con él. Es absolutamente cierto. A partir de los cuarenta eres responsable de tu cara. Es la forma en que has vivido, has amado y te has preocupado; es la forma en que te has comportado y relacionado; es lo desdichado o extático que te hayas permitido ser. Es tu autobiografía.

Cargas

He aquí un antiguo cuento sufí:

Había una vez un hombre muy abrumado por el sufrimiento. Acostumbraba rogar a Dios cada día: «¿Por qué yo? Todo el mundo parece tan feliz; ¿por qué he de ser el único que sufra de este modo?». Un día, presa de una gran desesperación, rogó a Dios: «Puedes darme el sufrimiento de quien sea, estoy dispuesto a aceptarlo; pero llévate el mío, pues ya no puedo soportarlo más».

Aquella noche tuvo un hermoso sueño, hermoso y muy revelador, en el que Dios se aparecía en el cielo y decía a todo el mundo: «Traed todos vuestros sufrimientos al templo». Cada uno estaba harto de su propio sufrimiento; de hecho, quien más quien menos había rogado alguna vez: «Estoy dispuesto a aceptar el sufrimiento de cualquiera; pero llévate el mío, ya que es excesivo; insoportable».

De modo que cada cual reunió sus sufrimientos en una bolsa y se encaminó al templo. Todos parecían muy felices; había llegado el día en que su súplica había sido atendida. Y también aquel hombre se precipitó hacia el templo.

Dios dijo: «Dejad las bolsas junto a la pared»; y pusieron todas las bolsas junto a la pared. A continuación, Dios proclamó: «Ahora podéis escoger; que cada cual tome la bolsa que quiera».

Pero lo más sorprendente fue que aquel hombre que no había parado de suplicar, ¡se precipitó hacia su propia bolsa antes de que nadie pudiera decidirse por ella! Aunque el sorprendido iba a ser él, pues cada uno se abalanzó sobre su propia bolsa; feliz de recuperarla. ¿Qué había pasado? Por primera vez, cada uno había visto las miserias y los sufrimientos de los demás, y sus bolsas eran igual de grandes, ¡si no mayores!

El segundo problema era que se habían acostumbrado a sus propios sufrimientos; luego ¿para qué quedarse con los de otro? ¿Quién sabe qué clase de sufrimientos habrá en la bolsa? ¿Por qué tomarse la molestia? Con tus sufrimientos, al menos, estás familiarizado; te has acostumbrado a ellos y te resultan soportables. Los has soportado durante muchos años, ¿por qué optar por lo desconocido?

Y todos regresaron felices a casa. No había cambiado nada: volvían con el mismo sufrimiento; pero todos estaban alegres, felices y sonrientes por estar de vuelta con su propia bolsa.

Por la mañana, rezó a Dios en estos términos: «Gracias por el sueño; nunca más volveré a pedir nada. Me des lo que me des, será lo más indicado para mí; por eso me lo habrás dado».

Caridad

Todas las religiones han servido a los pobres durante miles de años; pero la pobreza sigue aumentando. ¿Qué clase de servicio es ese? Después de miles de años, la pobreza tendría que haber desaparecido. Lo que hacen, en realidad, es alimentar la pobreza.

El verdadero servicio sería decir a los pobres: «Estáis siendo explotados y tenéis que rebelaros contra los intereses creados». A menos que los pobres comprendan que la culpa de su pobreza es de unos pocos que los explotan; que les chupan la sangre... No es por culpa de sus vidas pasadas ni de sus malas acciones, sino del sistema social que descansa en la explotación.

Las religiones tienen que darse cuenta de que han estado prestando ese servicio durante siglos y, ¿cuál ha sido el resultado? Como el árbol se conoce por el fruto, si el fruto es infame, el árbol no será muy apreciado. «Servicio» resulta ser una hermosa palabra para ocultar una estructura social explotadora. Suena tan bien —servir a los pobres—... parece una gran virtud.

Ahora bien, ¿por qué sigue habiendo sobre todo pobres? ¿Quién los ha convertido en pobres?

Por un lado, vais sirviendo a los pobres y convirtiéndolos en católicos. El servicio no es servir a los pobres, el servicio consiste en aumentar el poder de la Iglesia católica. Vais buscando huérfanos para convertirlos. ¿Cómo han llegado los católicos a ser seiscientos millones?, pues sirviendo a los pobres. El servicio tiene una finalidad.

Si realmente estuvieses interesado en acabar con la pobreza, combatirías sus raíces. Solo tratáis los síntomas. ¿Cómo vas a ayudar a los pobres dándoles ropa o comida? Lo único que harás es mantenerlos en el nivel de subsistencia, permitiendo que los intereses creados los sigan explotando. ¿Ves el círculo vicioso?

Los capitalistas van haciendo donaciones a la Iglesia y la Iglesia va ayudando a los pobres, cuanto menos a sobrevivir, porque los trabajadores y los esclavos son necesarios. Incluso los esclavos eran alimentados por sus amos, y eso no era servicio. Si no das de comer a tu caballo, si no alimentas a tu vaca, perderás mucho dinero. Si no diese de comer a los pobres, el capitalismo desaparecería. ¿Quién trabajaría para él? ¿A quién explotaría?

Se trata, por tanto, de un juego muy ingenioso. El rico dona una pequeña parte del producto de su explotación a la Iglesia, y esta mantiene a los huérfanos, los aborígenes y los pobres en el nivel de subsistencia. Los necesitan vivos, pues sin ellos todo el sistema se vendría abajo.

De modo que, por un lado, el capitalista dona dinero a la Iglesia para caridad, y por otro sigue explotando a los pobres. Y en medio de los dos, el sacerdote se lleva su porcentaje —es un intermediario—, con el que vive espléndidamente. Hay millones de misioneros por todo el mundo; pero sirven a los explotadores en nombre del servicio.

Carisma

¿Has observado alguna vez que cuando un político está echando una arenga rodeado de millones de personas que están pendientes de él, se produce un orgasmo sutil? Se siente feliz: hay tanta gente dirigiendo su atención hacia él, tanta vitalidad desbordando hacia él y tantas vibraciones corriendo hacia él, que se mezclan con las suyas y se produce un gran orgasmo. Se pone radiante; resplandece. Cuando un político es derrotado o sufre algún revés, todo el esplendor y todo el carisma desaparecen. Si ves a un político fracasado —por ejemplo: si ves a Richard Nixon en la actualidad—, te quedarás sencillamente asombrado de cómo ese hombre que fue tan poderoso ha podido volverse tan impotente. Todo el carisma ha desaparecido. ¡Pobre Nixon...!, ¿qué se ha hecho de aquel hombre que fue tan poderoso? La energía que fluía hacia él ha dejado de fluir y el orgasmo ya no se produce. Ha perdido a su amada: la amada era la multitud; tenía una aventura con la multitud y ahora todo se acabó. Cuando han fracasado, los políticos parecen vacíos; cuando triunfan, se ven tan pletóricos...

Castigo

Somos castigados *con* nuestro pecado; no *por* nuestro pecado.

El castigo es el propio pecado. Si comes demasiado, sufres; si abusas de la bebida, sufres. Pero no es que el sufrimiento venga después, que sea una consecuencia. No, el sufrimiento está en el propio acto. Te lo diré de otra manera: somos castigados con el pecado; no por el pecado. Ese «por» ha causado muchos problemas al hombre porque «por» quiere decir «en el futuro», tal vez en otra vida. ¿Y quién se preocupa por el futuro? Cuando llegue el momento ya haremos todo lo posible por evitarlo. Podemos confesarnos con el cura o ir a darnos un baño en el río

Ganges para librarnos del pecado o buscar un santo que nos bendiga. Siempre se puede encontrar alguna estratagema; pero lo que yo digo es que no sois castigados por el pecado, sino con el pecado. Así que no hay manera de librarse de él.

Si comes demasiado, vas en contra de la naturaleza, e inmediatamente... el castigo. El castigo es instantáneo, no llega más tarde: está ahí y en ese momento; es inmediato. De modo que nadie puede evitarlo. Si quieres evitarlo, más vale que seas muy, muy consciente para no cometer el pecado.

El pecado es una forma de inconsciencia. Te enfadas y sufres por la propia ira, no por lo que venga después. La ira es fuego; la ira es veneno. Te envenena todo el sistema: te altera la salud, te trastorna la mente, te perturba la tranquilidad y te conmueve el alma, y luego se te queda pegado durante varios días. Hay que dejar que el trastorno remita; pero antes de que remita te enfadas de nuevo, y entonces se vuelve crónico. Se te queda pegado.

Mi opinión es que el castigo está en el propio acto, como también, por supuesto, la recompensa. Si eres amable, es el paraíso; si eres odioso, el infierno.

Catarsis

Ante todo hay que liberar al gorila, es decir, todas las represiones que hacen de ti un gorila. Sacar al gorila de tu ser es la más profunda de las purgaciones: la mayor de las catarsis. Y cuando toda la animalidad haya salido de ti, la condición de buda no estará lejos; apenas a un paso.

La condición de buda es tu derecho de nacimiento, y el gorila únicamente tu condicionamiento. La sociedad te dice continuamente que te reprimas, y la parte reprimida de tu ser no tarda en hacerse tan grande que te encuentras sentado en un volcán que puede entrar en erupción en cualquier momento; antes de que lo haga, es mejor liberarlo.

Así que primero sé un gorila; intensa y plenamente un gorila.

Antes de alcanzar las cumbres, tendrás que deshacerte de gran cantidad de basura y equipaje que has estado acarreando durante vidas y más vidas. He dispuesto mis meditaciones de tal modo que primero hay que purgar el gorila. Eso es lo que ocurre durante la meditación activa: permites que tu gorila se libere; sin inhibiciones. Si mantienes al gorila en tu interior, todo el mundo estará contento contigo; pero el gorila seguirá dentro y nunca estarás en paz. Lo que te digo es que lo dejes salir; se desvanecerá en el aire y lo que quedará tras él es puro espacio.

Ceguera

Todo el mundo puede decir que hay claridad y un arco iris en el cielo, y está saliendo el sol; pero si tengo los ojos cerrados, ¿qué sentido tiene para mí? El arco iris, los colores, el amanecer: todo eso es inexistente para mí, pues tengo los ojos cerrados; soy ciego. Si les presto demasiada atención y empiezo a creer demasiado en ellos, y, tomando prestadas sus palabras, me pongo a hablar también del arco iris que no he visto, de los colores que no puedo ver y del amanecer que no forma parte de mi experiencia, puedo acabar perdiéndome en la selva de las palabras.

Más vale decir: «Soy ciego, no distingo ningún color ni he visto ninguna luz, de modo que, a menos que se me abran los ojos, el sol no existe ni puede existir el amanecer». Insiste, hasta que puedas basarte en tu mirada. No te cargues de libros, pues no hablan más que de arcos iris vistos por otros y amaneceres que otros han experimentado.

Celebración

¿Te has preguntado alguna vez por qué en todo el mundo, en cada cultura y en cada sociedad, hay unos pocos días al año destinados a la celebración? Esos días de celebración son tan solo una compensación, pues dichas sociedades han eliminado toda celebración de tu vida; pero si no te ofrecen nada en compensación, tu vida puede convertirse en un peligro para la cultura. Toda cultura tiene que darte alguna compensación para que no te sientas abocado al sufrimiento y la tristeza; pero tales compensaciones son falsas.

Los petardos y las luces no consiguen hacer que disfrutes. Solo son para los niños; para ti son nada más que una molestia, mientras que en tu mundo interior puede haber un festival ininterrumpido de luces, canciones y placeres.

No olvides nunca que la sociedad te compensa cuando le parece que lo reprimido puede estallar en una situación peligrosa si no es compensado. La sociedad encuentra un modo u otro de permitirte que dejes salir lo reprimido, pero eso no es verdadera celebración, por lo que no puede ser auténtica.

La verdadera celebración emana de tu vida, está en tu vida y no puede ajustarse a ningún calendario; como que tengas que celebrar el Primero de Noviembre. Es curioso: eres desdichado todo el año y, de pronto, el Primero de Noviembre dejas de sufrir y te pones a bailar. O el sufrimiento era falso o lo es el Primero de Noviembre; ambos no pueden ser auténticos. Y una vez que ha pasado el Primero de Noviembre, vuelves a tu agujero negro: cada cual con su sufrimiento; cada cual con su ansiedad.

La vida ha de ser una celebración continua; un festival de luces durante todo el año.

Celos

El amor es el aliento del alma. Cuanto más amas, más alma tienes. Así que no seas celoso; no trates de limitar a nadie ni de monopolizar el amor. Hay ciertas cosas que no pueden ser monopolizadas.

Ves un pájaro volando en el aire y te parece hermoso: es libertad, alegría. Puedes atrapar al pájaro y encerrarlo en una hermosa jaula dorada; pero ¿crees que es el mismo pájaro? Aparentemente sí, pero en realidad no es el mismo.

¿Dónde queda la libertad? ¿Dónde están esas magníficas alas balanceándose en el aire? ¿Dónde están el cielo inmenso y la libertad sin límites? ¡Se lo has arrebatado todo al pobre pájaro y estás convencido de haberle dado una amplia y preciosa jaula de oro de veinticuatro quilates! Lo que has hecho es matarlo.

Eso es lo que ha pasado con el amor. El pájaro volando libremente en el cielo es una preciosidad, pero el pájaro en una jaula está acabado; su espíritu está muerto. Todavía respira, pero debe de estar soñando en la libertad de aquellos magníficos momentos en que se elevaba cada vez más alto en el cielo... o en aquellas hermosas mañanas... en la salida y la puesta del sol. Se lo has arrebatado todo.

El amor es un pájaro. Déjalo en libertad y no trates de monopolizarlo, pues en cuanto lo monopolizas, muere. Esa es la razón por la cual, a pesar de que todo el mundo va diciendo «te quiero», no parece que haya amor en ninguna parte.

El motivo principal es que no hemos dejado en libertad al amor.

Cementerios

Nunca hablamos de la muerte; no es de buena educación. No hablamos de ella; la evitamos. La muerte ocurre todos los días y en todas partes; pero la evitamos. Cuando alguien muere nos apresuramos a librarnos de él. Construimos los cementerios fuera de la ciudad para que no vaya nadie. Y hacemos sepulturas de mármol y en ellas escribimos hermosos versos. Ponemos flores en la tumba. ¿Qué es lo que hacemos? Tratamos de adornarla un poco. En Occidente, la manera de ocultar a los muertos se ha convertido en una profesión. Hay profesionales que nos ayudan a evitarlos y a embellecer su cadáver, como si aún estuviesen vivos. ¿Qué estamos haciendo? ¿Acaso sirve para algo? La muerte está ahí. Vas de cabeza al cementerio, y da igual el lugar donde lo pongas: acabarás allí. Ya vas de camino, haciendo cola hasta que llegue el momento; esperando en la cola para morir. ¿Dónde vas a escapar de la muerte?

Cero

El budismo desapareció de la India al cabo de tan solo quinientos años. El hombre más insigne de la historia de la religión, igual que su religión, no lograron sobrevivir ni siquiera quinientos años; después de quinientos años su religión desapareció. Había algo fundamentalmente erróneo en su enfoque. No es que no hubiese descubierto la verdad, que la descubrió, pero iba contando cosas a la gente que nunca debería haber contado. Les decía la verdad, pero la gente no estaba preparada para escuchar la verdad; habría preferido una dulce mentira. Tendría que haberles contado una dulce mentira que les ayudase a engullir al mismo tiempo la amarga verdad. Toda verdad tiene que ser endulzada, de otro modo resulta intragable.

Buda decía a la gente: «Cuando llegas a tu punto más profundo, desapareces: *anatta* —no-yo, no-ser, no-alma—. Serás simplemente un cero, y el cero se disolverá en el cero universal». Muy próximo a la verdad esencial, pero dicho de manera muy cruda.

Ahora bien, ¿acaso hay alguien que quiera convertirse en cero? La gente acude para encontrar la dicha eterna. Llegan cansados, desdichados, profundamente angustiados y aquejados de todo tipo de enajenaciones mentales. Han acudido a ver al maestro y este les dice: «El único remedio es que te conviertas en cero»; en otras palabras: la enfermedad solo puede curarse matando al paciente. Traducido exactamente, el significado es ese; pero tú viniste a que te curaran, y no a que te mataran.

La religión desapareció al cabo de cinco siglos. Este hecho tiene razones intrínsecas; pero la principal es que la gente no la encontró apetitosa, interesante ni atractiva. Era desnuda y verdadera, ¿pero acaso gusta a alguien la verdad desnuda? Hay que hablar de felicidad, de bendición y de miles de lotos floreciendo en tu interior, pues entonces pensarás que merece la pena. No tienes más que sentarte en silencio durante una hora al día. Si se han de abrir miles de lotos en tu interior, si han de nacer miles de soles, merece la pena encontrar una hora entre veinticuatro.

Pero la verdad no es ni lotos ni soles; solo pura nada.

Eso es lo que Gautama Buda contaba a la gente.

Por mor de su influencia, la gente le siguió, pero una vez que murió... Dejó grandes discípulos y, de algún modo, la corriente continuó, pero cada vez más reducida. Y al cabo de quinientos años desapareció completamente, pues nadie más se interesó en ella. Nadie quería verse convertido en un simple cero y desaparecer. Más vale ser desgraciado, pero ser al fin y al cabo, y tener la esperanza de que algún día podrás librarte de tu sufrimiento. Eres pobre, pero algún día puedes ser rico. Hoy no ha sido bueno, pero mañana está al caer. No te desanimes, mañana puede traerte buenas noticias. Pero este hombre dice: «Renuncia al mundo; renuncia a los placeres del mundo». ¿Para qué? ¡Para convertirte en cero!

La gente que siguió a Buda no lo hizo por lo que decía, sino por lo que era. Cuando desapareció, solo quedaron sus dichos; pero no había nadie dispuesto ni tan siquiera a escucharlos.

Si pusiéramos el cero a un lado y el infierno al otro, la gente preferiría el infierno; al menos allí pueden encontrar algunos restaurantes y discos. Algo tiene que haber allí, pues toda la gente interesante ha ido a parar al infierno. Solo van al cielo los desabridos, también llamados santos, que carecen de sustancia. La gente sustanciosa: los poetas, pintores, escultores, bailarines, actores o músicos, van todos al infierno.

De modo que si hay que escoger entre el cero y el infierno, cualquiera con dos dedos de frente escogerá gustosamente el infierno. Pero ¿cero...? Del infierno puedes salir algún día; incluso alcanzar el paraíso. Pero del cero no queda nada, ni siquiera una fotocopia: ido, acabado, extinguido para siempre.

Chistes

Un chiste no se puede explicar: o lo entiendes o no lo entiendes.

Y para mí, la vida no es un asunto serio. Es alegría; es divertida. Es la existencia desbordando de energía sin ningún motivo, sin ningún propósito, sin ningún objetivo ni ninguna finalidad, solo por el puro placer de hacerlo. El universo entero no es más que un gran chiste. Por eso no se puede explicar.

Ha habido muchos filósofos y teólogos que han tratado de explicarlo; pero han fracasado por la sencilla razón de que no es algo que pueda explicarse. O lo entiendes o no lo entiendes.

Cielo

No existen ni el cielo ni el infierno; solo están en tu psicología. Cuando estás psicológicamente en armonía con la existencia, cuando estás en silencio, estás en el cielo. Cuando estás alterado y pierdes tu silencio; cuando estás distraído y se sucede ondulación tras ondulación en el estanque de tu conciencia, haciendo que pierda su cualidad de espejo, estás en el infierno.

Infierno significa únicamente falta de armonía en tu interior y también con la existencia. En cuanto estás en armonía contigo mismo y con la existencia, que son las dos caras de una misma moneda, inmediatamente estás en el cielo. El cielo y el infierno no son geográficos.

Ciencia

No estoy en contra de la ciencia; no soy en absoluto anticientífico. Me gustaría que el mundo tuviese cada vez más ciencia para que el hombre pudiera estar disponible para algo superior, para algo que un pobre no puede permitirse.

El pobre tiene que pensar en el pan y la mantequilla, aunque ni eso consigue. Tiene que pensar en un techo, la ropa, los niños y las medicinas; pero no consigue arreglárselas con todas esas pequeñas cosas. Su vida está saturada de trivialidades; no dispone ni de tiempo ni de espacio para dedicarse a la búsqueda espiritual, y hasta cuando va al templo o a la iglesia, solamente lo hace para pedir cosas materiales. Su oración no es una verdadera oración: no es de gratitud, sino que es un ruego, un deseo. Quiere esto y quiere lo otro, pero no se le puede condenar; hay que perdonarle. Las necesidades están ahí, presionándole constantemente. ¿De dónde va a sacar unas horas para quedarse sentado en silencio y sin hacer nada? La mente sigue discurriendo; tiene que pensar en mañana...

Me gustaría que el mundo fuese más rico de lo que es. No creo en la pobreza ni creo que la pobreza tenga nada que ver con la espiritualidad. A lo largo de los tiempos nos han ido diciendo que la pobreza es algo espiritual. No era más que un consuelo.

Para mí, la espiritualidad tiene una dimensión completamente distinta. Es el lujo máximo: cuando ya lo tienes todo y de repente descubres que, a pesar de tenerlo todo, hay un vacío en tu interior que tienes que colmar, una vacuidad que has de transformar en plenitud. Solo puedes tomar conciencia de tu vacuidad si externamente lo tienes todo. La ciencia puede obrar el milagro. Me gusta la ciencia porque puede crear las condiciones para que la religión se manifieste.

Me gustaría que esta tierra fuese un paraíso, y eso no puede ocurrir sin la ciencia. ¿Cómo voy a ser contrario a la ciencia?

No estoy en contra de la ciencia. Pero la ciencia no lo es todo. La ciencia solo puede crear la circunferencia, pero el centro ha de ser la espiritualidad. La ciencia es exterior; la religiosidad, interior. Y me gustaría que el hombre fuese rico en ambas facetas: rico por fuera y rico por dentro. La ciencia no puede enriquecer tu mundo interior; eso solo puede hacerlo la religiosidad.

Civilización

La idea de que nos hemos vuelto civilizados es muy peligrosa. Nos impide ser civilizados, pues una vez que aceptas que lo eres, no es preciso que hagas nada por la civilización. Una vez que aceptas que estás sano, no hace falta eliminar ninguna enfermedad que pudieras padecer. ¡Primero tienes que reconocer que estás enfermo! Solo entonces se podrá hacer algo por tu salud. Pero negamos la enfermedad. Eso es lo que los llamados políticos han estado haciendo durante siglos, negando que seamos incivilizados y afirmando que somos civilizados; pero ese camuflaje nos impide ser civilizados. Hemos asumido completamente esa idea y nos hemos olvidado de comprobar si era cierta. Por supuesto, no lo es.

Claridad

Claridad es un estado mental en el que no hay pensamientos. Los pensamientos son como nubes en el cielo, y cuando el cielo está cubierto de nubes, no puedes ver el sol. Cuando no hay nubes en tu cielo, en tu cielo interior, hay claridad en tu conciencia.

Por eso, Jesús dice: «Si no eres como un niño, no entrarás en el reino de los cielos». ¿Qué significa eso? Significa simplemente que si no eres tan claro como un niño cuyo cielo interior aún está libre de nubes, cuyo espejo no tiene ni una mota de polvo y cuya percepción es absolutamente pura... Puede ver las cosas tal como son, sin distorsionarlas. No ha invertido lo más mínimo en distorsionarlas. No proyecta, sino que solo observa; sea cual sea la circunstancia, es un espejo pasivo. Eso es claridad.

Claro de luna

La luz del sol es masculina: dura, tensa, apasionada, agresiva y violenta. La luz de la luna es femenina: suave, tierna, receptiva y cariñosa. Y no se trata solo de poesía; la ciencia también ha descubierto que hay diferencias entre la luz del sol y la de la luna.

Hace siglos que los místicos son conscientes de ello; hay más gente que ha alcanzado la iluminación en una noche de luna llena que en cualquier otra noche. No he oído jamás que alguien se haya iluminado de día. Tanto Buda como Mahavira o Lao-tse alcanzaron la iluminación por la noche. No puede tratarse de una mera coincidencia.

La noche es femenina, el día es masculino y la iluminación solo se produce cuando se da una condición muy receptiva, una condición muy femenina. Que uno sea un hombre o una mujer no tiene ninguna importancia, lo que cuenta es ser receptivo. No se puede conquistar a Dios, sino invitarle y esperar.

Cobardía

La mayor cobardía del mundo es seguir a los demás: imitarlos. Si lo haces, te vuelves artificial; nunca serás una verdadera rosa, sino solo una rosa de plástico que parece una rosa pero no lo es. No tendrá ni fragancia ni vitalidad; no danzará al viento ni cantará al sol: ¡estará muerta!

Comparación

La comparación trae competencia. La comparación comporta heridas y ego. Por un lado, heridas, porque hay gente superior a ti, y entonces seguramente habrá heridas; por otro comporta ego, ya que hay gente inferior a ti. Y tú estás aprisionado entre esas dos piedras; ¡pero todo es ficticio! Eres simplemente tú mismo. No eres miembro de ninguna jerarquía; ¡nadie es superior ni inferior a ti porque nadie es como tú! De modo que la comparación es imposible y la competencia vana.

Solo hay que ser uno mismo; ese es mi mensaje fundamental. En el momento en que te aceptas tal como eres, todas las gigantescas cargas que te abruman simplemente se desvanecen. La vida es pura alegría; un festival de luces.

Compasión

En realidad la gente goza compadeciéndose de los demás. Siempre anda buscando situaciones en las que pueda compadecerse de los demás; eso alimenta y satisface a su ego. Si se quema la casa de alguien, corres con los ojos bañados en lágrimas a demostrarle tu gran compasión e interesarte por él, como si estuvieses inmensamente apenado. Pero en el fondo, si te fijas, descubrirás una cierta alegría, un cierto júbilo.

Pero la gente nunca mira en su interior. El júbilo es inevitable por dos razones: no es tu casa la que se quema, ¡gracias a Dios!; eso es lo primero. En segundo lugar tienes que disfrutar de tus lágrimas, pues cuando alguien se construye una casa nueva, una bonita casa, sientes envidia; surge en ti una gran envidia. No puedes alegrarte ni participar de su alegría. Tratas de evitarle y ni siquiera miras su casa.

Si no eres capaz de participar de la alegría de los demás, ¿cómo puedes compadecerte cuando están en apuros? Si sientes envidia cuando están alegres, sentirás alegría cuando estén en un apuro. Pero no lo demostrarás, sino que mostrarás compasión. «Compasión» no es una buena palabra. Hay palabras muy feas pero que actualmente son muy respetadas; palabras como «deber», «servicio» o «compasión»; todas ellas son malas palabras. El hombre que cumple con su deber no es un hombre de amor. El hombre que presta servicio no sabe nada del amor, pues el servicio no se presta, se da. Y el hombre que se compadece, está gozando sin duda de una especie de superioridad: «Yo no me encuentro en ese estado lamentable y él sí. Estoy en ventaja; puedo compadecerme de él».

El que ama jamás se siente superior. No puede sentirse superior ni pensar siquiera que alguien tenga que estarle agradecido. Por el contrario, cuando alguien acepta tu amor tienes que estarle agradecido por no haberlo rechazado —podría haberlo rechazado—, por haberlo respetado y acogido. Te sientes complacido, agradecido y reconocido.

Comunicación

Había una vez dos hermanos que se llamaban Jones. John Jones estaba casado y Jim era el propietario de una barca de remos vieja y desvencijada. Dio la casualidad de que la mujer de John se murió el mismo día en que la barca de Jim hizo agua y se hundió. Unos días más tarde, una amable viejecita se cruzó con Jim por la calle y, confundiéndole con John, le dijo:

—Vaya, señor Jones, me he enterado de su terrible desgracia. Debe de estar destrozado.

Jim replicó:

—¡Qué va! No me apena en absoluto. Desde el principio fue un trasto viejo y desvencijado. Tenía el culo completamente carcomido y olía a pescado podrido. Tenía una maldita grieta detrás y un buen boquete delante, y cada vez que la usaba, empezaba a hacer agua por todas partes. Bueno, yo era capaz de manejarla bien, pero cuando la usaba alguien más, quedaba hecha pedazos. Y así fue como acabó. Cuatro muchachos que estaban de paso en la ciudad y querían pasar un buen rato me pidieron que se la alquilase. Les advertí de que no era muy bravía, pero me dijeron que de todos modos querían probarlo. Pues bien, los condenados muchachos trataron de montar los cuatro a la vez y se partió por la mitad.

La vieja se desmayó antes de que hubiese terminado.

Así son las cosas: una es lo que se dice y otra muy distinta lo que se entiende. La comunicación es muy, muy difícil.

Comunión

Tomas de la mano a tu amigo: eso es comunicación a nivel físico. Dices algo a tu amigo: eso es comunicación a nivel mental. Después, quédate sin más en presencia de tu amigo, sin decir nada, sin ningún gesto, sin nada que decir, solo pura presencia: eso es comunicación espiritual. Esa comunicación se llama comunión.

Concentración

La concentración tiene visión de túnel. ¿Has mirado alguna vez dentro de un túnel? Por el lado desde el que miras es grande, pero si tiene tres kilómetros de largo, el otro lado se reduce a un pequeño círculo de luz; cuanto más largo sea el túnel, más pequeño será el otro extremo. Tienes que concentrarte, lo que siempre requiere tensión.

La concentración no es natural en la mente. La mente es un vagabundo que disfruta pasando de una cosa a la otra y al que siempre excita lo nuevo. La concentración es poco menos que una prisión para la mente.

No sé por qué, durante la Segunda Guerra Mundial les dio por llamar «campos de concentración» a los centros de detención de prisioneros. Para ellos tenía un significado distinto; reunían a todo tipo de prisioneros y los concentraban allí. Pero el verdadero significado de concentración es reunir todas las energías del cuerpo y de la mente y meterlas en un agujero que se va estrechando. Es fatigoso.

Conciencia

La sociedad te ha inculcado sus propias ideas para que te sirvan de conciencia. De hecho, impiden que salga a la luz la verdadera conciencia, que aflore tu propia conciencia y tome tu vida a su cargo.

La sociedad es muy política. En el exterior ha apostado al policía y al magistrado, y en el interior a la conciencia, que es el policía y el magistrado internos. Ahora bien, no conformándose con ese arreglo, ha apostado por encima de todos a Dios: el superpolicía; el comisario. De modo que te sigue a todas partes y te vigila hasta en el lavabo. Alguien que te observa constantemente y no te deja ser tú mismo ni un solo instante.

Conclusiones

Un ojo predispuesto es ciego, y un corazón lleno de conclusiones está muerto. Si se admiten a priori demasiados supuestos, la inteligencia empieza a perder su agudeza, su belleza y su intensidad; se embota. Inteligencia embotada es lo que llamamos intelecto. De hecho, la llamada *intelligentsia* no es inteligente; solo es intelectual. El intelecto es un cadáver. Puedes adornarlo con grandes perlas, esmeraldas y diamantes, pero un cadáver no deja de ser un cadáver. Estar vivo es un asunto completamente distinto. La inteligencia es vitalidad, espontaneidad, apertura, vulnerabilidad, imparcialidad y valor para desenvolverse sin conclusiones. ¿Y por qué digo que es valentía? Es valentía porque cuando te desenvuelves en función de una conclusión, la conclusión te protege, te confiere seguridad. La conoces bien, sabes cómo llegar a ella y gracias a ella eres muy eficiente. Funcionar sin una conclusión es funcionar con inocencia. No hay seguridad; puedes equivocarte e incluso extraviarte.

Quien esté dispuesto a proseguir la exploración de la verdad tiene que estar preparado asimismo para cometer muchos errores y equivocaciones; tiene que ser capaz de arriesgarse. Uno puede extraviarse, pero es así como se llega. Extraviándose muchas veces uno aprende a no extraviarse. Cometiendo muchas equivocaciones se aprende lo que es una equivocación y la manera de no cometerlas. Sabiendo lo que es el error, uno se acerca cada vez más a la verdad. Se trata de una exploración individual; no puedes depender de las conclusiones de otros.

Condicionamiento

Antes incluso de que el niño haga una pregunta, le llenas la cabeza con una respuesta.

En eso consiste la programación: el condicionamiento.

Conductismo

No es por casualidad que los psicólogos sigan estudiando a las ratas para entender al hombre. Suena raro, ¡tratar de entender a las ratas para entender al hombre! Aunque, en realidad, no es tan extraño como parece, pues la mayoría de los hombres viven como ratas.

La psicología de Pavlov se basa en el estudio de los perros y la de Skinner en el de las ratas, y ambas son totalmente correctas por lo que se refiere a la mayoría de la humanidad. Solo en algunos casos pueden ser inadecuadas, como cuando tratan de aplicarlas a un buda; pero por cuanto se refiere a los seres humanos corrientes, es perfectamente correcta. ¿Qué ha pasado con el hombre? Ha perdido toda significación e importancia por la sencilla razón de que se ha convertido en un ser muy cobarde. Vive de maneras tan cobardes que cualquier cosa nueva le asusta.

Confusión

La confusión es una gran oportunidad. El gran problema con la gente que no está confundida es que creen que saben, pero no saben. La gente que cree tener claridad está realmente en un gran apuro; su claridad es muy superficial. En realidad, no saben nada de la claridad; lo que llaman claridad no es otra cosa que estupidez.

Los idiotas son muy claros, y lo son en el sentido de que carecen de inteligencia para sentir confusión. Sentir confusión requiere una gran inteligencia. Solo los inteligentes sienten confusión; los mediocres, en cambio, van por la vida sonriendo, riéndose, acumulando dinero y luchando por más poder y más fama. Si los ves, sentirás un poco de envidia; parecen tan felices y confiados...

Si triunfan, si su dinero aumenta, su poder se acrecienta y su fama se extiende, tendrás un poco de envidia. Tú estás tan confundido mientras ellos lo tienen tan claro en la vida... tienen un sentido y un objetivo; saben cómo alcanzarlo y se las arreglan para conseguirlo, de hecho, ya lo están consiguiendo; ya van trepando por la escala. Y tú estás ahí parado y confundido, sin saber lo que hay que hacer y lo que no hay que hacer; lo que está bien y lo que está mal. Pero siempre ha sido así: el mediocre conserva la certidumbre y queda para el más inteligente sentir confusión y caos.

La confusión es una gran oportunidad. Indica simplemente que no hay salida a través de la mente. Si realmente estás confundido, como cuando dices: «Estoy sumamente confundido», eres afortunado. Ahora puede ocurrir algo, algo enormemente valioso; estás en el borde. Si estás sumamente confundido quiere decir que la mente ha fracasado, que ya no puede proporcionarte más certidumbres. Cada vez te acercas más a la muerte de la mente. Y eso es lo más grande que le puede ocurrir a un hombre en la vida; la mayor de las bendiciones, porque una vez que descubres que la mente es confusión y no hay salida a través de ella, ¿por cuánto tiempo seguirás aferrado a la mente? Tarde o temprano tendrás que desprenderte de ella y, aunque no quieras, se desprenderá por sí sola. La confusión llegará a ser tan grande y tan densa que caerá por su propio peso. Y cuando la mente cae, la confusión desaparece. No, no puedo decir que alcances la certidumbre, pues también esa palabra es aplicable únicamente a la mente y su mundo. Donde hay confusión puede haber certidumbre; cuando la confusión se desvanece, también lo hace la certidumbre. Simplemente eres claro: ni confuso ni seguro, solo una claridad, una transparencia. Y esa transparencia está dotada de belleza y elegancia; es exquisita.

El momento más hermoso de la vida es cuando no hay confusión ni certidumbre. Uno simplemente es: un espejo que refleja lo que existe, sin sentido ni dirección, sin proyectos ni futuro, solo plenamente en el momento, rabiosamente en el momento. Cuando no hay mente, no puede haber futuro ni proyecto alguno de futuro. El momento lo es todo, el todo dentro del todo; ese momento es la totalidad de la existencia. Toda la existencia empieza a converger en ese momento, y el momento se vuelve tremendamente importante. Tiene profundidad, altura, misterio e intensidad; tiene fuego e inmediatez y te atrapa, te posee y te transforma.

Conocerse a sí mismo

Uno de los mayores misterios de la vida es que nacemos con un ser plétorico de felicidad; pero seguimos siendo mendigos porque nunca examinamos lo que hay en nuestro interior. Lo damos por supuesto, como si supiéramos de antemano todo lo que tenemos dentro. Es una solemne tontería, pero impera en todo el mundo. Estamos dispuestos a ir a la Luna en busca de felicidad; pero no a entrar en nuestro mundo interior por la sencilla razón de que sin entrar siquiera ya pensamos: «¿Qué va a haber ahí?».

Por alguna razón seguimos arrastrando la idea de que nos conocemos a nosotros mismos; pero no nos conocemos en absoluto.

Sócrates tiene razón cuando dice: «Conócete a ti mismo». En esa expresión se condensa toda la sabiduría de todos los sabios, pues conocerte a ti mismo es conocerlo todo, colmarlo todo y relizarlo todo.

No tenemos que volvernos perfectos, pues ya nacimos perfectos, ni tenemos que inventar la felicidad, sino solo descubrirla. No se trata, por tanto, de un asunto tan difícil como la gente cree; es un proceso muy sencillo de relajación y reposo para ir centrándose poco a poco.

El día en que encuentras tu centro, de repente se ilumina todo; has encontrado el interruptor. Es como cuando andas a tientas en una habitación oscura: andas a tientas hasta que encuentras el interruptor y se hace la luz. Pero puedes quedarte sentado en la oscuridad y pasarte la noche gimiendo y llorando debajo del interruptor. Y esa es realmente la situación; gemimos y lloramos innecesariamente. De ahí que los que han conocido alberguen sentimientos muy extraños con respecto a la gente. Sienten gran compasión y a la vez les produce mucha risa, porque pueden ver la estupidez que supone haberlo conseguido y seguir corriendo de acá para allá sin motivo alguno. Pero, como vas corriendo, no lo encuentras. También sienten gran compasión porque sufres, es cierto, pero tu sufrimiento es ridículo.

Este estilo de vida absurdo y ridículo tiene que cambiar completamente. Mira hacia dentro y, si no encuentras nada, mira hacia fuera. Pero afirmo categóricamente que nadie que haya mirado hacia dentro no haya dado con ello, así que no hay ninguna razón para que tú no lo encuentres. No hay ninguna excepción; es una ley universal: quienquiera que se vuelva hacia dentro lo encuentra; encuentra el reino de Dios, la felicidad perfecta y la verdad absoluta. Y con ello llega la libertad y una intensa fragancia. La vida se vuelve danza, poesía y un éxtasis perpetuo que aumenta a cada instante.

Uno se queda perplejo ante la dimensión que puede cobrar el éxtasis: ¿podré albergar más? Pero uno puede albergar un éxtasis infinito. Por increíble que parezca, no para de aumentar, y piensas: «Este es el límite; ya más no puede ser»; pero al día siguiente descubres que aún puede aumentar más. Es ilimitado. En este viaje hay un principio, pero no un final.

Conocer

El conocimiento corresponde a la dimensión del tener, y el conocer a la del ser. Parecen iguales, pero no lo son. Ni siquiera son parecidos, sino diametralmente opuestos el uno al otro. A medida que el hombre acumula saber, pierde conocer. El conocer necesita una mente como un espejo: pura e incorrupta. No estoy diciendo que el conocimiento no sirva para nada; si tu conocer es limpio y puro, como un espejo, puedes emplear el conocimiento de manera tremendamente útil. Puede llegar a ser beneficioso, pero primero tiene que existir el conocer.

El conocimiento es muy fácil; el conocer es muy difícil. Para conocer tienes que pasar por muchas pruebas.

Conocimiento

El conocimiento tiene alguna utilidad; no es completamente inútil.
Pero si te vuelves hacia dentro, cada vez es más inservible; cuanto más
profundizas, más inservible es. Si miras hacia fuera, te resulta más útil
cuanto más te adentras en el mundo. El mundo respeta al erudito. Tiene necesidad de expertos; necesita todo tipo de personas que posean información, conocimiento y maestría. Pero en el mundo interior esto ni
siquiera se plantea; en el mundo interior el propio conocimiento se convierte en un obstáculo. Lo que en el mundo exterior es útil en el interior
supone una barrera. Para el mundo es un puente, mientras que para la
exploración interior constituye una barrera.

El conocimiento trata de dominar; te hace poderoso. La ignorancia
te hace humilde. Procura, por tanto, no convertirte en un erudito. No
permitas que el conocimiento se acumule a tu alrededor. El conocimiento se acumula diariamente a través de la experiencia; así que tíralo
cada día. Es polvo que se acumula en el espejo de la conciencia.

Consejo

Escúchalo, pero no lo sigas. Escucha atentamente, pero sigue tu propio
albedrío. No te guíes por el consejo de los demás. Escucha, desde luego,
muy reflexivamente; trata de comprender lo que quieren transmitirte.
Puede que realmente se trate de personas bien intencionadas; pero si
empiezas a hacerles caso ciegamente, jamás conseguirás tu propia inteligencia. Siempre dependerás de muletas; siempre consultarás a los
demás para que te digan lo que tienes que hacer y lo que no tienes que
hacer. Siempre tendrás necesidad de líderes, lo cual constituye una
situación muy malsana.

Escucha, porque la gente tiene grandes experiencias; y si las comparten, si tienen ganas de compartirlas, sería insensato por tu parte no escuchar. Compartir su experiencia puede aumentar tu discernimiento y ayudarte a ser más consciente; pero no la sigas.

La gente sigue literalmente, y lo único que consigue es volverse ciega. Si los demás te proporcionan todo aquello que necesitas, ¿para qué quieres tus propios ojos? Y si otros mastican por ti, ¿qué necesidad tienes de masticar por ti mismo? Poco a poco te vas quedando cada vez más débil, más depauperado, más desnutrido...

El verdadero amigo no es el que te da consejos sino el que te ayuda a ser más despierto, más consciente, y a saber más de la vida, de sus problemas, sus desafíos y sus misterios. Te ayuda, además, a seguir tu propio camino; te da valor para experimentar, buscar e indagar. No te da consejos estereotipados, pues los consejos estereotipados no tienen ninguna utilidad. Lo que hoy es verdad puede no serlo mañana, y lo que en una situación es correcto puede ser incorrecto en otra. Como las situaciones cambian continuamente, lo que necesitas no es un modelo de vida estereotipado sino una forma de *videncia*, de modo que, estés donde estés, sea cual sea la situación en que te encuentres, sepas espontáneamente cómo comportarte; cómo depender de tu propio yo.

Contracepción

Los anticonceptivos han transformado la cualidad intrínseca del sexo: el sexo se ha vuelto diversión. Ha dejado de ser el asunto serio que solía ser. Se ha convertido en un simple entretenimiento: dos cuerpos jugando el uno con el otro; eso es todo. No hay nada malo en ello; también se juega al fútbol, ¿qué hay de malo en ello?, o se juega al voleibol, ¿qué hay de malo en ello? Están involucradas dos energías corporales.

El sexo también es un juego, pero antes no lo era. Antes de los anticonceptivos era un asunto serio; pero estos le han arrebatado toda su seriedad. En la actualidad, las religiones no pueden por menos que estar asustadas, pues todo el edificio puede venirse abajo por culpa de los anticonceptivos. Lo que los ateos no lograron durante siglos los anticonceptivos pueden conseguirlo en pocas décadas. Lo han hecho ya: los anticonceptivos han liberado al hombre del sacerdote.

Los anticonceptivos son una bendición, pero el papa no puede estar a favor de ellos porque se juega su poder —y no solo el papa, sino todos los dirigentes religiosos: los shankaracharyas, los ayatolás y los imanes—; todos ellos se opondrán a los anticonceptivos. Peligra todo el negocio.

Contradicciones

La vida parece muy simple, pero a medida que profundizas en ella, se vuelve cada vez más compleja. Aunque la mayor complejidad estriba en que la vida se compone de contradicciones. Si lo entiendes, tales contradicciones acaban siendo complementarias; pero si no lo entiendes, se convierten en opuestos.

No obstante, en la unidad orgánica última hay espacio suficiente tanto para el sí como para el no. No sería unidad orgánica última si solo hubiera espacio para el sí, la luz o el amor, pero no para sus opuestos.

Nuestra mente agrupa las cosas por categorías de oposición; pero la mente no es el factor decisorio definitivo. El factor decisorio definitivo es un estado de no-mente. En un estado de no-mente todo es posible. Lo incomprensible también es posible; lo imposible también es posible.

Convicción

La convicción es lógica e intelectual, y corresponde a la mente. No llega muy adentro y, detrás de cada convicción, persiste la duda. La convicción no cambia a nadie, pues, siendo algo de la mente, ¿cómo va a cambiar a la totalidad? Además, la convicción es prestada. Soy muy lógico con respecto a algo y te quedas convencido, pero solo es debido a que soy muy lógico con respecto a ello. Mi lógica te engancha y no puedes argumentar contra ella, de ahí la convicción. La convicción es prestada; la tomamos de los demás. Te conviertes en un cristiano, un cristiano convencido, porque tus padres eran cristianos; o te vuelves un hinduista convencido, un hinduista perdido e inquebrantable, porque tus padres eran hinduistas, y así sucesivamente.

Una vez oí que la maestra de una escuela dominical interrumpió bruscamente la lectura de un pasaje de la Biblia y preguntó a sus pupilos:

—¿Por qué creéis en Dios?

Obtuvo una gran variedad de respuestas: unas impregnadas de fe sincera y otras a todas luces insinceras. La única que la dejó estupefacta partió del hijo del pastor más famoso de Chicago.

Este frunció el ceño y respondió:

—Que yo sepa, nos viene de familia.

Así es como se adquieren las convicciones.

Corazón

Todos mis esfuerzos van encaminados a liberar la energía de tu cabeza, donde está aprisionada, para que pueda entrar primero en el corazón y después en el ser, que es tu verdadero centro. El corazón está a medio camino entre la cabeza y el ser. El pensamiento es la cabeza, que plantea preguntas sin darte nunca una respuesta. Es el mundo de la filosofía: el mundo de los necios. Por debajo está el mundo de los sentimientos, del corazón: es el mundo de los poetas.

¿Te has dado cuenta alguna vez de que los filósofos preguntan y los poetas responden? Cada poesía es una respuesta; no hay ninguna poesía que plantee una pregunta: todas son una respuesta. ¡El corazón responde! Por eso es mucho mejor y más sensato adentrarse en el mundo de los sentimientos; aunque todavía estás un poco lejos de una percepción totalmente clara, pues cuando la percepción es clara, ni siquiera hay respuesta, por no hablar de la pregunta. ¡Ni siquiera una respuesta!

El filósofo pregunta, el poeta responde y al místico no le interesan ni las preguntas ni las respuestas. Si acudes a un místico, todo lo que hará será destruir tus preguntas, tus respuestas y todo lo que lleves contigo hasta dejarte completamente vacío. Ese es el momento en que la percepción empieza a funcionar; te vuelves inocente.

Cordialidad

La cordialidad es el lenguaje de la vida. Cuanto más dejes que tu cordialidad fluya hacia los demás, más rica será tu vida. Y el secreto de la cordialidad es el amor, de modo que ama tan profundamente y a tanta gente como puedas. Y no solo a las personas, sino a la existencia como tal. Es verdaderamente extraño que la gente pase junto a los árboles sin manifestar la menor cordialidad hacia ellos, que mire a las estrellas con ojos fríos y apagados, que hable con los demás sin el menor afecto ni en las palabras ni en el corazón, o que se den la mano flojamente y con frialdad. No es extraño que sufran tanto; pero es lo que han elegido.

Tal decisión tiene un motivo: les da miedo ser cariñosos porque pueden verse implicados, atrapados o comprometidos. Y la gente tiene miedo de implicarse o comprometerse, por eso huye de cualquier compromiso. Pero vivir una vida sin compromiso es evadirse; es privarla de esplendor. La vida necesita el reto del compromiso; requiere implicación. Uno ha de implicarse en cuantas más cosas pueda: el arte, la poesía, la música, la gente, la danza y en todo lo que pueda. Cuanto más te implicas, más eres; más grande es tu Yo.

Corriente

La mente corriente no nace corriente; la vuelven corriente vuestros sistemas de creencias, vuestras religiones, vuestros políticos y vuestra educación. Todos los niños son educados para ser corrientes.

La familia estima al niño corriente; no al muy inteligente. El niño muy inteligente es un engorro continuo y un problema. Hace preguntas que los padres no saben responder y se sienten molestos. El niño corriente jamás hace preguntas.

Para la mente corriente, el logro de la satisfacción material no supone ningún problema. Si no dejas de ser corriente, puedes poseer el mundo entero sin que te ocurra nada.

Pero puedes aguzar tu mente; el método es sencillo. Haz exactamente lo contrario de lo que te hicieron a ti. Si te dijeron que tengas fe, no la tengas; si te dijeron que creas, no lo hagas, duda; si te dijeron que sigas a la multitud, afírmate como individuo, y dejarás de ser corriente. Era algo que te habían impuesto.

El doctor, preocupado, trata de convencer al paciente de que tiene exceso de peso:

—Ahora sube a la báscula —dice el doctor—. Son... ¿lo ves? Ahora mira esta tabla y compara tu peso con el peso corriente para tu altura. Estás en el lado del exceso de peso.

—De ningún modo —replicó el paciente—, lo que pasa es que me faltan quince centímetros.

Corrupción

Lord Acton afirma que el poder corrompe. Es cierto en un sentido, pero en otro es completamente falso. Es cierto si te conformas con mirar la superficie de las cosas: el poder corrompe, desde luego, pues quien detenta el poder acaba corrompido. Objetivamente es cierto; pero si profundizas en el fenómeno deja de serlo.

El poder no corrompe; son los corruptos los que se sienten atraídos por el poder. Son personas a las que les gustaría hacer cosas que no pueden hacer si no están en el poder. En cuanto llegan al poder, toda su mente reprimida se impone; no hay nada que pueda detenerles ni nada que pueda impedírselo, ahora detentan el poder. El poder no les corrompe, lo único que hace es que salga a la luz su corrupción. La corrupción ya estaba allí en forma de semilla; ahora ha germinado. El poder se ha revelado como la estación óptima para que germinase. El poder no es más que la primavera para las ponzoñosas flores de la corrupción y la injusticia que hay en su ser.

El poder no es la causa de la corrupción, sino simplemente la oportunidad para que se manifieste. Por eso digo que básicamente, en lo fundamental, lord Acton está equivocado.

Costumbres

Hay que ser capaz de hacer las cosas según las situaciones, no según las costumbres. La vida cambia continuamente: es un devenir, mientras que las costumbres están estancadas. Cuanto más te rodeas de costumbres, más te cierras a la vida. No eres abierto; no tienes ventanas. No estableces ninguna comunicación con la vida; no haces sino repetir tus costumbres. Pero no son apropiadas; no son la respuesta adecuada a la situación: al momento. Siempre van rezagadas y siempre se quedan cortas. Son el fracaso de tu vida.

Así que recuerda: estoy en contra de todo tipo de costumbres. Que sean buenas o malas no tiene nada que ver; las costumbres no son buenas ni malas de por sí. Todas las costumbres son malas porque costumbre significa que algo inconsciente se ha convertido en el factor dominante de tu vida; se ha vuelto decisivo. Ya no eres tú el factor decisorio. La respuesta ya no procede de tu conciencia sino de un modelo, de una estructura que aprendiste en el pasado.

Dos miembros de la Residencia Shalom, llamados Blustein y Levin, estaban dando un paseo alrededor de la mansión de Nelson Rockefeller.

—Si tuviese los millones de ese hombre —suspiró Blustein—, sería más rico que él.

—No seas bobo —dijo Levin—, si tuvieses sus millones, serías tan rico como él, no más rico que él.

—Te equivocas —replicó Blustein—, no te olvides de que yo, además, puedo dar clases de hebreo.

Creatividad

La naturaleza te ha conducido hasta un cierto punto a partir del cual debes tomar el crecimiento en tus propias manos. La naturaleza ha hecho de ti un ser humano; a partir de ahí no compete a la naturaleza. Hasta el ser humano es evolución; más allá de la condición humana es revolución. Evolución significa todo aquello que ha ocurrido pese a ti, mientras tú ibas montado en la cresta de la ola. Pero llega un momento —y la condición humana es ese momento, esa línea divisoria— en que si no empiezas a avanzar por ti mismo te quedas estancado. La ola de la naturaleza te ha conducido hasta el límite máximo; hasta el límite óptimo. Más que eso ya no es posible. A partir de ahí tienes que viajar y esforzarte; tienes que ser creativo. Pero cuando digo creativo no me estoy refiriendo solo a la pintura, la poesía o la escultura. No, esas son creatividades muy corrientes.

Creas una pintura, un poema o una canción; pero no te creas a ti mismo. El poeta sigue estando tan insatisfecho como el no poeta, y el pintor sigue tan vacío como el que no lo es. Puede que el pintor haya pintado un magnífico retrato, pero él seguirá siendo tan feo como cualquiera. Si te gusta la obra de un poeta no vayas a verlo en persona o de lo contrario te sentirás defraudado. Tal vez la poesía sea hermosa; pero si vas a ver al poeta te encontrarás con un ser humano corriente, incluso a veces más corriente que los normales. Si te gusta una pintura, goza de ella y olvídate del pintor. No vayas nunca a ver al pintor o te quedarás defraudado. Tal vez te encuentres con un loco o un maníaco... pues no hay duda de que han creado algo, pero han olvidado completamente que la principal creatividad, la más esencial, ha de estar relacionada con el propio ser.

Has de ser creativo con respecto a tu propio ser.

Creyentes

El creyente no es un buscador. El creyente no está interesado en buscar sino en evitar la búsqueda; por eso cree. El creyente quiere ser liberado, salvado, y por eso necesita un salvador. Siempre anda buscando un mesías; alguien que coma por él: que mastique y digiera por él. Pero si el que come soy yo, tu hambre no quedará saciada.

Nadie puede salvarte excepto tú mismo.

Los creyentes son la gente más mediocre del mundo; la menos inteligente del mundo.

Criminales

La mente anhela poder y prestigio.

Una posibilidad de adquirir poder es a través de la política, que es la vía de los criminales. Si tu mente tiene alguna tendencia criminal, seguirás el camino de la política. No hay diferencias sustanciales entre los criminales y los políticos.

Los políticos son criminales que han triunfado.

Los criminales son políticos fracasados.

Los criminales son pobres y lastimosos; lo intentaron y fracasaron. Los políticos pertenecen a la misma tribu; pero con una sola diferencia: ellos han triunfado.

Y es que en este mundo, el éxito lo justifica todo. ¿A quién le importa lo que hayas hecho, cómo lo hayas conseguido o los instrumentos de que te hayas servido? El hecho de que hayas triunfado demuestra sobradamente que eres un hombre de tremenda capacidad. Tu éxito lo prueba.

Pero si fracasas, tu fracaso es asimismo la prueba de que estabas suspirando por la luna; sencillamente eras tonto. Trata de andar con los pies en el suelo y no intentes volar hacia la luna, de lo contrario te caerás y te harás múltiples fracturas. Eso es lo que han conseguido los pobres criminales: un montón de fracturas.

Pero la mentalidad del político y la del criminal son la misma.

Crisis

Siempre reaccionamos en función de nuestro pasado. Como siempre ha funcionado, creemos que ha de funcionar en cualquier circunstancia; pero llega un día en que se presenta una situación en la cual tu pasado no tiene la menor relevancia; no funciona. Es una auténtica crisis... y también una auténtica oportunidad.

El término chino para crisis —aunque los chinos no tienen palabras, sino símbolos, de modo que el ideograma chino para crisis es «bello»— consta de dos pequeños símbolos, dos pequeños ideogramas: uno significa peligro y el otro oportunidad. Crisis es peligro y, además, oportunidad; solo depende de ti. Si continúas reaccionando en función del pasado, te estarás suicidando: es peligroso. Si tienes la inteligencia necesaria para ver que el problema es nuevo y, por consiguiente, la respuesta ha de ser nueva, que las viejas respuestas no funcionan, la crisis se convierte en una gran oportunidad.

Cristianismo

Cristo desapareció dejando tras él el cristianismo. Cristianismo es el cadáver; el cadáver de Cristo. El cristianismo vuelve a ser la misma clase dirigente contra la que Jesús se rebeló. El cristianismo pertenece a los mismos sacerdotes que crucificaron a Jesús. Ahora el templo ha cambiado, ya no está en Jerusalén sino en el Vaticano; pero el templo es el mismo. Los mercaderes han cambiado, pero el mercadeo permanece. La clase dirigente está ahora regida por otras personas, que tienen otros nombres y actúan en nombre de otros; pero la clase dirigente es la misma.

Detesto favorecer al cristianismo dedicándole una atención especial; pero desgraciadamente se la merece. Es la manifestación más lamentable de la religión en la tierra.

Cuerpo

Escucha a tu propio cuerpo. El cuerpo encierra una gran sabiduría. Si lo escuchas siempre estarás bien; pero si no lo escuchas y sigues imponiéndole cosas, nunca serás feliz. Serás desdichado; estarás enfermo, a disgusto y continuamente alterado y desorientado.

Una de las razones por las que el hombre sigue siendo incivilizado es la división entre mente, cuerpo y alma. Esta división ha sido preconizada por todas las religiones del mundo. Han condenado el cuerpo y, algunas de ellas, también la mente; pero todas han ensalzado el alma. El

resultado no ha sido el que esperaban, sino un curiosísimo envenenamiento de la humanidad. La gente no ha renunciado a sus cuerpos ni a
sus mentes, pero se han vuelto culpables por ellos. Han perdido el amor
propio, el contacto con la sabiduría de sus propios cuerpos y el control
de sus propias mentes. Pero la realidad es que a menos que los tres fun-
cionen como una unidad orgánica total, el hombre no puede ser uno.

Culpa

El hombre se halla sumido en tal estado de inconsciencia que todo lo que
hace redunda en más sufrimiento para él mismo y para los demás. Continuamente está echando la culpa al destino, la naturaleza o la sociedad;
pero siempre culpa a los demás y jamás a sí mismo. En el preciso instante en que reúnes el valor necesario para culparte a ti mismo, en el momento en que asumes la responsabilidad de todo lo que eres, un rayo de
luz penetra en tu ser. Estás en la senda de la transformación interior.

Culpabilidad

La culpabilidad es el negocio secreto de todas las llamadas religiones es-
tablecidas. Crea culpabilidad en la gente; haz que se sientan mal consigo
mismos. No permitas que sean respetuosos con sus propias vidas; haz
que se sientan condenados. Haz que, en lo más profundo, crean que son
infames y que no valen nada: que son polvo, pues entonces estarán a punto para dejarse guiar por cualquier imbécil. Serán más propensos a volverse dependientes, con la esperanza de que «alguien nos lleve a la iluminación final». Ese alguien son los que nos explotan desde hace siglos.

Cultos

Mientras Jesús está vivo, es peligroso estar con él. Ningún hombre
de negocios se le acercará; solo los jugadores pueden correr el riesgo de

estar a su lado. Es peligroso andar con él: puede ser crucificado; tú también puedes ser crucificado.

Pero, una vez muerto, es la gran oportunidad para los negocios. Una nueva clase de gente empieza a congregarse a su alrededor: son los sacerdotes, los papas, los imanes y los rabinos —eruditos, académicos, polemistas y dogmáticos—. Crean el dogma y el credo; crean el culto.

Un culto se crea sobre el cadáver de una persona religiosa. El cristianismo es un culto.

Cumpleaños

Uno nunca nace ni muere; ambas cosas son ilusorias. Lo parece, desde luego, pero como una cuerda parece una serpiente cuando no puedes ver claramente. Tal vez el día está cayendo, el sol ya se ha puesto, vas por un sendero sombrío y, de repente, te sobresaltas por una serpiente; pero solo es una cuerda abandonada en el camino. Basta con que acerques una luz, una simple vela, para que la serpiente desaparezca; nunca había estado allí.

El nacimiento es tan ilusorio como la serpiente entrevista en una cuerda y, naturalmente, si el nacimiento es ilusorio, la muerte también lo es. Nunca naces ni mueres. Entras en un cuerpo, desde luego —eso es el nacimiento—, y un día sales de él —eso es lo que denominas muerte—; ahora bien, por lo que a ti se refiere, existías antes de nacer y seguirás existiendo después de morir.

El nacimiento y la muerte no confinan tu vida; has tenido muchos nacimientos y muchas muertes. Los nacimientos y las muertes no son más que pequeños episodios de la eternidad que es tu vida, y en cuanto tomas conciencia de esa eternidad —otro nombre para el ahora, ese tiempo ilimitado—, todo el miedo y la ansiedad por la muerte se desvanecen inmediatamente, tal y como se desvanecen las gotas de rocío con el primer sol de la mañana.

Curación

La curación es una de las dimensiones más sutiles, y la sutileza estriba en que el sanador no hace nada. El sanador no es realmente un sanador porque no es un ejecutor; la curación se produce a través de él. Solo tiene que aniquilarse. En realidad, ser un sanador significa no ser. Cuanto menos sea, mejor se producirá la curación. Dios, o la totalidad, o como quieras llamarlo, es el sanador. El sanador es el Todo.

Estar sano significa estar unido al Todo. Estar enfermo significa estar desconectado del Todo. Una persona enferma es aquella que simplemente ha interpuesto obstáculos entre ella y el Todo, de modo que algo se ha desconectado. La función del sanador es conectarlo de nuevo. Ahora bien, cuando digo que la función del sanador es conectarlo de nuevo, no quiero decir que tenga que hacer algo. El sanador es solo una función; el ejecutor es Dios: el Todo.

La curación es como la respiración: es natural. Si alguien se pone enfermo significa que ha perdido la capacidad de curarse a sí mismo. Ha dejado de ser consciente de su propia fuente de curación. El sanador debe ayudarle a recuperarla. Esa fuente es la misma que aprovecha el sanador, pero el enfermo se ha olvidado de interpretar su lenguaje. El sanador está en contacto con el Todo, por eso puede convertirse en vía instrumental. El sanador toca el cuerpo del enfermo y se convierte en un enlace entre este y la fuente. El paciente ya no está conectado directa sino indirectamente con la fuente. Cuando la energía empieza a fluir, ya está curado.

Curiosidad

La curiosidad es buena, la curiosidad es magnífica, pero no te detengas en ella. Es un buen comienzo, pero no el fin, pues la curiosidad nunca es muy entusiasta. Es una gimnasia intelectual.

Es bueno ser curioso porque gracias a eso uno emprende el viaje de investigación sobre la existencia, pero si uno se queda simplemente en curioso, no pondrá intensidad en ello. Uno puede pasar de una curiosidad a otra y convertirse en un tronco flotante, que va pasando de ola en ola sin fondear en ninguna parte.

La curiosidad es buena al principio, pero luego ha de transformarse en pasión. Hay que convertir la vida en una búsqueda y no solo en mera curiosidad. ¿Y qué quiero decir cuando digo que hay que convertir la propia vida en una búsqueda?

La curiosidad genera preguntas, pero no convierte tu vida en una búsqueda. Las preguntas son muchas, pero búsqueda solo hay una. Cuando una pregunta llega a ser tan importante para ti que estarías dispuesto a sacrificar tu vida por saber la respuesta, entonces es una búsqueda. Cuando una pregunta reviste tanta importancia y tanta trascendencia que serías capaz de jugar y de apostar todo lo que tienes, se convierte en una búsqueda.

La curiosidad es buena como punto de partida para la búsqueda, pero hay mucha gente que se queda solo en curiosa para toda la vida. Su vida es un despilfarro; son cantos rodados que nunca se asientan. Se quedan en la infancia y no maduran jamás. Hacen mil y una preguntas, pero no están realmente interesados en las respuestas. Antes de haberles respondido, ya tienen preparada otra pregunta. De hecho, si el discípulo no es más que un curioso, apenas el maestro ha respondido a una pregunta cuando ya está pensando en plantearle otras. No atiende en absoluto a la respuesta, pues no está interesado en ella, simplemente se ha divertido haciendo la pregunta.

Al principio es bueno ser curioso; pero no sigas siéndolo para siempre. Necesitarás un poco más de pasión para crecer. La curiosidad no basta para transformar tu vida; es demasiado superficial, poco profunda. Tendrás que crearte un anhelo por conocer la verdad, una inmensa e intensa pasión por la verdad.

Como eso requiere valor y supone un riesgo, la gente sigue pensando en preguntas; son sus sucedáneos de la búsqueda.

Danza

La danza es un experimento; un experimento para armonizar el cuerpo, la mente y el alma. La danza es uno de los fenómenos más rítmicos. Si danzas en serio, no hay otra actividad que genere tanta unidad. Cuando estás sentado, no usas el cuerpo; solo usas la mente. Cuando corres muy rápidamente, como si tu vida corriese peligro, lo que usas es el cuerpo y no la mente. En la danza no estás sentado ni corres por tu vida; es movimiento, un movimiento divertido. El cuerpo está en movimiento y la energía fluye; la mente está en movimiento y la mente fluye, y cuando ambas cosas fluyen, se fusionan la una con la otra. Te vuelves psicosomático. Empieza a producirse una cierta alquimia.

Por eso ves un nuevo tipo de gracia en la cara del danzarín; es alquímica: el cuerpo y la mente que se encuentran, se funden y se convierten en un tono, un ritmo y una armonía. Cuando se ha alcanzado esa armonía entra en escena el tercer elemento: el alma. El alma solo puede entrar en tu existencia cuando tu cuerpo y tu mente han hecho las paces; cuando el cuerpo y la mente cooperan y están tan profundamente enamorados que se abrazan y se arriman el uno al otro.

Deber

Deber y responsabilidad son sinónimos en el diccionario, pero no en la vida. En la vida no solo son distintos sino diametralmente opuestos. El deber es para con los demás, mientras que la responsabilidad es para con uno mismo. Cuando dices «tengo que hacer tal cosa», es una obligación. «Como mi madre está enferma, tengo que estar a su lado» o «tengo que llevarle flores al hospital; tengo que hacerlo, es mi madre». El deber es para con los demás; tú no tienes ninguna responsabilidad. Cumples con un requisito social porque es tu madre; pero no porque la quieras. Por eso digo que el deber es una sucia palabra de cinco letras. Si quieres a tu madre, irás al hospital y le llevarás flores, estarás a su servicio y no te moverás de su lado, le darás masaje en los pies y sentirás compasión por ella; pero no será un deber: será responsabilidad. Responderás desde el corazón.

Responsabilidad significa capacidad para responder. Tu corazón vibra, te compadeces de ella y la cuidas; pero no porque sea tu madre, eso es irrelevante, tú a quien quieres es a la mujer. Es tu madre —o no, eso es secundario—, pero quieres a la mujer, la quieres como persona. Es un efluvio de tu corazón, por lo que no creerás que le estés haciendo ningún favor ni irás pregonando por ahí que eres un hijo que cumple con su deber. No creerás que hayas hecho algo, puesto que no has hecho nada. ¿Qué has hecho? ¿Acaso por llevar unas flores a tu madre enferma crees que has cumplido con una gran obligación? Por eso digo que el deber es sucio. La palabra adecuada es sucio: es para con los demás.

La responsabilidad tiene una dimensión completamente distinta: amas, te preocupas y sientes compasión; pero surge de tus sentimientos. El deber parte de la idea de que es tu madre: «por eso», «por consiguiente»; es un silogismo: es lógico. De algún modo lo haces a la fuerza, te gustaría librarte; pero ¿qué puedes hacer? Está en juego tu respetabilidad. ¿Qué dirá la gente? Tu madre está enferma y tú divirtiéndote y bailando en un club, ¿pero no está enferma tu madre? No, tu ego saldría lastimado. Si pudieses evitar a tu madre sin que tu respetabilidad y tu ego resultasen afectados, te gustaría hacerlo. Irías al hospital y tendrías prisa por salir corriendo; buscarías cualquier excusa, «debo irme; tengo una cita». Eso no puede ser. Pretendes evitar a esa mujer y no quieres estar con ella: incluso cinco minutos te parecen demasiados. No la quieres.

Soy contrario al deber, pero por lo que se refiere a la responsabilidad... sí, tienes que ser enormemente responsable. Y una vez que renuncias al deber, eres libre para ser responsable.

Debilidad

Es la debilidad la que quiere ser fuerte, la inferioridad la que aspira a ser superior y la ignorancia la que pretende ser erudita para ocultarse tras el saber, como se oculta la debilidad tras el llamado poder. El deseo de ser superior surge de la inferioridad, y constituye el substrato de toda la política mundial; la política del poder. Solo las personas inferiores se hacen políticos, ya que tienen necesidad de poder porque se saben inferiores. Si no llegan a presidente o primer ministro de un país, no pueden demostrar sus aptitudes ante los demás. Como se sienten débiles, se consagran al poder.

Ahora bien, ¿acaso serás poderoso por llegar a presidente? Interiormente sabrás que tu debilidad sigue ahí. De hecho, la notarás más, más incluso que antes, porque ahora podrás contrastarla. Fuera tendrás el poder, pero, en tu interior, la debilidad; dicho de otro modo, como el reflejo plateado de una nube oscura. Luego ocurre lo siguiente: te sientes pobre por dentro y empiezas a arramblar; te vuelves codicioso y empiezas a apropiarte de cosas y más cosas sin tener nunca bastante. Y malgastas toda tu vida acumulando cosas.

Pero cuanto más acumulas, más punzante es el sentimiento de tu pobreza interior. Eso se puede comprobar muy fácilmente frente a las riquezas. En su presencia, la debilidad pretende ser fuerte: es absurdo. ¿Cómo va a ser fuerte la debilidad? Al darte cuenta, dejas de querer ser fuerte, y cuando ya no quieres ser fuerte, la debilidad no puede cobijarse en ti, pues solo puede subsistir junto a la idea de fuerza; las dos van juntas, como los polos positivo y negativo de la electricidad. Son inseparables. Una vez que renuncias a la ambición de ser fuerte, llega un día en que de repente descubres que la debilidad también ha desaparecido; no puede seguir aferrada a ti. Si renuncias a la idea de ser rico, ¿cómo vas a sentirte pobre? ¿Cómo vas a comparar y decidir que eres pobre? ¿Frente a qué? No cabrá la menor posibilidad de medir tu pobreza. Si se abandona la idea de riqueza, de hacerse rico, llega un día en que la pobreza desaparece.

Si no anhelas el saber y renuncias a la erudición, ¿cómo vas a ser ignorante? Tras la desaparición del saber, como si se tratase de su sombra, desaparece la ignorancia y el hombre es sabio. La sabiduría no es saber, sino la ausencia tanto de saber como de ignorancia.

Estas son las tres posibilidades: puedes ser ignorante, o ignorante y erudito, o carecer de saber y de ignorancia. La tercera posibilidad es la sabiduría, lo que Buda denomina *prajnaparamita*: el más allá de la sabiduría; la sabiduría trascendental. No se trata de saber.

Ante todo, desecha ese anhelo de fuerza y observa. Un día te llevarás una sorpresa: te pondrás a bailar porque la debilidad ha desaparecido. Son las dos caras de una misma moneda; viven y aparecen conjuntamente. Una vez que tu ser se impregna de esa realidad, se produce una gran transformación.

Decisión

Tener capacidad de decidir es una cualidad muy esencial. Hay mucha gente incapaz de decidir que no hace más que pensar. Se pasan la vida pensando si hacer esto o no hacerlo, ser o no ser. Y siempre dudan, son incapaces de actuar y sin acción la vida es fútil. No logran decidir, y sin capacidad de decisión no hay crecimiento posible. Sí, deberíamos considerar todas las alternativas, pero no por mucho tiempo. No debería convertirse en un hábito. Deberíamos considerar todas las posibilidades y, a partir de ahí, ser capaces de decidir. No hay que esperar a tomar una decisión perfecta, recuérdalo, porque en la vida no puede haber ninguna decisión perfecta.

Tener capacidad de decisión significa saber que la vida es imperfecta y que la vida es corta, saber que estamos limitados y, sin embargo, debemos decidir. Las alternativas son limitadas, no podemos esperar eternamente. Una vez tomada la decisión te metes de lleno en ella y lo arriesgas todo. Hay que ser jugador, pues solo entonces algo es posible: el crecimiento es posible, un nuevo nacimiento es posible, un nuevo ser es posible. De otro modo, nada es posible. Tener capacidad de decisión es absolutamente necesario.

Depresión

Cada vez que estés deprimido, espera a que pase la depresión. Todo tiene un final; la depresión pasará. Y cuando haya pasado, aguarda —mantente atento y vigilante—, porque después de la depresión, después de la noche, llega el amanecer y el sol sale de nuevo. Si logras estar alerta en ese momento, te alegrarás de haber estado deprimido. Estarás agradecido por haberte deprimido, pues solo a través de la depresión ha sido posible esta renovada felicidad.

Ahora bien, ¿qué es lo que solemos hacer? Entramos en una regresión infinita. Primero nos deprimimos, y luego nos volvemos a deprimir a causa de la depresión; una segunda depresión añadida. Si estás deprimido, ¡no pasa nada!, no hay nada malo en ello. Es bueno porque gracias a eso puedes aprender y madurar. Pero te sientes mal: «¿Por qué me habré deprimido? No tendría que haberme deprimido». Y empiezas a luchar contra la depresión. La primera depresión es saludable, pero la segunda es irreal, y precisamente es esa la que te nubla la mente. Hace que te pierdas el momento que habría seguido a la verdadera depresión.

Cuando estés deprimido, deprímete. Sencillamente deprímete; pero no te deprimas por la depresión. Cuando estés deprimido, simplemente deprímete. No te enfrentes a la depresión ni busques ninguna diversión ni la obligues a marcharse. Déjala que pase; ya se irá por sí sola. La vida es un devenir; nada permanece inalterable. Tú no eres necesario; el río avanza por sí solo y no hace falta que lo empujes. Si te empeñas en empujarlo, es que francamente eres tonto. El río corre por sí solo. Déjalo fluir.

Desafíos

Lo más fácil es lo más difícil; lo difícil no es tan difícil. El ego siempre está dispuesto a hacer lo difícil porque haciendo lo difícil se acrecienta y se siente bien. Es como un desafío, y el ego está dispuesto a arrostrar el desafío. El desafío le incita a salir de su letargo. Vuelve a luchar, trata de conquistar y se vuelve agresivo. Cuanto mayor es la dificultad, más agresivo se vuelve el ego; la agresión es su alimento. Por eso lo sencillo es lo más difícil; el ego no se interesa en ello, le transmite una cierta sensación de muerte. El ego no puede perder el control porque, si lo pierde, se pierde a sí mismo. El ego no puede aflojar la tensión porque la tensión es su propia existencia. Si no estás tenso, si te relajas, el ego simplemente se desvanece. No puede existir en un estado de relajación de la conciencia; deja de ser necesario.

Desamor

Todo lo malo que hay en el hombre es debido a la falta de amor; está de un modo u otro relacionado con el amor. O no ha sido capaz de amar o no ha sido capaz de recibir amor; pero no ha podido compartir su existencia. Ahí radica el sufrimiento, que genera interiormente todo tipo de complejos.

Esas heridas internas pueden aflorar de muchas maneras: pueden convertirse en dolencia física o en dolencia mental; pero en lo más profundo, el hombre sufre de falta de amor. Así como el cuerpo necesita comida, el alma necesita amor. Ni el cuerpo puede sobrevivir sin comida ni el alma sin amor.

Desasosiego

Todo el mundo está interesado en salir; nadie está interesado en entrar, porque en el momento en que te planteas entrar, te acuerdas de muchas cosas que tienes ahí escondidas. Fuiste tú y nadie más que tú quien las acalló, por eso sabes perfectamente que la ira, el odio, el sexo, la codicia y la envidia están ahí... Hay miles de cosas hirviendo y borboteando que en cualquier momento pueden explotar. Es mejor salir que entrar; es mejor evadirse a cualquier parte y has probado muchas maneras de hacerlo.

Las gentes quieren mantenerse ocupadas, y si no tienen nada que hacer, buscarán una cosa u otra en que entretenerse. Puede que se pongan a releer el mismo periódico. Si la primera vez solo había tonterías, ¿por qué has de leerlo de nuevo? No tienes nada que hacer, pero te gustaría hacer algo porque cada vez que estás sin hacer nada, de repente la energía empieza a volverse hacia dentro; solo se quedará fuera si tiene algo a que aferrarse.

Cuando estás inactivo y solo, sientes desasosiego. Te gustaría ir al club, al teatro o simplemente a pasear por el mercado para mantenerte ocupado. Al menos pasear, ver las tiendas, mirar los escaparates o hablar con la gente de cosas absolutamente intrascendentes, pues ni tú necesitas hablar ni ellos escuchar; pero la gente no para de hablar sin saber por qué; buscan algo donde aferrarse.

La gente se mantiene ocupada aunque no tenga nada que hacer, y tal vez diga que le gustaría descansar; pero nadie quiere descansar por-

que entonces el descanso se convierte automáticamente en meditación y empiezas a volverte hacia dentro. Empiezas a desplazarte hacia
tu núcleo interno y el miedo se apodera de ti. Te asustas, y por eso vas al
mercado o al club; te haces miembro del Rotary Club o del Lions Club
—hay miles de estupideces a tu alrededor para perder el tiempo con
ellas.

Haz algo, y si no encuentras nada que hacer o ser un rotario es difícil o no eres lo bastante rico para ir al restaurante, puedes ir a la iglesia,
la mezquita o el templo, que por lo menos son gratis. Allí puedes cantar:
«Hare Krishna, Hare Rama» y mantenerte ocupado. O puedes escuchar
a un estúpido sacerdote repitiendo las mismas cosas una y otra vez; pero
al menos estás ocupado. Mantente ocupado. Sigue proyectándote hacia
fuera y aférrate a algo externo, pues si no te aferras, de repente la energía empieza a dirigirse hacia dentro.

Desconocido

Lo desconocido no puede inspirar ningún miedo. ¿Cómo vas a tener
miedo a lo desconocido? No puedes tenerle miedo, pues ni siquiera lo
conoces. El miedo no es a lo desconocido, sino a la pérdida de lo conocido. Creemos equivocadamente que es a lo desconocido, pero es siempre
a perder lo conocido. Lo conocido es conocido: tenemos nuestras co-
modidades y nuestras seguridades, nuestra implicación en lo conocido
y nuestra inversión en lo conocido, y tenemos miedo a perderlo y alejar-
nos de ello. Ese es el miedo: a perder lo conocido. Lo llamamos miedo a
lo desconocido, pero no es correcto.

Lo desconocido solo puede estimularte, solo puede desafiarte. Lo
desconocido solo puede provocarte e incitarte a un peregrinaje. Puede
provocarte, pero no puede asustarte. Pero siempre está lo conocido, y el
miedo aparece cuando te ves obligado a perderlo si quieres aventurarte
en lo desconocido. Una vez que entiendas correctamente el problema,
estará casi resuelto.

Entender exactamente el problema es resolverlo; pero si persistes en
el equívoco con respecto al problema, distas mucho de solucionarlo. En

ese caso es prácticamente imposible, pues avanzas en una dirección equivocada.

De hecho, decir «Tengo miedo de lo desconocido» es crear un falso problema, por lo que nunca serás capaz de resolverlo. ¡Dale la vuelta! El problema es el miedo a perder lo conocido. Una vez localizado con toda precisión el problema, las cosas son muy sencillas.

Lo segundo que hay que preguntarse es: ¿Qué hay en lo conocido que me da tanto miedo perderlo?, ¿qué me ha dado?, ¿qué me ha hecho? Indaga en ello, pero no encontrarás nada; no te ha dado nada. Entonces ¿por qué tanto miedo a perder lo que no te ha dado nada? Solo promesas jamás cumplidas. Va posponiéndolo todo hasta que llega la muerte.

El pasado no te ha dado nada. En realidad, lo mejor es librarse de él. Es bueno aventurarse por los caminos de lo desconocido, pues lo conocido es conocido. Aunque te haya dado algo y te aferres a ello, solo será una repetición, y la repetición nunca deja satisfecho. Cada vez que lo repites te da menos y menos y menos.

Ves una película y te gusta mucho. Decides verla otra vez; pero esta vez ya no te gustará tanto: será una repetición. Te gustó tanto porque era desconocida; la primera vez que la viste no era conocida. La belleza venía de lo desconocido. Pero te empeñas en verla otra vez; quieres repetir: te has vuelto glotón. ¡Experimenté tal éxtasis...! Vas a verla otra vez, pero ahora no vale nada porque ahora es conocida; falta el elemento principal. Era lo desconocido lo que le daba aquella pátina extática. Ahora que es conocido, el éxtasis no es posible. Y como la veas una tercera vez, ¡te volverá loco! Y una cuarta, una quinta, una sexta, una séptima... y acabarás en un hospital psiquiátrico.

Así es como se ha vuelto loca la gente —casi toda la humanidad está loca—, repitiendo. Las mismas cosas, el mismo sexo; repitiendo una y otra vez con la esperanza de que vuelvan a proporcionarte la impresión y el placer de la primera, ¡pero no es posible! Aquel placer se debía a lo desconocido.

Una vez que hayas comprendido que toda la felicidad tiene su origen en lo desconocido, ¿cómo vas a tenerle miedo? ¡Estarás encantado con ello! Buscarás continuamente lo desconocido y dejarás de lado lo conocido.

Descontento

La mente vive del descontento; es su alimento. Se nutre del descontento. Si estás contento, la mente se muere de inanición... pero la mente tiene que morir, pues solo así sabrás quién eres. De modo que aprende la manera de estar contento.

Siente agradecimiento por todo; no pidas más y cortarás la mente de raíz. La mente vive del «más». Si tienes dinero, te pide más; si tienes conocimiento, te pide más, tanto da lo que tengas, la mente siempre pide más y no para de decir: «Más, más...». Y una vez que lo has conseguido, vuelve a pedirte más. Ese más es insaciable.

Ante lo absurdo que resulta, hay que dejarlo, dejar de correr en pos del horizonte aun sabiendo que el horizonte no existe; solo lo parece. ¡Y parece estar tan cerca...!: apenas dieciséis o veinticuatro kilómetros. Si corres, puedes llegar en menos de dos horas; pero cuando llegas, ya no está allí, vuelve a estar veinticuatro kilómetros por delante. No hay manera de salvar esa distancia. El «más» es el horizonte y la mente no para de pedirlo, por eso vive del sufrimiento. La mente es un infierno, y la mejor manera de arrancarla de raíz es dejar de pedir más. Más vale que empieces a disfrutar de lo que tienes a tu alcance antes que mortificarte porque no tienes más; a ser feliz por todo lo que tienes y disfrutarlo, deleitarte y divertirte con ello. Y te sorprenderá descubrir que pasas a ser inmediatamente la persona más rica del mundo; que acto seguido dejas de ser un mendigo.

Desengaño

Nunca he esperado nada, de modo que no hay lugar para la sorpresa; todo es una sorpresa. Como tampoco hay lugar para el desengaño, pues todo son proyectos. Si se cumplen, bien; si no, ¡tampoco pasa nada!

Desenlaces

Quienes quieran entender la vida también tienen que entender la muerte. Quienes no entiendan la muerte tampoco pueden entender la vida; pero hemos sido educados con un gran temor a la muerte. He visto gente que recogía a los niños y cerraba las puertas cuando pasaba un cortejo fúnebre. Pregunté: «¿Qué estáis haciendo? Dejad que los niños se enteren, dejad que sepan que ese es el final, o tal vez un nuevo principio».

Por un lado, es un final; pero por otro es un nuevo principio. Cada final es a la vez un principio, y cada principio tiene un final.

Desidentificación

Si un pensamiento te da vueltas en la mente, quédate observándolo y, de repente, te darás cuenta de que el pensamiento está allí y tú estás aquí, y no hay por medio ningún puente. Si dejas de observarlo, te identificas con él y te conviertes en él; si lo observas, dejas de ser él. La mente te posee porque te has olvidado de cómo observar. Aprende.

Cuando veas una rosa, obsérvala; o las estrellas, o la gente que pasa por la calle; siéntate a un lado y observa. A continuación cierra los ojos muy lentamente y observa el ajetreo del tráfico interior: el ir y venir de miles de pensamientos, deseos y sueños; al parecer, ahí dentro siempre es hora punta. Observa simplemente como aquel que, sentado en la orilla, observa el discurrir de un río. Observa, pues observando te darás cuenta de que tú no eres eso. La mente se identifica con ello, mientras que la no-mente se desidentifica. No seas una mente, porque en realidad no lo eres. ¿Qué eres, entonces? Eres conciencia. Eres esa vigilancia, ese testimonio y esa pura observación: esa cualidad del espejo que le permite reflejarlo todo sin identificarse con nada.

Recuerda que no estoy diciendo que seas consciente, lo que digo es que seas conciencia: esa es tu verdadera identidad. El día en que uno descubre que «es conciencia», descubre la verdad suprema, pues en cuanto descubres que «eres conciencia», sabes al mismo tiempo que todo es conciencia a distintos niveles. La piedra es consciente a su manera y el árbol lo es a la suya, lo mismo que los animales y las personas. Todo el mundo es consciente a su manera, pues la conciencia es un diamante polifacético.

El día en que descubres que «eres conciencia», has descubierto la verdad universal; has alcanzado el objetivo.

Desobediencia

La desobediencia no es un pecado; forma parte del crecimiento. Tarde o temprano, todos los niños tienen que desobedecer a sus padres, y cuanto antes mejor, pues la vida es corta. No hay que perder el tiempo. Hay que aprender a decir que no rotundamente, pues solo entonces llega un momento en que puedes decir sí. Quien no sea capaz de decir no tampoco lo será de decir sí. La desobediencia es el terreno en el que florece la verdadera obediencia.

Destino

Aceptar la vida en su totalidad, tal como es, significa relajarse y dejar que la vida te tome a su cargo, y luego seguirla allá donde te lleve. Esa es la máxima doctrina de la talidad o la coseidad.

Un hombre así siempre está en paz. Nada de lo que ocurra le resulta un problema, se limita a asumirlo con total naturalidad. No solo no opone resistencia, sino que además da la bienvenida a la vida en la forma en que se presente. Da la bienvenida a la muerte, pues ni siquiera la muerte puede alterarle. No hay nada que pueda alterarle porque se adapta a todo, deja que... Es como cuando cae una hoja de un árbol. Si el viento la levanta, asciende; si la arrastra hacia el norte, va hacia el norte; si hacia el sur, va hacia el sur, y si el viento la deposita en el suelo, se queda en el suelo. No le dice al viento: «Esto es muy contradictorio, empezaste yendo hacia el norte y ahora te has vuelto hacia el sur. No quiero ir hacia el sur, mi destino está en el norte». No, la hoja no tiene ningún destino por sí misma.

La existencia tiene su propio destino, y el hombre que medita asume como propio el destino de la existencia. No establece ninguna separación. Si la existencia considera que es la hora de morir, pues a morir. Su capacidad de aceptación es absoluta. Un hombre así no puede sentir dolor ni congoja ni sufrimiento ni angustia; ha arrancado de raíz todas esas cosas.

Destructividad

Si no empleas tu energía de manera creativa: si no se transforma en danza, risa y placer, la misma energía se volverá nociva y ponzoñosa; se volverá destructiva. Dicen que Adolf Hitler quería ser pintor, pero no fue admitido. Piensa un momento en ello: todo el mundo habría sido completamente diferente si la academia le hubiese admitido. No habría habido una Segunda Guerra Mundial. Toda la humanidad habría sido completamente diferente. Pero aquel hombre no pudo ser creativo. Quiso ser creativo y tenía suficiente energía para ello; desde luego, tenía una tremenda energía: arrastró al mundo entero a la destrucción como nunca otro hombre había sido capaz. Pero se trataba de la misma energía; podría haber sido creativa, pero acabó siendo destructiva.

Una vez oí que:

Un padre estaba aleccionando a su hijo sobre la ruindad de las peleas a puñetazos como forma de solventar los conflictos:

—¿Acaso no sabes que cuando crezcas no podrás valerte de los puños para resolver una discusión? —empezó el padre—. Primero debes emplear todos los medios amigables y pacíficos para llegar a un acuerdo. Trata de comprender las cosas, de descubrir mediante la lógica y las pruebas lo que es correcto y acéptalo. Recuerda que la fuerza no hace la razón. Aunque el fuerte triunfe sobre el débil, con eso no demuestra que el débil esté equivocado.

—Ya lo sé, papá —dijo el chico, dando una patada a la hierba—, pero en este caso era distinto.

—¿Distinto? ¿Distinto de qué? ¿Cómo que distinto? ¿Qué estabais discutiendo tú y Johnny que tuvieses que pelearte por ello?

—Bueno, él decía que podía zurrarme y que yo no podía zurrarle a él, así que no había otra manera de saber cuál de los dos tenía razón.

Diablo

Jesús fue el primer hombre de Occidente en decir: «El reino de Dios está en tu interior». Eso no se encuentra en el Antiguo Testamento. Nadie había dicho hasta entonces que el reino de Dios estuviese en tu interior. Era, sencillamente, una traducción muy ingeniosa para poder decir que Dios eres tú. «El reino de Dios está en tu interior» es una manera de decir que el método del buscador no consiste en mirar hacia fuera, sino en volverse hacia dentro.

Esa fue la causa de todos los conflictos. Los judíos se dieron cuenta de que utilizaba palabras de su tradición pero dándoles extraños significados. Estaba absolutamente claro: el dios judío dice: «Soy un dios celoso, un dios muy furioso, y no te perdonaré si cometes algún pecado», como lo demuestra la expulsión de Adán y Eva por cometer el pecado de comer el fruto del árbol de la sabiduría.

No fueron lo bastante rápidos para comer también del segundo árbol. Fueron sorprendidos con las manos en la masa en el primero. Esa es la única parte triste de la historia.

Pero a veces, si no tienes prejuicios, puedes ver cosas que las mentes con prejuicios son totalmente incapaces de ver. El diablo persuade a Eva de que coma del árbol de la sabiduría. Eva, por supuesto, está asustada —Dios se lo ha prohibido—; pero el razonamiento que la convence es muy significativo. El diablo dice: «Ni siquiera comprendes por qué te ha privado de las dos experiencias más importantes. Te ha privado de la sabiduría y la inmortalidad porque es muy celoso. Si también eres un iluminado, y además eres inmortal, te convertirás en un dios por derecho propio. A eso se deben sus celos. Quiere seguir siendo el único Dios y no tolera que alguien más alcance esa condición». Me sorprende que nadie haya comprendido al diablo, pues lo que dice es más importante que los mandamientos de Dios, que son fascistas. Dios parece un Adolf Hitler cualquiera.

Debo recordarte que en sánscrito tanto el término «diablo» como el término «divino» comparten la misma raíz. Ambos significan lo mismo. Tal vez el diablo sea el primer gran revolucionario. Su único delito fue rebelarse contra Dios; por lo demás, él mismo solía ser un ángel. Pero como tenía mentalidad de revolucionario, fue expulsado de la presencia de Dios; condenado por malo. Pero la forma en que persuadió a Eva me hizo sentir un profundo respeto hacia él. Lo que enseña es exactamente lo mismo que han estado enseñando todos los iluminados del mundo: que puedes convertirte en dios. En esencia eres un dios, solo que lo has olvidado. Tal vez estés dormido y no sepas quién eres; solo tienes que despertar.

Día del juicio

Dios no existe; así que no temas por el día del juicio. No habrá ningún día del juicio. De todos modos, aunque tu dios fuese absolutamente poderoso, en veinticuatro horas... calcula, ¿cuántos miles de millones de personas que han vivido durante milenios comparecerán el día del juicio ante un tribunal? Y la mitad de ellas mujeres, a quienes trae sin cuidado el tribunal y lo demás; ellas charla que te charla, charla que te charla... ¡Una multitud inmensurable clamando justicia!

No creo que sea factible decidir adónde va cada cual en solo veinticuatro horas. La propia idea de día del juicio es estúpida. Cada uno de nosotros tiene tantos expedientes que a Dios le tomaría una eternidad resolverlos.

Dicha

La dicha es mejor que la alegría, pues la alegría supone que algo ha terminado, finalizado, concluido; algo a lo que se ha puesto punto final.

La dicha es continua, como un río, no puede detenerse y nunca llega a un punto final. Y la vida es más parecida a la dicha que a la alegría, pues en cuanto la alegría se acaba, caes en su contrario: te pones triste, te desesperas y empiezas a anhelar de nuevo la alegría. Empiezas a recordar los encantos de la alegría: es la nostalgia y el desconsuelo por su desaparición.

La dicha es más afín a la vida; la vida es así y así debería ser. Fluímos de una cumbre a otra y el flujo jamás se detiene. Tu vida solo puede convertirse en un flujo continuo si tu tristeza también es absorbida por tu alegría; de lo contrario, no. Si la tristeza se enfrenta a la alegría, esta se acabará y la tristeza llevará la voz cantante; tendrá su oportunidad. Como la noche sigue al día, la alegría dará paso a la tristeza.

La dicha es un arte. Significa que la danza continúa. Tanto da que sea de día como de noche: uno disfruta del día y del sol y de la luz, y cuando llega la noche, disfruta de la oscuridad: de su profundidad y su tacto aterciopelado. Pero la danza continúa. Tanto en el éxito como en el fracaso, la juventud y la vejez, la soledad y la compañía, la vida y la muerte, la dicha continúa.

Por eso hago más hincapié en la dicha que en la alegría. La dicha es más amplia: abarca ambos opuestos, de ahí que sea más total. Y todo lo que es total es divino, mientras que lo parcial deja de serlo.

Dieta

Si comes con conocimiento, no comerás más de lo que necesita tu cuerpo. Cada vez hay más gente que se acerca a mí para decirme: «Ponnos a dieta. Mi peso no para de aumentar ni mi cuerpo de engordar. Ponnos a dieta».

Yo les digo: «No pienses en la dieta, sino en la conciencia. Poniéndote a dieta no conseguirás nada. Además, es inútil: lo harás un día, pero al siguiente se acabó. No puedes seguirla. Más vale que comas con conocimiento».

El cambio será cualitativo. Si comes con conocimiento masticarás mejor. Con hábitos inconscientes y mecánicos, lo único que haces es meterte cosas en el estómago. No masticas en absoluto; solo te atiborras. De ese modo no hay placer, y como no hay placer, necesitas más comida para obtenerlo. Como no saboreas, necesitas más comida. Solo tienes que estar más atento y observar lo que pasa. Si estás atento, masticarás mejor, notarás más el sabor, experimentarás el placer de comer y le dedicarás mucho más tiempo. Si tardabas media hora en comer, para ingerir la misma cantidad de comida con plena conciencia necesitarás una hora y media: el triple de tiempo. Al cabo de media hora solo habrás tomado la tercera parte de la cantidad; pero te sentirás más satisfecho y habrás disfrutado más de la comida. Y cuando el cuerpo disfruta, te indica cuándo tienes que parar. Si el cuerpo no disfruta lo más mínimo, nunca te avisa de que pares, de modo que sigues comiendo y el cuerpo se embota. Nunca atiendes a lo que te pide el cuerpo.

Comes distraídamente y eso genera el problema. Piensa en lo que haces y todos los procesos irán más despacio. El propio cuerpo te dirá: «¡Es suficiente!»; y si el cuerpo lo dice, es el momento oportuno. Si eres consciente, no transgredirás el mandato corporal y pararás. Así que deja que tu cuerpo se pronuncie. Tu cuerpo está diciendo cosas continuamente, pero tú no estás por escucharle. Estate alerta y lo oirás.

Dinero

No estoy en contra del dinero; ¡estoy en contra de la obsesión con el dinero! No estoy en contra de las posesiones; estoy en contra de la posesividad. Y se trata de dos dimensiones completamente diferentes; diametralmente opuestas la una a la otra.

Estar en contra del dinero es estúpido. El dinero es un buen instrumento; un instrumento de intercambio. Sin el dinero no podrían existir una cultura, una sociedad o una civilización evolucionadas.

Imagina simplemente que el dinero ha desaparecido del mundo. Todo aquello que es confortable y te hace la vida más cómoda desaparecería con él. La gente se vería reducida a la pobreza extrema. El dinero ha prestado un enorme servicio; hay que reconocerlo.

Por eso no estoy contra el dinero; pero lo estoy, sin embargo, contra la mente interesada. Aunque la gente no hace la menor distinción; todo el pasado humano ha vivido en esta confusión.

Renuncia a la mente interesada, pero no hace falta que renuncies al dinero. El dinero hay que crearlo, lo mismo que la riqueza. Sin riqueza desaparecería toda la ciencia, toda la tecnología y todos los grandes logros del hombre. El hombre no sería capaz de llegar a la Luna ni sería capaz de volar. La vida sin el dinero sería muy sosa, ta sosa como el arte, la literatura, la poesía o la música sin el lenguaje. Así como el lenguaje te ayuda a intercambiar ideas, a comunicarte, el dinero te ayuda a intercambiar cosas; es también una forma de comunicación.

Pero la gente con una mente interesada se aferra al dinero, destruyendo así su utilidad.

Dios

Dios no es una persona. Esa es una de las mayores equivocaciones; aunque ha prevalecido durante tanto tiempo que casi se ha convertido en un hecho. Incluso una mentira, si se repite constantemente durante siglos, acabará pareciendo una verdad.

Dios es una presencia, no una persona. De ahí que toda adoración sea una pura estupidez. La devoción es necesaria, pero no la oración. No hay nadie a quien rezar; no existe la menor posibilidad de diálogo entre tú y Dios. El diálogo solo es posible entre dos personas, y Dios no es una persona sino una presencia, como la belleza o la alegría.

Dios significa simplemente divinidad... Dios es la experiencia suprema del silencio, la belleza y la felicidad; es un estado de celebración interior. Una vez que empieces a ver a Dios como divinidad, se producirá un cambio radical en tu planteamiento y la oración dejará de ser válida; será válida la meditación.

Diplomacia

—Papá, ¿qué es diplomacia? —preguntó el pequeño Billy.

—Bueno, hijo —respondió el padre—, viene a ser algo así: si le dijese a tu madre: «Tu cara pararía un reloj», sería una estupidez; pero si le digo: «Cuando te miro, el tiempo se detiene», eso es diplomacia.

Dirección

Un destino es algo muy definido; la dirección es sobre todo intuitiva. Un destino es algo externo; parecido a un objeto. Una dirección es una sensación interna; no es un objeto, sino tu propia subjetividad. Puedes intuir la dirección, pero no saberla; puedes conocer el destino, pero no intuirlo. El destino está en el futuro. Una vez decidido, empiezas a manipular tu vida y a encaminarla hacia él.

¿Cómo te atreves a decidir el futuro? ¿Quién eres tú para definir lo desconocido? ¿Cómo es posible determinar el futuro? El futuro es lo que está por conocer; el futuro es una posibilidad abierta. Si estableces un destino, tu futuro deja de serlo, pues ya no está abierto. Ahora has optado por una alternativa entre muchas, pues cuando todas estaban abiertas, sí que había futuro. Las alternativas se han esfumado; solo una de ellas ha sido escogida. Ya no es el futuro, sino tu pasado.

Cuando decides un destino, quien decide es tu pasado. Deciden tu experiencia y tu conocimiento del pasado. Matas el futuro. De modo que sigues perpetuando tu propio pasado; tal vez un poco modificado, ligeramente retocado aquí y allá según tu comodidad y tu conveniencia, repintado y renovado, pero no deja de ser el pasado. Así es como se pierde el tren del futuro: si decides un destino, pierdes el tren del futuro. Estás en vía muerta. Empiezas a funcionar como un mecanismo.

La dirección es algo vivo; del momento. No sabe nada del futuro ni del pasado, sino que late y palpita aquí y ahora. Y del impulso de cada momento surge el siguiente, sin que medie decisión alguna por tu parte; solo porque vives ese momento y lo vives totalmente, porque lo amas tan plenamente que de esa plenitud nace el momento siguiente. Tendrá una dirección, pero no eres tú quien se la da, quien se la impone, sino que es espontánea.

Disculpa

Aunque a veces reconozcamos que sí, que nos hemos equivocado en algo, generalmente no tratamos de reformarnos. Solo tratamos de reformar nuestra imagen. Queremos que todo el mundo piense que nos ha perdonado. Queremos que todo el mundo reconozca que nos equivocamos, pero que hemos pedido su perdón y las aguas han vuelto a su cauce. Volvemos a estar en nuestro pedestal. La imagen caída está de nuevo en la peana. No nos reformamos.

Has pedido perdón muchas veces; pero vuelves a hacer lo mismo una y otra vez. Eso demuestra que se trataba simplemente de estrategia, de política, de un truco para manipular a la gente, ya que sigues siendo el mismo; no has cambiado en absoluto.

Si realmente has pedido perdón —por tu ira o por una ofensa a cualquiera—, eso no tendría que volver a ocurrir. Solo así demostrarías que vas realmente camino de transformarte.

Distancia generacional

En el pasado, los niños solían pasar de la infancia a la vejez; la juventud no constituía ninguna etapa. En los países pobres todavía es así. En las tribus aborígenes de los países pobres, puedes ver niños de cinco o seis años trabajando como viejos. A los siete u ocho años ya están cargados de preocupaciones. No tienen la menor oportunidad de ser jóvenes. Por eso, en el pasado no había distancia generacional. La distancia generacional es un fenómeno nuevo y muy significativo. Es la primera vez que se produce; la primera vez que hemos podido permitírnoslo. Es propio de una sociedad opulenta; la distancia generacional aparece a partir de un determinado nivel de riqueza.

El niño y el viejo se miran el uno al otro; no hay ninguna distancia. El niño mira al futuro y el viejo mira al pasado, de ahí que siempre haya un gran compañerismo entre los niños y los viejos. Se miran los unos a los otros. Los niños y los viejos vivían juntos; siempre ha sido así: no había distancia.

El joven es un fenómeno nuevo en el mundo. No es un niño ni un viejo. Se abre su propio camino; trata de vivir aquí y ahora.

Divinidad

Eres divino, pero todavía no lo has descubierto. De hecho, cuesta tanto descubrirlo a causa de que eres divino. Está en el centro mismo de tu yo. Si fuese algo externo, a estas alturas ya te habrías tropezado con ello. Si fuese algo objetivo, ya lo habrías visto. Pero no está fuera ni es un objeto; es tu subjetividad. No es algo que pueda verse; está oculto en el que mira. Es un testimonio. A menos que mires detrás de ti, no podrás descubrirlo.

División

La vida es una. No está escindida en ninguna parte: no hay ninguna línea de demarcación entre el odio y el amor ni entre la noche y el día. La noche y el día son un único fenómeno, como el calor y el frío. No hay línea divisoria; es el mismo fenómeno. Por eso ambos se pueden medir con el mismo termómetro; solo es cuestión de grados. La diferencia no es cualitativa sino cuantitativa. La noche es un poco menos día y el día un poco menos noche; el amor es un poco menos odio y el odio un poco menos amor. Si empezamos a pensar más en términos de grados que de opuestos, seremos capaces de ver la vida de una forma completamente diferente. Y esa forma es la correcta.

Divorcio

Una pareja de ancianos llegó al juzgado de familia para tramitar el divorcio. Eran realmente ancianos, noventa y cinco años, y llevaban casados setenta y cinco. El juez no daba crédito a lo que veían sus ojos.

—¿Cómo es que queréis divorciaros ahora, después de setenta y cinco años de vida matrimonial? ¿Por qué ahora? —preguntó.

Se miraron el uno al otro y el anciano dijo:

—Bueno, hemos esperado a que se murieran todos los hijos.

Dolor

El dolor forma parte del crecimiento. Pero recuerda, cada vez que una cosa te hace daño, algo en tu interior se reprime. Por eso, en vez de tratar de evitar el dolor, experiméntalo. Deja que duela como un demonio. Deja que duela intensamente para que la herida se abra del todo, pues solo entonces empieza a sanar. Si evitas esos períodos en que sientes dolor, se quedarán dentro de ti y tropezarás con ellos una y otra vez, ya que forman parte de ti.

Donación

¡Canta una canción, cuenta un chiste o baila! Da cualquier cosa que puedas dar. No te cuesta nada, y a cambio tendrás cada vez más alegrías.

La existencia no para de recompensarte espléndidamente. Todo lo que le das te lo devuelve multiplicado por mil. Das una flor y te llueven mil flores. No seas tacaño. Si de verdad quieres ser rico, si quieres poseer un rico mundo interior, tienes que aprender el arte de dar.

Da por el mero placer de dar.

Reparte por el placer de compartir.

No esperes nada a cambio, porque entonces se convierte en negocio, y el amor no es ningún negocio. En realidad no es necesario que te preocupes por si recibirás algo a cambio o no, pues la propia donación supone tal éxtasis que ¿quién va a preocuparse por eso? Has de estar agradecido a todo aquel que reciba algo de ti. No pienses que sea él quien tenga que agradecértelo; eso es erróneo, completamente erróneo. Es seguir aferrado a la mentalidad del avaro.

Puedes ser tan inmenso como el mismo Dios; pero esa inmensidad solo es posible si empiezas a dar. Y no importa lo que des: basta con una sonrisa o un gesto de cariño. No te cuesta nada ser amable y cariñoso, y sin embargo te procura una buena cosecha: empiezan a brotar miles de flores en tu yo.

Drama

Tómate el mundo como un gran drama. Se están representando mil y una obras y tienes que participar en muchas escenas. Pasas continuamente de un escenario a otro: de casa a la oficina, de la oficina a la iglesia, de la iglesia al club, etcétera.

Los escenarios son todos distintos, los decorados son distintos y tienes que representar distintos papeles. Pero solo son papeles; no te los tomes en serio.

No es necesario que los repudies. Repudiarlos significa que te los has tomado en serio. Por eso digo que nunca repudies nada. Vive tu papel y disfrútalo, es divertido; pero no te lo tomes a pecho; tómatelo con calma. No vale la pena que te preocupes. Sea cual sea el papel que tengas que representar en determinada circunstancia, hazlo tan bien como puedas: bórdalo; pero una vez que se acabe, si has triunfado o fracasado es irrelevante. No mires atrás, sigue adelante, pues hay otros papeles que representar. El éxito o el fracaso carecen de importancia.

Lo que es importante es la conciencia de que todo es un juego. Cuando esa conciencia impregna toda tu vida, te liberas de todo tipo de ataduras y tus manos quedan libres de cadenas; ya no hay nada que te aprisione. Te vales de máscaras, pero sabes que no son tu rostro original. Y puedes quitarte la máscara, pues ahora sabes que es una máscara; te la puedes quitar: es de quita y pon. Además, ahora también conoces tu rostro original.

El hombre que es consciente de que la vida es un juego conoce su rostro original. Y conocer su rostro original es conocer todo lo que vale la pena conocer, ya que es el rostro de Dios; es el rostro de la verdad, el amor y la libertad.

Duda

La duda aguza la inteligencia; es un reto. No dices ni sí ni no, solo dices una cosa: «Soy un ignorante y, en cualquier caso, no creeré hasta haberlo experimentado, hasta llegar a algo que sea indudable y que, por mucho que me esfuerce en dudarlo, mi duda no salga adelante».

La duda es algo de enorme importancia. Solo aquellos que dudaron hasta el final han descubierto lo que es la verdad, el amor, el silencio o la belleza. El escepticismo no lleva a ninguna parte. Está completamente hueco, pero arma mucho ruido. Los tambores huecos hacen mucho ruido. No se puede discutir con un escéptico porque continuamente dice no a todo, a cualquier valor que no puedas ponerle delante como si fuese un objeto.

Pero la duda va eliminando todo aquello que no es verdadero; se trata, por supuesto, de un largo y arduo proceso. Al final, solo queda lo que es verdadero, y nadie puede negar la verdad cuando la tiene delante y la experimenta. No se trata de una creencia: has indagado; te has sumido en la ansiedad, la angustia y la desesperación. Ha habido muchos momentos en que te han entrado ganas de abandonar porque el viaje parecía interminable. Pero no es así, tiene un final, solo tienes que seguir avanzando. La duda es quirúrgica, va cortando todo aquello que es absurdo, hasta que al final queda despejado lo verdadero. La duda disipa las nubes.

El escéptico dice no al sol porque está nublado y no puede verlo. Llega inmediatamente a la conclusión de que ni el sol ni la luz existen. El que duda disipa las nubes; se abre camino a través de ellas. No es que «crea» que hay algo detrás, quizá no haya nada; pero tiene que cerciorarse de lo que hay detrás de las nubes.

Ecología

Tal como lo veo yo, la ecología externa está siendo destruida porque ha sido destruida la ecología interna. Solo es una consecuencia. Cuando el hombre deja de ser uno en su interior —dividido, en conflicto, como un grupo violento en medio de una multitud—, también provoca alteraciones en la naturaleza. Ambas cosas están relacionadas.

Cuanto más se destruye la naturaleza y los sistemas naturales, más se destruye al hombre. Y como la naturaleza afecta constantemente al hombre y el hombre a la naturaleza, se establece un círculo vicioso. Aunque, a mi entender, el problema principal se encuentra en algún lugar dentro del hombre. Si estás relajado interiormente, si has llegado a un acuerdo con tu propia naturaleza, serás capaz de entender el funcionamiento del mundo y no crearás ningún problema. No abrirás ninguna brecha; verás que todo está interconectado y que no se puede... Pero el problema fundamental está dentro del hombre.

Economía

Solo conocemos una clase de economía, la economía material. Si das tu dinero, lo pierdes. Tienes que aferrarte a él; tienes que arrebatárselo a los demás; tienes que dar menos de lo que recibes, pues de ese modo obtienes beneficios.

Pero la economía interna es completamente diferente; exactamente lo contrario que la externa: cuanto más das, más tienes; cuanto menos das, menos tienes, cuanto más des, más dones derramará sobre ti la existencia. Tienes que dar continuamente; repartir por el placer de compartir.

Se necesitan agallas, pero una vez que lo has probado, que has aprendido las matemáticas internas, no hay ningún problema. El primer paso requiere valor, pero luego no hay ningún problema. En cuanto descubres que cuanto más das, más obtienes, todo es muy fácil.

Un cobarde no puede dar el primer paso en el amor, se necesita alguien de espíritu audaz capaz de arriesgarse, pues al principio es un riesgo. ¿Quién sabe si obtendrás o no respuesta? ¿Quién lo sabe? Puede que entregues tu amor sin recibir nada a cambio. No tienes ninguna garantía. Pero el primer paso hay que darlo con confianza, luego el segundo es muy fácil y ya puedes recorrer miles de kilómetros. Luego no hay ningún problema, todo el viaje resulta sencillo y la vida se enriquece a cada paso.

Educación

Lo que llamamos educación no tiene nada de educación; es exactamente lo contrario de la educación. El propio término «educación» significa sacar algo que está dentro de la persona; hacer que el centro aflore a la superficie, a la circunferencia, llevando a su ser a manifestarse —estaba latente, inmanifestado, durmiente— y tornarse activo y dinámico. Eso es la educación.

Pero no es eso lo que se hace en nombre de la educación; lo que se hace es precisamente lo contrario: atiborrar a todo el mundo de ideas. No se saca nada del pozo; el agua del pozo no se aprovecha y en lugar de eso se tiran piedras al pozo. El agua no tardará en desaparecer, pues el pozo se llenará de piedras. Y eso es lo que llaman un erudito, un *pandit* o un profesor. No son más que tomates rellenos o patatas rellenas y nada más; solo personas atiborradas de toda clase de porquerías.

Educación sexual

La maestra de la clase de diez años es demasiado tímida para dar la materia de educación sexual, por lo que encarga a sus alumnos que hagan un trabajo en casa.

El pequeño Hymie le pregunta a su padre y este masculla algo sobre una cigüeña. Su abuela le dice que viene de un campo de coles y su bisabuela se sonroja y le cuenta al oído que los niños proceden del gran océano de la existencia.

Al día siguiente, la maestra llama al pequeño Hymie para que exponga su trabajo. El pequeño Hymie le dice a la maestra: «Me temo que algo va mal en mi familia. Al parecer, ¡nadie ha hecho el amor durante tres generaciones!».

Eficiencia

Si quieres ser más eficiente, cuanta menos conciencia mejor, pues un mecanismo es más eficiente que un hombre. Un mecanismo simplemente repite; nunca yerra ni desfallece. Por eso la mente tiene que llegar a ser como una máquina: aprietas el botón y ya tienes la respuesta. Con solo apretar el botón ya fluye la eficiencia.

Todo el esfuerzo de la sociedad está encaminado a reducirte a un mecanismo eficiente, de modo que se derrochan grandes sumas de dinero para menoscabarte, destruirte y paralizarte. Pero un día, de repente, te das cuenta de que te lo estás perdiendo todo, de que todavía no has probado la vida. Has vivido y, sin embargo, no puedes decir que hayas vivido. Has amado y, no obstante, no puedes decir que hayas conocido el amor. Has estado vivo y, sin embargo, no puedes describir ni el sabor ni la fragancia de estar vivo.

Todo lo que hasta hoy se ha venido llamando educación es la peor catástrofe que le ha ocurrido a la humanidad. Pero el día en que toda la estructura educativa se derrumbe para dejar paso a una educación completamente nueva, no basada en la eficiencia... Pues ¿qué importancia tiene que la gente sea un poco menos eficiente? ¿Qué más da que sea un poco menos eficiente si está más viva? No tiene la menor importancia.

Una vez que basemos la educación en la conciencia, la gente tal vez no será tan eficiente en el asesinato o en la guerra; puede que no sean tan eficientes como empleados o funcionarios del gobierno; pero eso es bueno. Pues si la gente es ineficiente en el asesinato, ¡mejor que mejor!, habrá menos gente asesinada. Si el hombre que dejó caer la bomba atómica sobre Hiroshima hubiese sido menos eficiente y la hubiese dejado caer en algún punto del bosque, ¿qué habría de malo en ello? Habría sido fantástico. Habría sido una suerte.

Si los alemanes fueran menos eficientes, Hitler no habría supuesto una calamidad tan grande para la humanidad. Si hubieran sido un poco perezosos, menos diestros y disciplinados y menos parecidos a robots, Hitler habría fracasado. Pero escogió el país adecuado para nacer. Esa gente es muy lista, siempre escoge el país adecuado para nacer. Y se las arregló para convertir todo el país en un campo de batalla.

Menos eficiencia no supone ningún problema. Lo que necesitamos es más conciencia.

Ego

Todos nacemos sin ego. Cuando un niño nace, es pura conciencia: flotante, fluente, lúcida, inocente y virgen; no existe ego. Más adelante el ego va siendo creado por los demás. El ego es el efecto acumulado de las opiniones de los demás sobre ti. Llega alguien, un vecino, y dice: «¡Qué niño tan hermoso!», y le dedica una mirada muy apreciativa. En ese momento el ego empieza a funcionar. Hay quien sonríe y quien no sonríe; a veces la madre está muy cariñosa y a veces muy enfadada, y el niño va aprendiendo que no es aceptado tal como es. Su ser no es aceptado incondicionalmente; hay condiciones por todos lados. Si llora y berrea cuando hay visitas en casa, la madre se pone hecha una furia. Si llora y berrea cuando no hay visitas, la madre no se preocupa. Si ni llora ni berrea, la madre siempre le premia con caricias y un beso cariñoso. Si permanece tranquilo y callado cuando hay visitas, la madre se muestra enormemente feliz y gratificante. Asimila las opiniones de los demás sobre él; se mira en el espejo de la relación.

No puedes verte la cara directamente, sino que tienes que mirarte a un espejo, y en el espejo puedes reconocer tu cara. Ese reflejo se convierte en tu idea de tu cara, pero hay mil y un espejos a tu alrededor y en todos te reflejas. Hay quien te quiere, quien te odia y quien es indiferente. Luego el niño va creciendo y acumulando las opiniones de los demás; la esencia global de las opiniones de los demás es el ego. Y empieza a verse a sí mismo de la manera en que le ven los demás, a verse a sí mismo desde fuera; eso es el ego. Si la gente le aprecia y le alaba, piensa que es un dechado de perfección y se siente aceptado. Si la gente no le alaba ni le aprecia, sino que le rechaza, se siente condenado. Entonces tratará por todos los medios de que le aprecien, de que le aseguren una y otra vez que es respetable, que tiene un valor, un propósito y un significado. Luego viene el miedo a ser uno mismo; pero hay que adaptarse a las opiniones de los demás.

Si renuncias al ego, de repente vuelves a ser un niño. Dejas de preocuparte por lo que los demás piensen de ti y dejas de prestar atención a lo que los otros digan de ti. No te das por aludido, ni siquiera mínimamente. Has renunciado al espejo. No tiene sentido; tienes la cara que tienes, ¿para qué consultar al espejo?

Egoísmo

Yo te enseño a ser verdaderamente egoísta para que puedas ser altruista. No hay ninguna contradicción entre ser egoísta y ser altruista: ser egoísta es la condición básica para ser altruista. Pero hasta ahora te han contado precisamente lo contrario; te han enseñado lo contrario: si quieres ser altruista y quieres amar a los demás, no te ames a ti mismo; en realidad, ódiate a ti mismo. Si quieres respetar a los demás, no te respetes a ti mismo. Humíllate y condénate de todas las maneras posibles.

¿Y qué ha pasado por culpa de esa enseñanza? Nadie ama a nadie. La persona que se condena a sí misma no puede amar a nadie. Si ni siquiera puedes amarte a ti mismo, que eres la persona más próxima, si tu amor no puede llegar ni al punto más cercano, es imposible que llegue hasta las estrellas. No puedes amar nada; solo fingirlo. Y la humanidad se ha convertido en eso: en una comunidad de farsantes, de hipócritas.

Por favor, trata de comprender lo que quiero decir con ser egoísta. Primero tienes que amarte a ti mismo, conocerte a ti mismo y ser tú mismo. Gracias a eso irradiarás amor, comprensión, ternura y abnegación por los demás. La verdadera compasión surge de la meditación, pero la meditación es un fenómeno egoísta. Meditación significa disfrutar de ti mismo y de tu soledad, olvidarte del mundo y gozar por ti mismo. Es un fenómeno egoísta, pero de ese egoísmo nace un gran altruismo.

Y no alardees de ello; no te vuelves egoísta. No estás al servicio de la gente ni haces que se sientan agradecidos. Te limitas a disfrutar compartiendo tu amor y tu alegría.

Elección

Cada momento presenta siempre dos opciones; puedes escoger entre ser feliz o ser desdichado. Empieza a verlo de ese modo: lo primero que has de hacer en cada situación es tratar de descubrir qué es lo que te haría feliz y qué lo que te haría desgraciado.

Cuando yo era pequeñito, mi padre construyó una casa preciosa. Pero el arquitecto le engañó —él era un hombre sencillo— y la casa se vino abajo con las primeras lluvias. Estábamos a punto de mudarnos; no faltaban más que dos o tres días para instalarnos en la casa cuando esta se derrumbó. Mi padre estaba de viaje; le mandé un telegrama: «¡Ven inmediatamente, la casa se ha derrumbado!». No acudió y ni siquiera respondió. Regresó cuando tenía previsto regresar y lo primero que me dijo fue: «¡Has hecho el tonto! La casa ya estaba perdida, ¿por qué malgastar diez rupias enviándome un telegrama tan largo? ¡Podrías habértelas ahorrado! Además, tenemos que dar gracias a Dios porque la casa se haya hundido en el momento oportuno. ¡Si hubiese esperado cuatro o cinco días más, habría matado a toda la familia!».

Invitó a todo el pueblo a una fiesta. ¡Aquella idea me gustó! Todo el mundo decía riendo: «Es un enorme disparate: ¡tu casa se ha derrumbado y todos nos sentimos apenados por ello!». Pero convocó a toda la gente del pueblo —era un pueblo pequeño— a una gran fiesta para dar gracias a Dios por haberle ayudado. ¡Solo cuatro días más y habría muerto toda la familia! Eso es lo que llamo escoger el lado bueno de cada situación.

Elecciones

Nunca he votado en mi vida. Toda mi familia tenía una orientación política, todos eran luchadores por la libertad de la India cuando todavía se encontraba bajo la dominación británica. Estuvieron en prisión, sufrieron y, naturalmente, cuando el país alcanzó la libertad, se vieron envueltos en la política.

Mis tíos me decían: «Eres una persona educada, ¿por qué no utilizas el poder de tu voto? Tienes la facultad de crear un gobierno o cambiarlo».

Yo respondía: «Ya lo sé, pero es inútil cambiar un carcamal por otro carcamal. No vale la pena; cambian los nombres, pero todo sigue igual». De hecho, más vale mantener en su puesto al antiguo carcamal, ya que tarde o temprano habrá acumulado tanta riqueza, poder, nombre y fama que se volverá menos codicioso, pues siempre hay, naturalmente, un punto de saturación.

Cuando relevas al viejo carcamal y entregas el poder a uno nuevo —uno era republicano y el otro es demócrata—, el nuevo carcamal se lanza inmediatamente a acaparar todo lo que pueda, pues cuatro años pasan volando y en cualquier caso la gente acabará devorándolo. Así que, durante cuatro años, estafa todo lo que puede. Mientras tanto, el otro partido se granjea simpatías. Ese es el juego. Y la gente se olvida de que «a ese partido ya lo hemos echado». En Estados Unidos: ¿cuántas veces habéis echado a los republicanos y cuántas a los demócratas? ¿Por cuánto tiempo pensáis seguir haciendo lo mismo una y otra vez?

No tenéis más que hacer cuentas: en doscientos años, ¿cuántas veces habéis echado al mismo partido? Si tuvieseis un poco de inteligencia, ¡cuando echáis a un partido tendría que ser para siempre! Puesto que carece de inteligencia, potencial e ideología, tendría que suponer su final.

Emergencias

El hombre es casi inconsciente, y digo «casi» porque hay momentos y situaciones en que se vuelve consciente; pero son pasajeros.

Por ejemplo: de repente, tu casa está ardiendo. Sentirás una especie de arrebato en tu interior, una sensación de alerta que antes no tenías. Puede que estés cansado, que no hayas dormido en varios días, que estuvieses de viaje y contases con que, al llegar a casa, lo primero que harías sería echarte a dormir; ¡pero la casa está ardiendo!

Todo el cansancio se desvanece. Te olvidas de la pesadilla del viaje y descubres algo nuevo en tu interior que tal vez te perderás porque la casa está ardiendo, de modo que no estarás atento a tu alerta, sino al fuego que está devorando tu casa.

En la vida corriente también hay momentos en que la gente alcanza un estado superior de conciencia; pero se lo pierden porque ese estado superior es consecuencia de una emergencia y primero han de abordar la emergencia que tienen delante. No es, desde luego, la mejor situación para ponerse a explorar lo que ocurre en tu interior.

Pero si recuerdas algunos momentos de tu vida en que de repente eras más consciente de lo que sueles ser, aunque solo sean recuerdos, te servirán de gran ayuda para entender lo que quiero decir cuando hablo de ser consciente.

Emociones

Si alguna vez tienes ganas de enfadarte, enfádate; no hay nada malo en ello. El problema es que si no te enfadas, no serás cariñoso. Todas las emociones están tan unidas que si reprimes la ira también reprimirás el amor. Si reprimes la ira también reprimirás la compasión. Si liberas la compasión, de inmediato tendrás miedo de que también se libere la ira. Lo único que has de hacer es sentarte cruzado de brazos sobre el montón de tus emociones, pero eso es muy incómodo.

Enemigos

Escoge cuidadosamente a tus enemigos, ¡pues estarás condicionado por ellos! Naturalmente, para luchar contra ellos tendrás que aprender sus estrategias, sus tácticas y sus costumbres. Poco a poco, los enemigos acaban pareciéndose; más incluso que los amigos.

Energía

No tienes más que observarte a ti mismo para darte cuenta de que en ti no hay un único ser sino multitud de ellos. Eres polipsíquico: tienes multitud de mentes y cada una de ellas está en conflicto con las otras. Hay mucha competencia en tu interior: una disputa constante. Pero en esa disputa, en ese conflicto, estás disipando energía, y si disipas tu energía en una guerra civil permanente, acabas perdiendo el entusiasmo por la vida y cualquier posibilidad de ser extático; pierdes, en suma, la alegría.

William Blake tiene razón cuando afirma: «energía es deleite». Se trata de una sentencia muy profunda. En efecto, la energía es deleite, y cuanto mayor sea la energía de que dispones, mayor será tu deleite. Es la energía que se convierte en deleite; la energía desbordante es deleite y se vuelve celebración. Cuando la energía danza en tu interior, al unísono y en profunda armonía tanto en el ritmo como en el flujo, te conviertes en una bendición para el mundo.

Enfermedad

¿Qué es la enfermedad? Cuando falla una conexión con la existencia, estás enfermo. Cuando la cabeza se desconecta, aparece el dolor de cabeza; cuando el que se desconecta es el estómago, aparece el dolor de barriga. En alguna parte te has vuelto autónomo; has dejado de formar parte del océano de interdependencia que constituye la existencia. Ahí es donde aparece la enfermedad. La enfermedad tiene una cierta autonomía, una cierta independencia. Cuando tienes un tumor canceroso en tu interior, este constituye un universo en sí mismo; está desconectado de la existencia.

Una persona enferma es aquella que está desconectada de varias maneras. Cuando una enfermedad determinada se vuelve crónica, indica simplemente que la raíz está completamente destruida, que ni siquiera es posible replantarla. Tendrás que seguir viviendo solo parcialmente; una parte de ti estará muerta. Alguien está paralizado: ¿qué significa?, pues que el cuerpo ha perdido el contacto con la energía universal. Ahora es como si fuese una cosa muerta: inerme y desconectada. La savia de la vida ya no fluye en su interior.

Entendimiento

El entendimiento es completamente diferente del conocimiento. El conocimiento es prestado; el entendimiento es solo tuyo. El conocimiento viene de fuera; el entendimiento brota de dentro. El conocimiento es feo porque es de segunda mano. El conocimiento nunca entrará a formar parte de tu ser; será algo extraño y ajeno que no arraigará en ti. El entendimiento nace de ti: es tu propia floración. Es auténticamente tuyo, por eso tiene belleza y, además, libera.

Entretenimiento

En los países pobres la población no para de aumentar por la sencilla razón de que los pobres no tienen otro entretenimiento gratuito. El único entretenimiento gratuito es producir niños. Aunque a largo plazo sea muy costoso, de momento no hay ningún problema ni que sacar entrada ni que hacer cola.

El mundo ha seguido la misma rutina durante milenios: nacer en el dolor, vivir en el dolor y morir en el dolor... con, a lo sumo, algunos momentos esporádicos de entretenimiento, no de éxtasis.

El entretenimiento no es éxtasis, sino simplemente un opio. Te quedas tan absorto viendo algo —una película, un circo, un partido de fútbol o un torneo pugilístico— que te olvidas de ti mismo y de tus penas. El entretenimiento es una manera de olvidarte de ti mismo y de tus sufrimientos. Aunque solo será por unos momentos, pues volverás otra vez a las mismas y tu dolor no te perdonará tan fácilmente. Le engañaste y se vengará. De modo que después de cada entretenimiento caerás en un pozo más profundo de oscuridad y dolor, solo para compensar. Pero así es como ha vivido el mundo. Solo de vez en cuando alguien se ha rebelado contra ese ordenamiento, pues para ello hace falta una tremenda inteligencia.

Envejecimiento

Las estaciones son hermosas, y a través de las estaciones te renuevas constantemente: a cada instante, un nuevo humor, un nuevo matiz del ser; a cada instante nuevos ojos y nueva cara. ¿Y quién te ha contado que una persona mayor es fea? Una mujer mayor será fea si trata de seguir pareciendo joven; en ese caso será fea. Se pintará la cara con lápiz de labios y esto y lo otro y lo de más allá, y entonces será fea. Pero si, como debe ser, una mujer mayor acepta la vejez como algo natural, no podréis encontrar una cara más bella que una cara vieja: arrugada, pero arrugada al hilo de muchas estaciones y muchas experiencias, experimentada, madura y desarrollada.

Una persona mayor puede ser hermosa si ha vivido la vida. Quien no ha vivido trata de aferrarse a un momento pasado que ya se esfumó. Ese es el hombre feo: el que trata de mostrar que sigue siendo joven cuando la juventud ya pasó; que una vez que el sexo ha periclitado —tiene que periclitar si ha vivido— sigue buscando cosas que fueron agradables en otra época, que fueron hermosas en determinados momentos de la vida. Pero un viejo que se enamora... ¡es ridículo! Tan ridículo como un joven que no se enamora: está desfasado y vive a contrapelo.

Envidia

La envidia es comparación. Pero hemos sido educados para comparar y programados para comparar; para comparar siempre. Fulano tiene una casa mejor, fulana un cuerpo más bonito, uno tiene más dinero y el otro una personalidad más carismática. Compara; no pares de compararte con todo aquel que pase por tu lado, y el resultado será una gran envidia; es un subproducto de la programación para comparar.

Si, por el contrario, dejas de comparar, la envidia desaparece. Lo único que sabes es que tú eres tú y que no eres nadie más, ni falta que te hace. Es una suerte que no te dé por compararte con los árboles, si no te pondrías muy envidioso: ¿por qué no eres verde?, ¿por qué Dios ha sido tan duro contigo y no te ha puesto flores? Y más te vale no compararte con los pájaros, los ríos o las montañas, o acabarías padeciendo. Compárate solo con los seres humanos, pues has sido programado para compararte únicamente con los seres humanos; no te compares con los pavos reales o los loros. De lo contrario, tu envidia no parará de aumentar: acabarás tan repleto de envidia que no te dejará vivir.

La comparación es una actitud muy ridícula, puesto que cada persona es única e incomparable. Una vez asimilado ese convencimiento, la envidia desaparece. Cada cual es único e incomparable. Solo eres tú mismo: no ha habido ni habrá nadie como tú ni tienes por qué parecerte a nadie.

Equilibrio

Vive la vida de todas las maneras posibles; pero no escojas una cosa en contra de otra ni trates de estar en el centro. Tampoco intentes equilibrarte; el equilibrio no es algo que tú puedas cultivar, sino algo que resulta de la experiencia en todas las dimensiones de la vida. El equilibrio es algo que se produce; y no algo que pueda provocarse. Si lo provocas será falso, forzado; te pondrás tenso y no estarás relajado, pues ¿cómo puede relajarse un hombre que trata de mantenerse en equilibrio en el centro? Siempre estará asustado, pues si se relaja puede empezar a decantarse hacia la derecha o hacia la izquierda; no le queda más remedio que permanecer en tensión. Y estar en tensión supone dejar pasar todas las oportunidades; todos los dones del cielo.

No estés tenso. No vivas la vida conforme a principios. ¡Vive la vida en su totalidad; bébetela hasta la última gota! Sí, a veces es amarga, ¿y qué? Probar su amargura te permitirá apreciar su dulzura, y solo serás capaz de apreciar su dulzura si has probado su amargura. El hombre que no sabe llorar tampoco sabrá reír, y las lágrimas del hombre que no puede reír con ganas, a carcajadas, serán lágrimas de cocodrilo: no pueden ser sinceras ni pueden ser auténticas.

Yo no predico el camino del medio, sino el camino total. El equilibrio ya vendrá por sí solo.

Equipaje

A medida que asciendes tienes que ir abandonando equipaje. En las llanuras puedes transportar mucho equipaje; pero cuando empiezas a ascender, tienes que decidir qué es lo superfluo y abandonarlo. Cuanto más arriba estés, más cosas tendrás que abandonar.

Cuando Edmund Hillary llegó a la cumbre del Everest, no llevaba ningún equipaje. Simplemente estaba allí, sin nada, porque poco a poco había tenido que abandonarlo todo. Al principio tenía muchas cosas y equipos: esta máquina y la otra, las botellas de oxígeno... Tenía una mentalidad científica y por eso necesitaba tanto equipaje que hacían falta cincuenta sirvientes para transportarlo. Más adelante, sin embargo, tuvo que ir abandonando cosas en cada campamento porque era imposible transportarlas. Con cargar con uno mismo bastaba. Cuando pisó la cima del Everest no llevaba el más mínimo equipaje.

En las cumbres más altas conviene ser ingrávido.

Errores

Quien no esté dispuesto a cometer errores jamás aprenderá nada.

Comete tantos errores como puedas, pero no cometas dos veces el mismo error porque eso te convertirá en estúpido. Comete errores nuevos; invéntate nuevos errores, pues de ese modo nunca dejarás de aprender y tu inteligencia aumentará continuamente.

* * *

Los errores están muy bien; no hay nada malo en ellos. Todo el mundo los comete, pues todo el mundo ha de cometerlos. Los errores son buenos: te permiten seguir siendo humano. De lo contrario te volverías o inhumano o sobrehumano, y ni lo uno ni lo otro es bueno. Ser humano es maravilloso, pero para seguir siendo humano hay que errar. ¡No hay nada malo en cometer errores! ¿Por qué se arma tanto jaleo al respecto?

Pero estás imbuido de la idea de que no debes cometer errores; así que te torturas y te sientes culpable y te condenas. No es necesario; todo el mundo comete errores. Solo debes tener presente una cosa: no cometas dos veces el mismo error. No digo que tengas que sentirte culpable por ello, sino que cometas errores nuevos. Es así como crecemos. Sáciate de lo viejo y busca nuevas formas de cometer nuevos errores. Cada día comete por lo menos un nuevo error.

Eruditos

Un día, dos grandes ratas se metieron en un cine y fueron directamente a la cabina de proyección. Un vez dentro, devoraron toda la bobina. Después de habérsela comido, una rata miró a la otra y le preguntó:

—¿Te gustó la película?

—No, me gustó más el libro —respondió la otra.

Esos son los eruditos: ¡las ratas! No paran de devorar palabras y de acumular palabras. Pueden tener montañas de palabras y llegar a ser muy duchos en palabras. Pueden engañar a los demás; aunque eso no es tan malo, pues solo pueden engañar a quienes ya iban descaminados; no pueden hacerles mucho más daño. Pero engañando a los demás, poco a poco se van engañando a sí mismos, y ese es el mayor problema.

El noventa y nueve por ciento de los llamados religiosos —santos, *mahatmas*, etc.— no son más que eruditos. Por lo que se refiere a las palabras, son muy hábiles; pero si miras en lo más profundo de sus ojos, solo encontrarás a los estúpidos seres humanos de siempre. No ha cambiado nada.

Escuchar

Oír es algo maquinal; como tienes orejas, oyes. Si te estás quedando sordo, un aparato mecánico puede ayudarte a oír mejor. Las orejas no son más que un determinado mecanismo para captar sonidos. El oído es muy simple; los animales oyen, como oye todo aquel que tenga orejas. Pero escuchar corresponde a un nivel mucho más elevado.

Escuchar significa que cuando oyes, solo oyes y no estás haciendo otra cosa, que no hay otros pensamientos en tu mente ni nubes cruzando por tu cielo interior, de modo que todo lo que se dice llega hasta ti tal como se ha dicho. No ha sido interferido por tu mente ni interpretado por tu ego, tus prejuicios, ni oscurecido por nada de lo que, en ese momento, pasa en tu interior, pues todo eso son distorsiones.

Normalmente no es difícil; te las arreglas con solo oír, pues las cosas que oyes son objetos comunes. Si digo algo sobre la casa, la puerta, el árbol o el pájaro, no hay ningún problema. Se trata de objetos comunes; no hay necesidad de escuchar. Pero sí la hay cuando se habla de algo como la meditación, que no es en absoluto un objeto, sino un estado subjetivo. Solo podemos indicarlo; si estás muy alerta y atento, es posible que captes algún significado.

Esencia

Una de las ideas más peligrosas que ha prevalecido a lo largo de los siglos es que la vida puede dividirse en distintas partes. La vida es indivisible; es un todo orgánico. En el momento en que la divides, la matas. Es uno de los aspectos más fundamentales de mi aproximación a la vida: considerarla como un todo. Y recuerda que el todo es más que la suma total de sus partes. En el ámbito de las máquinas, el todo es exactamente la suma total de las partes, no hay nada más en ellas. Un reloj no es más que todas sus partes dispuestas en un orden determinado, y funciona. Si lo desmontas, deja de funcionar; pero si vuelves a unir las partes, empieza a funcionar de nuevo. El funcionamiento del mecanismo no es algo independiente.

La vida es completamente diferente de una máquina. Si cortas un hombre en distintas partes, la vida desaparece; pero luego no puedes volver a juntarlas. Y aunque te las arregles de algún modo para juntarlas nuevamente, la vida no volverá a aparecer. Eso demuestra categóricamente una cosa: que la vida no es la suma total de sus partes, sino algo más; algo extra. Y ese «extra» es la verdadera esencia de tu ser.

Esoterismo

Las enseñanzas esotéricas solo son para los tontos. Los tontos demuestran mucho interés por todo aquello que no pueden entender. La mente necia alberga la idea de que todo lo que no entiende tiene que ser muy misterioso y muy superior; que sin duda corresponde a niveles más elevados.

Una persona verdaderamente religiosa no tiene nada que ver con la insensatez esotérica: la teosofía, la antroposofía y tantos y tantos Lobsang Rampas... sin contar con la sarta de insensateces que se escriben continuamente. Seguramente satisfacen las necesidades de algunas personas; así como unos se distraen leyendo novelas de detectives, otros están interesados en el conocimiento esotérico.

En la existencia no hay nada esotérico. La existencia está desnuda, despojada; no hay nada oculto.

La espiritualidad es una experiencia, no un saber. No puede ser reducida a un saber; siempre es conocimiento, nunca un saber. Es una percepción que no se puede reducir a palabras. No puedes articularla en teorías ni en categorías de pensamiento; es imposible. Y quienes tratan de hacerlo no saben nada... solo así pueden hacerlo. Se trata de un extraño fenómeno: los que saben no intentan jamás reducir su conocimiento a un saber; y los que no saben son completamente libres. Pueden crear cualquier saber, puesto que es de su propia invención.

Todo saber espiritual es invención de la mente. El verdadero conocimiento espiritual solo se produce cuando haces dejación de la mente; cuando te encuentras en un estado de no-mente.

Espacio

La vida es, en realidad, una lucha constante por mantener intacto el espacio personal. Todo el mundo pisotea el espacio de los demás; nadie es respetuoso con el espacio de nadie.

Este es uno de los principales problemas que afronta actualmente la humanidad, pues la tierra se ha vuelto superpoblada y la gente sufre realmente de un inmenso confinamiento. La multitud está cada vez más cerca; estás permanentemente en una multitud y todo el mundo se entromete en tu espacio. Has perdido la intimidad y, si pierdes la intimidad, lo pierdes todo.

Los que han estudiado a los animales han descubierto que existe una necesidad perentoria de territorio. Por ejemplo: si ves un mono y empiezas a acercarte a él lentamente, hasta una cierta distancia ni siquiera

reparará en ti; pero solo hasta cierta distancia. A partir de ese punto, acaso a tres o seis metros, empezará inmediatamente a ponerse nervioso. Te
sorprenderá comprobar que todos los monos se comportan de la misma
manera: todos se ponen nerviosos cuando te acercas a cierta distancia.
Es como si el mono tuviera un cierto sentido territorial y no quisiera
que nadie penetrase en su espacio.

En los zoos los animales enloquecen, se vuelven locos. Solo se vuelven locos en los zoos; nunca en las selvas. Nadie ha oído nunca que un
león se haya vuelto loco en la selva o un elefante en la jungla. Pero les
pasa en los circos y los zoos porque están confinados. Si vas al zoo, verás
al león dando vueltas sin parar en el interior de su jaula: confinado, en-
loquecido y enfurecido porque le han privado de su espacio, cuando en
la selva tenía un espacio inmenso. Y cada animal respeta los espacios de
los demás, ninguno se entromete en los dominios de los otros. En cuanto penetras en su espacio, estás en peligro; si no penetras en su espacio,
no corres peligro alguno. La serpiente no te morderá si no penetras en
su espacio.

Hoy en día ya ha sido medida la cantidad de espacio que se reserva
cada animal. Pero el hombre carece de ese sentido; ha olvidado completamente el lenguaje, no lo sabe; ha perdido el propio sentido. Por eso la
humanidad se encuentra en un estado próximo a la demencia. Hacen
falta métodos para volver a crear espacio.

La meditación es un método para crear tu propio espacio. Como fuera no hay espacio, lo creas dentro. Puede que ya no quede espacio en el
exterior y tal vez no lo vuelva a haber nunca más —en este mundo, es lo
más probable—, así que búscalo en tu interior. En eso consiste la alquimia de la meditación: buscar espacio en tu interior. Después podrás
mantenerte apartado incluso en medio de una multitud, pues sabes
cómo crear tu propio espacio interior. Permaneces concentrado; nadie
puede entrometerse en tu espacio interior.

Penetra en tu mundo interior para crear en él un espacio. Puedes
crear un espacio infinito con solo tirar la basura que llevas dentro. Puedes tirar los pensamientos, los deseos, los recuerdos, el pasado, el futuro, los sueños y la imaginación. A medida que vayas tirando toda esa
basura, se irá abriendo un gran espacio. Eso es, al fin y al cabo, la medi-

tación: tirar todo lo que llevamos dentro para dejar un espacio vacío que nos permita sentirnos rodeados de una inmensidad infinita.

Espectador

El hombre se ha convertido en un espectador; por alguna razón, se ha vuelto un mero observador. No participa en la celebración y es por culpa de la mente. La mente es un observador, un espectador, y evita participar. Le gustaría ver una película de amor, pero no enamorarse, pues eso es peligroso. Le gustaría leer un libro como *Siddhartha* o *El profeta*, pero no le gustaría convertirse en Siddhartha, ya que eso es peligroso. Siempre se mantiene apartada; quiere verlo todo en una pantalla de televisión, pues ahí no hay peligro.

Meditación significa participar en la celebración de la existencia. No seas solo un espectador; participa en el misterio de la vida. Báilala, cántala, siéntela e identifícate con ella.

Espera

Esperar es solo esperar; no es esperar a alguien o que pase algo. ¿Cómo puedes esperar algo que desconoces? Y no pasará nada de lo que piensas que tendría que pasar, ya que eso parte de tu pasado y tu pasado no ha sido otra cosa que oscuridad e ignorancia. El pensamiento negativo no puede hacer nada, ni siquiera pensar en qué va a pasar. Ese estado, ese silencio y esa pureza absolutas, es la muerte y la resurrección.

La espera no tiene objeto, y en eso consiste la meditación. Definiré la meditación: la meditación es esperar sin perspectivas; esperar por esperar. Pero la verdad siempre está ahí, latiendo en el centro de tu yo. La espera permite que florezca, te ayuda a disolverte y permite que lo más profundo se manifieste. La espera libera la canción y la celebración que hay en ti.

Esperanza

Los desesperados esperan. Los ciegos creen que tarde o temprano llegarán a ver. En la noche cerrada de vuestras almas os aferráis a la esperanza de que tiene que llegar un amanecer. Para soportar el sufrimiento presente tienes que adoptar algún tipo de actitud optimista que te permita esperar un mañana radiante; aunque no llegue nunca. Pero la esperanza te permite soportarlo. Al menos puede paliar un poquito el sufrimiento y evitar que te trastorne demasiado. Te permite mantenerte ocupado en alguna otra cosa y cerrar los ojos a la actual angustia.

Esperanzas

No colmes las esperanzas de nadie. Solo tienes una responsabilidad y es para con tu propio yo. Si tratas de colmar las esperanzas de los demás acabarás metido en un lío, pues se aprovecharán de ti, te dominarán, te maltratarán y te paralizarán. ¡Son tus enemigos! Todo aquel que espere algo de ti es tu enemigo, ¡ten cuidado! Un verdadero amigo te concede libertad. El amor proporciona libertad: no hay esperanzas ni deseos de manipularte, ni siquiera indirectamente. La libertad es el valor supremo de la vida.

Espiritualidad

La religión tiene que ver con la circunferencia, y la espiritualidad con el centro. La religión tiene algo de espiritualidad, pero solo un poco, una vaga radiación; algo parecido al reflejo en el lago de una noche estrellada o de luna llena. La espiritualidad es lo real; la religión es solo un subproducto. Y una de las mayores desgracias que le ha caído a la humanidad es que se incite a la gente a ser religiosa en lugar de espiritual. De ahí que se pongan a decorar la circunferencia, a cultivar el carácter. El carácter es la circunferencia. El centro no cambiará porque pintes la circunferencia; pero si cambias el centro, la circunferencia sufrirá automáticamente una transformación.

Cambia el centro; en eso consiste la espiritualidad. La espiritualidad es una revolución interior que, por supuesto, afecta a la conducta; pero solo a modo de consecuencia. Como estás más alerta y eres más consciente, tu comportamiento es naturalmente distinto y tu conducta presenta una cualidad, un aroma y una belleza distintas; pero no viceversa.

La espiritualidad es propia de tu ser esencial, y la religión, solo de lo más externo: los actos, la conducta y la moralidad. La religión es formal: ir a la iglesia cada domingo es un acontecimiento social. La iglesia no es más que una especie de club, como el Rotary Club o el Lions Club, y clubes hay muchos. La iglesia también es un club, pero con pretensiones religiosas.

La persona espiritual no se adscribe a ningún credo ni dogma. No puede pertenecer a ninguna iglesia, sea esta hinduista, cristiana o mahometana... es imposible que pertenezca a ninguna.

La espiritualidad es una, pero las religiones son muchas. Yo insisto en la transformación interior; lo que enseño no es religión, sino espiritualidad.

La espiritualidad es rebelión; la religión, ortodoxia. La espiritualidad es individualidad; la religión es seguir formando parte de la psicología de masas. La religión te reduce a un cordero, mientras que la espiritualidad es el rugido de un león.

Espontaneidad

Espontaneidad significa simplemente que nada entorpece la expresión de tu propia naturaleza. Todos los obstáculos han sido eliminados y abiertas todas las puertas. Ahora tu propia naturaleza puede entonar su canción y danzar su danza...

La espontaneidad no se tiene que crear, pues si es creada no es espontaneidad; sería una contradicción: es evidente que si es cultivada no puede ser espontánea. Una espontaneidad cultivada no puede ser auténtica; será falsa, fingida, seudo; solo una máscara. Como estarás actuando, no serás realmente espontáneo. Y no te llegará muy adentro; no dejará de ser algo pintado por fuera. No tienes más que rascar en las personas llamadas cultas y espontáneas para que toda su espontaneidad desaparezca. Solo estaban actuando; no eran realmente espontáneas. La verdadera espontaneidad proviene del centro y no es cultivada, por eso la llamamos espontaneidad. No hay manera de cultivarla ni de crearla; ni falta que hace. Pero si lo que quieres es ser un actor, si quieres actuar, la cosa cambia completamente; pero recuerda que cualquier situación real será una provocación para tu mente, que se precipitará inmediatamente hacia la superficie aniquilando toda espontaneidad.

Por eso digo que lo primero a tener presente es que la espontaneidad hay que descubrirla o, mejor dicho, redescubrirla, pues cuando niño eras espontáneo. La has perdido de tanto cultivarla: demasiadas disciplinas, moralidades, virtudes y caracteres. Has aprendido a interpretar tantos papeles que has olvidado el lenguaje de ser solo tú mismo.

Estrés

Cuando tengas estrés, aprovecha su energía creativa. Ante todo acéptalo; no hace falta que lo combatas. Acéptalo; está muy bien. El mercado no va bien, algo anda mal y puedes perder. El estrés es simplemente una señal de que el cuerpo se está preparando para afrontarlo. Ahora bien, si tratas de relajarte, si tomas analgésicos o tranquilizantes, lo que haces es ir en contra del cuerpo. El cuerpo se está preparando para hacer frente a determinada situación; a determinado desafío que está ahí: ¡disfruta del desafío!

Aunque a veces no puedas dormir por la noche, no hace falta que te preocupes. Aprovéchalo; utiliza la energía que brota: pasea arriba y abajo, sal a correr, da un largo paseo o planea lo que quieres hacer; lo que quiere hacer la mente. Antes que tratar de dormir, que es imposible, aprovecha la situación de manera creativa. Lo único que te indica es que el cuerpo está preparado para enfrentarse al problema; no es momento para relajarse. La relajación vendrá después.

De hecho, si has vivido plenamente tu estrés, la relajación llegará automáticamente; cuando no puedes ir más allá, el cuerpo se relaja. Si quieres relajarte a la mitad, provocas un problema; el cuerpo no puede relajarse a la mitad. Es como cuando un corredor olímpico se está preparando y solo le falta oír el silbato, la señal, para salir raudo como el viento. Está lleno de estrés; no es el momento para relajarse. Tomarse un tranquilizante no le serviría de nada en la carrera, y si se relajase y tratase de hacer meditación trascendental, lo perdería todo. Tiene que aprovechar el estrés: el estrés bulle y acumula energía. Cada vez está más activo y enérgico. Ya no le queda más que montarse en su estrés y valerse de su energía como carburante.

Trata de hacer lo siguiente: cuando se presente una situación estresante, no alucines ni te cortes. Estrésate y sírvete del estrés para afrontarla. El hombre dispone de una tremenda energía, y cuanto más la usa, más tiene.

Cuando se tercie una situación, lucha; haz todo lo que puedas: vuélcate en ella con pasión. Admítela, acéptala y dale la bienvenida. Es buena; te prepara para luchar. Y cuando la hayas resuelto, te quedarás sorprendido: se produce una gran relajación, pero no eres tú quien la produce. Primero no puedes dormir durante dos o tres días y luego no puedes despertarte durante cuarenta y ocho horas, ¡pero eso está bien!

Seguimos arrastrando muchos conceptos erróneos, como, por ejemplo, que cada persona tenga que dormir ocho horas diarias. Eso dependerá de la situación. Hay situaciones en que se hace necesario no dormir: tu casa está ardiendo y tú tratas de dormir. En ese momento no es posible porque no debe ser posible, si no, ¿quién apagará el fuego? Cuando tu casa está ardiendo dejas a un lado todo lo demás; de pronto el cuerpo está preparado para luchar contra el fuego; no tienes sueño. Cuando el fuego se apaga y todo vuelve a la normalidad puedes echarte a dormir durante un largo período; te lo habrás ganado.

Ni siquiera todo el mundo necesita dormir el mismo tiempo. Los hay que se las arreglan con tres, dos, cuatro, cinco, seis, ocho, diez o doce horas. Las personas son diferentes, por lo que no hay una norma. También son diferentes por lo que se refiere al estrés.

En el mundo hay dos clases de personas: una podemos llamarla el tipo caballo de carreras; la otra, el tipo tortuga. Si no dejas que el caballo de carreras corra, que aborde rápidamente las cosas, tendrá estrés; hay que dejarle que vaya a su ritmo. Así pues, si eres un caballo de carreras olvídate de la relajación y cosas por el estilo; no son para ti. ¡Son para las tortugas como yo! Sé un caballo de carreras, que es lo natural en ti, y no pienses en los placeres de que gozan las tortugas; eso no va contigo. Tú tienes otro tipo de placeres. Si la tortuga tratase de ser como un caballo de carreras, ¡se encontraría con el mismo problema!

Si eres un caballo de carreras puedes abandonar el mercado cuando quieras: es muy fácil; pero no te sentirás bien. Te resultará más estresante porque tendrás la sensación de que tu energía no sirve para nada.

Acepta tu naturaleza. Si eres un luchador, un guerrero, tienes que ser consecuente; en eso estriba tu placer. De modo que no tienes por qué asustarte; lánzate incondicionalmente. Lucha con el mercado, compite en el mercado y haz todo aquello que de verdad quieras hacer. No temas por las consecuencias; acepta el estrés. Una vez que lo aceptas, el estrés desaparece. Y no solo eso, te sentirás muy feliz por haber empezado a utilizarlo; es una forma de energía. No hagas caso a quienes dicen que te relajes; eso no va con los caballos de carreras. La relajación solo se producirá cuando te la hayas ganado trabajando duro. Uno tiene que entender su tipo y, una vez entendido, ya no hay ningún problema; puede seguir una línea bien definida.

Eternidad

El término sánscrito *kala* es muy significativo: por un lado significa tiempo; por otro, muerte. La misma palabra significa tiempo y muerte. Es fantástico, pues el tiempo es muerte. Desde el momento en que entras en el tiempo, es que estás dispuesto a morir. Al nacer, la muerte se instala en ti. Cuando el niño nace, entra en el reino de la muerte, y a partir de entonces solo habrá una cosa segura: que tendrá que morir. Todo lo demás es incierto; puede que ocurra o puede que no. Pero desde el momento en que el niño nace, que toma su primer aliento, solo una cosa es segura, y es que morirá. Entrar en la vida es entrar en la muerte.

La eternidad es inmortalidad; ahora bien, ¿cómo se consigue la eternidad?, ¿cuál es el camino? Hay que entender el curso del tiempo.

El curso del tiempo es horizontal: pasa un momento y llega otro, que también pasa y viene otro —una procesión de momentos; una cola de momentos—; uno pasa y llega otro, que a su vez deja paso a otro. Es horizontal.

La eternidad es vertical: profundizas en el momento; no lo sigues linealmente sino en profundidad. Te sumerges en el momento. Aunque te quedes en la orilla, el río seguirá corriendo. Generalmente nos quedamos a la orilla del tiempo, pero el río no para de fluir: un momento, otro momento y otro, y la secuencia de momentos no se interrumpe. Así es como vivimos normalmente; es así como vivimos el tiempo.

Pero existe otra manera: zambúllete en el río, sumérgete en el momento: en el aquí y ahora, y verás como, súbitamente, el tiempo se detiene. Ahora puedes moverte en una dimensión completamente distinta; la dimensión vertical es la eternidad. Ese es el significado de la cruz de Jesús.

La cruz es un símbolo del tiempo. Está formada por dos líneas: una vertical y otra horizontal. En la línea horizontal están las manos de Cristo; y en la vertical, todo su ser. Las manos simbolizan la acción: hacer y tener. El tener está en el tiempo; el ser, en la eternidad. Por eso, todo lo que haces se inscribe en el tiempo y todo lo que eres en la eternidad; todo lo que adquieres queda inscrito en el tiempo y todo lo que constituye tu naturaleza en la eternidad. Pasa de hacer y tener a ser. En ese momento puede producirse el cambio; en ese preciso instante, si te olvidas del pasado y del futuro, el tiempo se detiene. A partir de entonces nada se transforma, todo se queda completamente en silencio y empiezas a sumergirte en el aquí y ahora. Ese «ahora» es la eternidad.

Etiqueta

El señor Goldberg, un próspero peletero, envió a su hija a Europa para que adquiriese un poco de cultura y, tal vez, encontrase un compañero rico.

Unos meses más tarde, ella escribió pidiendo a papá que le enviase un libro de etiqueta.

—Debe de estar tratando con gente muy refinada —pensó el padre.

Cinco meses más tarde volvió a escribir pidiendo otro libro de etiqueta.

—Seguro que sale con príncipes —dijo Goldberg saltando de alegría.

Al cabo de dos años, Becky volvió a casa. El señor Goldberg la esperaba en el muelle y se quedó estupefacto al verla aparecer con un niño en los brazos.

—¿De quién es ese niño? —preguntó.

—Mío —respondió ella.

—¿Y el padre?

—No lo sé, papá —dijo sacudiendo la cabeza.

—Recibiste dos libros de etiqueta —gimió Goldberg desesperado— y ni siquiera aprendiste a preguntar: «¿Con quién tengo el placer?».

Los libros no sirven para nada; ni siquiera dos libros de etiqueta harán de ti una persona cultivada, como tampoco mil libros de espiritualidad te volverán espiritual. No se trata de estar más informado. Es cuestión de transformación, no de información.

Eufemismos

¿Por qué algunas palabras han sido condenadas? Las palabras en sí mismas no son más que sonidos. ¿Por qué algunas de ellas han sido condenadas? ¿Cuál es el motivo? El motivo es que tienes determinadas ideas sobre ciertas cosas. Por ejemplo, si estás en contra del sexo, todas las palabras relacionadas con él serán condenadas. Si estás contra cualquier otra cosa, serán condenadas todas las palabras relacionadas con ella. En realidad, no son las palabras lo que condenas; la condena demuestra que estás condenando algo más. Si estás en contra del sexo, incluso la palabra «sexo» resulta escandalosa, por lo cual no puedes usarla y tienes que emplear eufemismos; tienes que andar con circunloquios.

Evasión

La vida debe ser utilizada como una situación, como una oportunidad para volverse más consciente, más cristalizado, más centrado y más arraigado. Si te evades, es como si una semilla huyese de la tierra para ocultarse en una cueva donde no hay tierra; solo piedras. Allí estará a salvo, pues en la tierra, la semilla tiene que morir y desaparecer. Cuando la semilla desaparece, nace la planta; y empieza el peligro. La semilla no corría ningún peligro: ningún animal se la habría comido ni la habría aplastado ningún niño; pero ahora brota una hermosa planta y todo el mundo parece conspirar contra ella: llegan los vientos e intentan desarraigarla; aparecen las nubes y los truenos, y la pequeña semilla tiene que luchar sola contra todo el mundo. Están los niños y los animales, y los jardineros, junto con millones de problemas que afrontar. La semilla vivía confortablemente; no tenía ningún problema: ni viento ni tierra ni animales; nada significaba un problema. Estaba completamente encerrada en sí misma; la semilla estaba protegida, segura.

Así que puedes irte a una cueva en el Himalaya y convertirte en una semilla, pero no brotarás. Los vientos no están en contra de ti, sino que te dan una oportunidad, te presentan un desafío y te brindan la ocasión de arraigarte profundamente. Te animan a defender tu terreno y a ofrecer una tenaz resistencia. Eso te fortalece.

Evitación

Es como cuando aprendes a montar en bicicleta. Estás en una carretera tranquila, no hay tráfico, es temprano por la mañana y ves un mojón pintado de rojo que sobresale a un lado de la calzada. Una carretera de veinte metros de ancho y un simple mojón; pero te asustas: puedes ir directo al mojón y chocar con él. Te olvidas de la calzada de veinte metros. En realidad, aun con los ojos vendados, tendrías muy pocas probabilidades de ir a chocar contra el mojón; pero en ese momento, con los ojos abiertos, te has olvidado de la carretera y los tienes clavados en él. En primer lugar, el color rojo es muy llamativo; ¡y estás tan asustado...! Tratas de evirtarlo. Te has olvidado de que vas en bicicleta; te has olvidado de todo. Ahora el único problema es cómo evitar esa piedra o de lo contrario puedes chocar con ella y lastimarte. En ese momento, el choque es inevitable; te estrellarás irremediablemente contra la piedra. Y luego te sorprenderás: «Hice todo lo que pude». De hecho, fue debido a que hiciste todo lo que pudiste que te dieses contra la piedra. Cuanto más te acercabas, más insistentemente tratabas de evitarla; pero cuanto más insistías, más te concentrabas en ella. Se iba convirtiendo en una fuerza hipnótica que te hechizaba; se iba transformando en un imán.

Es una ley fundamental de la vida. Mucha gente trata de evitar muchas cosas para caer precisamente en ellas. No hagas grandes esfuerzos para evitar nada o caerás inevitablemente en el pozo.

Evolución

No creo en la teoría de la evolución de Charles Darwin. De vez en cuando hablo de él; pero solo a título de broma y nada más; no creo en la teoría de la evolución. Ningún mono puede convertirse en hombre, ya que han transcurrido miles de años y solo unos cuantos monos se han convertido en hombres. ¿Qué hacen los otros monos?

Al cabo de esos miles de años, los otros monos, aun viendo como sus hijos se convertían en grandes Ronalds Reagan, en presidentes de países, siguen colgados de los árboles... Tendrían que haber bajado al suelo y haberse convertido en hombres. ¡Lo único que han de hacer es perder las colas!

No se sabe de ningún mono que se haya transformado en hombre. En algún momento, alguien tendría que haber visto a algún mono transformándose en hombre. Además, tiene que haber algún eslabón entre ambos: mientras el mono se convierte en hombre, ha de haber algún momento en que es medio mono y medio hombre; pero eso tampoco ha ocurrido.

Por eso, cuando hablo de Charles Darwin siempre es en broma. No creo que hayáis sido otra cosa que seres humanos en toda la eternidad. Los monos han sido monos en sus vidas pasadas, como los burros han sido burros y los yanquis han sido yanquis. La evolución ha tenido lugar, pero esa evolución es el subproducto de la conciencia humana. Ningún otro animal ha evolucionado; siguen siendo iguales.

Un mono del siglo XX y otro de hace diez mil años no tendrían ninguna dificultad en estar de cháchara, trabar amistad o enamorarse. No notarían lo más mínimo la distancia en el tiempo, pues no se ha producido ninguna evolución.

Pero si te encontrases con un hombre de hace diez mil años, ni tú serías capaz de entender su lenguaje ni él de entender el tuyo. Tampoco sus ropas serían parecidas a las tuyas y, por supuesto, su mentalidad sería mucho más atrasada. Ni siquiera tendría la mentalidad de un niño; sería más primitivo y no habría la menor posibilidad de comunicación. Aun siendo un hombre, se comportaría casi como un animal.

Solo el hombre ha evolucionado. La evolución se ha producido, pero solo en los seres humanos; aunque son raras las personas que han alcanzado el mismísimo Everest de la conciencia.

Para mí, esa culminación del Everest de la conciencia es la religión. Pero la religión no tiene nada que ver con el cristianismo, el hinduismo o el islamismo. La religión tiene que ver con la plena floración de tu conciencia liberando toda su fragancia en la existencia.

En tus manos está evolucionar cuanto quieras. En cada fase evolutiva te sentirás más feliz, más tranquilo, más callado y más alegre, rebosante de alegría. Y cuando llegues a la cumbre más alta no serás nada más que pura felicidad.

Lo tienes a tu alcance. Si lo dejas escapar, el único responsable serás tú.

Exámenes

Los exámenes deberían ser abolidos porque hacen hincapié en la memoria de las personas, no en su inteligencia. La memoria no es una cosa importante, y especialmente en el futuro no tendrá la menor relevancia. Podrás llevar en el bolsillo tu pequeño ordenador con toda la memoria que necesites, y cada vez que... el ordenador te la proporcionará inmediatamente. No hay ninguna necesidad de llenarse la cabeza con basura superflua.

El ordenador reemplazará todo el sistema educativo que hasta ahora dependía de la memoria. El que más puede memorizar es de primera clase, recibe una medalla de oro y está a la cabeza de la universidad. Pero ¿se te ha ocurrido pensar alguna vez adónde van a parar todos esos que han sido galardonados con una medalla de oro? No demuestran don alguno en ninguna parte. Los hay que son simples directores de oficina, otros son jefes de estación y otros administradores de correos. ¿Dónde han ido a parar sus medallas de oro? ¿Qué se ha hecho del gran respeto que les tributó la universidad?

De hecho, la universidad tributó respeto a sus memorias; pero la memoria no resulta de mucha utilidad en la vida real. En la vida real se necesita inteligencia, y conviene que tengas clara la diferencia. La memoria es una respuesta preestablecida; pero la vida cambia continuamente: jamás es preestablecida, así que tus respuestas preestablecidas van rezagadas con respecto a la vida.

La vida requiere una respuesta viva; no una respuesta preestablecida sino una respuesta espontánea; requiere inteligencia.

Hasta ahora, los sistemas educativos no han producido la más mínima inteligencia. La inteligencia necesita un tipo de estructura completamente diferente. Los exámenes son para la memoria; pruebas de memoria para saber cuánto eres capaz de memorizar. Pero como te hagan preguntas que no has memorizado, estás perdido, pues careces de la inteligencia necesaria para responder a nuevas preguntas cuya respuesta no has memorizado previamente.

Todo el sistema de exámenes es inútil. Hay que crear una estructura diferente: cada estudiante debe recibir diariamente, por parte del profesor, las notas del crédito que indiquen si se está comportando de manera inteligente; si responde inteligentemente a las cuestiones —no meras repeticiones de los libros de texto, sino algo original—. La originalidad debe ser respetada y premiada; no basta con ser una copia hecha con papel carbón.

Excepcionalidad

Si tratas de ser excepcional, acabarás siendo vulgar. La propia tentativa se basará en un malentendido. Generará confusión, pues si tratas de ser excepcional es que das por supuesto que no eres excepcional. De antemano te has vuelto vulgar. No has entendido nada.

Ahora bien, una vez que das por supuesto que eres vulgar, ¿cómo puedes volverte excepcional? Probarás un método tras otro, pero seguirás siendo vulgar porque tu base, tus cimientos, son inadecuados. En efecto, puedes ir al modisto y hacerte vestidos más elegantes; puedes cambiar otra vez de peinado y usar cosméticos; puedes estudiar un poco y estar más informado; puedes ponerte a pintar y creer que eres un pintor; puedes hacer ciertas cosas y volverte notorio o famoso, pero muy dentro de ti sabrás que eres vulgar. Todas esas cosas son externas. ¿Cómo vas a transformar un alma vulgar en un alma excepcional? No hay manera.

Y Dios no ha previsto ninguna manera porque no hace almas vulgares, así que no ha de preocuparse por tu problema. Te ha dotado de un alma excepcional; extraordinaria. Nunca se la había dado a nadie, pues está hecha especialmente para ti.

Lo que me gustaría decirte es que reconozcas tu excepcionalidad. No hace falta que la consigas; ya la tienes, solo te queda reconocerla. Profundiza en tu ser y compruébalo. No hay otra huella dactilar como la tuya —ni siquiera la huella dactilar—. Nadie tiene unos ojos ni una voz ni un aroma como los tuyos. Eres absolutamente excepcional.

Éxito

No pienses nunca en el éxito. El éxito es una consecuencia natural. Si realmente trabajas en ti mismo con sinceridad, el éxito te acompañará como te acompaña tu sombra. El éxito no ha de ser el objetivo, por eso Lao-tse dice: «Trabaja discretamente, calladamente, sin inquietarte por la idea del éxito o del fracaso».

Ten en cuenta que si piensas mucho en el éxito, también estarás pensando continuamente en el fracaso. Van juntos, en el mismo envase. El éxito y el fracaso no pueden separarse el uno del otro. Si piensas en el éxito, muy dentro de ti también habrá miedo. ¿Quién sabes si lo lograrás o no? Tal vez fracases. El éxito te proyecta hacia el futuro, te ofrece la esperanza de ganancias, una prolongación del ego y una ambición; pero el miedo te produce, además, agitación y escalofríos, puesto que puedes fracasar. La posibilidad de fracasar te produce escalofríos, y entre la indecisión, la codicia y la ambición, no puedes trabajar tranquilo. Tu trabajo acabará siendo un desorden; trabajarás para un lado y mirarás para otro. Irás por la calle con la mirada perdida en un punto lejano del cielo.

No mires demasiado hacia delante o de lo contrario tropezarás con el primer escalón. El éxito vendrá por sí solo. No te preocupes por él, la existencia es muy remuneradora; nada queda sin recompensa.

Experiencia

No soy ni un político ni un líder religioso; predico una vida íntegra, una vida total. Un ateo puede estar a mi lado, igual que un cristiano o un judío; no hago distinciones. Ni naciones ni religiones: no hago distinciones. Y no pongo como condición para estar a mi lado la aceptación de ninguna creencia. Lo que digo es que experimentes, y si te parece que es cierto, decidas tú mismo si creértelo o no. Pero no soy quién para imponerte una fe; lo único que puedo proporcionarte es un método de investigación. La verdad será tu propia experiencia.

Experimentación

Siempre sugiero que no dejes pasar nunca la oportunidad que te brinda algo desconocido. Nunca te aferres al pasado y mantente siempre abierto y experimentador... dispuesto en todo momento a seguir un camino que nunca antes habías recorrido. ¡Quién sabe!, aunque se revele inútil, habrá sido una experiencia.

Explicaciones

Todas las explicaciones de los misterios de la vida no hacen sino explanarlos. El significado etimológico de la palabra «explanar» es «aplanar una cosa»; pero aplanar una cosa es destruirla. Si alguien respondiese a las preguntas: «¿Qué es Dios? ¿Qué es el amor? ¿Qué es la oración? ¿Qué es?», estaría aplanando una experiencia increíble, maravillosa y tremendamente hermosa reduciéndola a feas palabras. Todas las palabras son inadecuadas.

—¡Exijo una explicación y quiero la verdad! —gritó el airado marido al descubrir a su mujer en la cama con su mejor amigo.

—Aclárate, George —replicó ella sosegadamente—; ambas no las puedes tener.

Puedes tener o la explicación o la verdad; pero a la gente le interesa más la explicación que la verdad, por eso hay tantas filosofías. No son más que explanaciones: explanaciones para justificar las cosas y no para revelarte la verdad; explanaciones que levantan tal polvareda que ni te planteas buscar la verdad.

Éxtasis

El éxtasis es un lenguaje que el hombre ha olvidado por completo. No ha tenido más remedio que olvidarlo, pues le han obligado a hacerlo. La sociedad está en contra suya; la civilización está en contra suya. La sociedad ha hecho una tremenda inversión en sufrimiento. Depende del sufrimiento, se alimenta de sufrimiento y sobrevive gracias al sufrimiento. La sociedad no es para los seres humanos, sino que los utiliza para sus propios fines. La sociedad ha llegado a ser más importante que la humanidad. Tanto la cultura como la civilización y la Iglesia se han vuelto más importantes. Fueron concebidas para el hombre, pero ya no están a su servicio. Casi han invertido el proceso; ahora es el hombre el que existe para ellas.

Todos los niños nacen extáticos. El éxtasis es natural; no es algo que solo les pase a los grandes sabios, sino algo con lo que todos venimos al mundo; todos llegamos con él. Es el núcleo más profundo de la vida; consustancial al estar vivo. La vida es éxtasis.

Eyaculación

Cuanto más cargada de tensiones está la mente, más efímera es la relación. La eyaculación se produce más rápidamente cuando la mente está tensa. Cuanto mayor es la tensión, más rápida es la eyaculación, pues la mente cargada de tensiones no busca una relación sino un alivio, y el sexo sirve para el caso lo mismo que un estornudo. Elimina una tensión; libera de una carga.

Familia

La familia convencional está pasada de moda. Ha sido útil, pero no tiene futuro.

Fanatismo

Solo el hombre que duda interiormente se vuelve un fanático. Un fanático hindú significa alguien que en realidad no cree que el hinduismo esté en lo cierto. Ser fanático cristiano significa simplemente que tiene dudas acerca del cristianismo. Se vuelven fanáticos y agresivos; pero no para demostrar nada a los demás, sino para demostrarse a sí mismos que creen realmente en todo lo que creen. Tienen que demostrarlo.

Cuando realmente sabes algo no eres fanático en absoluto.

Fantasmas

En el mundo no hay fantasmas; pero todas las religiones hablan de fantasmas porque su propia estabilidad depende de la creencia en Dios. Así pues, si alguien empieza a hacerse preguntas acerca de la existencia de Dios, es inmediatamente reprimido. Basta con no creer o dudar un solo instante para que tengas problemas. Los fantasmas van en esa misma dirección. Dios vive muy lejos; los fantasmas, en la vecindad, puede que hasta en tu propia casa. No se puede asustar a los niños con un Dios que vive tan lejos; ningún niño, por poco inteligente que sea, se asustará. Mientras que le llega el mensaje, el niño piensa: «Ya veremos. Pero primero tráeme el helado de la nevera». ¿Y los fantasmas hambrientos? ¡Tal vez estén en la nevera regalándose con tu helado!

Fantástico

A las cuatro de la tarde, dos mujeres están charlando en un salón de té alrededor de una mesa bien surtida de enormes y empalagosos helados y pastelitos. No se habían vuelto a ver desde los tiempos del instituto; una de ellas alardea de su ventajoso matrimonio:

—Mi marido me compra un juego nuevo de diamantes cada vez que se me empaña el que tengo —afirma—; ni siquiera me molesto en limpiarlos.

—¡Fantástico! —dice la otra mujer.

—Sí —replica la primera—, adquirimos un coche nuevo cada dos meses, ¡y no son de esos de alquiler con derecho a compra! Mi marido los paga al contado y luego se los regala al jardinero, al mayordomo o a gente así.

—¡Fantástico! —dice la otra.

—Y en cuanto a la casa —prosigue la primera—, ¿qué decir de la casa?, es sencillamente...

—¡Fantástica! —concluye la otra.

—Exacto, y ahora cuéntame, ¿qué estás haciendo últimamente? —pregunta la primera mujer.

—Voy a una academia de buenos modales —responde la otra.

—¿Academia de buenos modales? ¡Qué curioso! ¿Y qué enseñan ahí?

—Bueno, pues aprendemos a decir «¡fantástico!» en lugar de «¡vaya porquería!».

Felicidad

Plantéate las cosas de manera que puedas encontrar algo en ellas que te haga feliz. La vida es corta y la felicidad muy esquiva, así que no pierdas ninguna oportunidad de ser feliz.

Generalmente hacemos lo contrario: no nos perdemos ninguna oportunidad de ser desdichados. Ser feliz es un gran don. Para ser feliz son necesarias una gran inteligencia y una gran conciencia; hay que ser casi un genio. Ser desdichado no cuesta nada; hasta los estúpidos son desdichados. No tiene ningún mérito. Y ser desdichado es muy fácil porque la mente sobrevive gracias a la desdicha. Si la felicidad persiste, la mente empieza a desvanecerse, pues no hay ninguna conexión entre la felicidad y la mente. La felicidad es algo del más allá, por lo que, tarde o temprano, la mente causará algún problema. Aun cuando no haya problemas, la mente los creará: problemas imaginarios, como caídos del cielo, para hacerte desdichado. Cuando eres desdichado, la mente es feliz; tú vuelves a la realidad y las cosas a su cauce.

La mente es la causa fundamental de la desdicha, y siempre que eres feliz, eres inconsciente. Piensa en algún momento de tremenda felicidad: de repente los pensamientos se desvanecen. Simplemente eres feliz; no queda ni una sombra de desdicha.

Femenino

Respeta lo femenino, ya que es superior, indudablemente superior, a las cualidades masculinas. Pero la mentalidad machista del hombre es incapaz de aceptarlo. Movida por un complejo de inferioridad, la mentalidad masculina ha tratado de reprimir lo femenino, y claro, como lo masculino es agresivo, violento y destructivo, consigue reprimirlo. Lo femenino es receptivo y abnegado; sabe cómo dejar hacer y cómo adaptarse, por eso se ha adaptado incluso a la machista actitud masculina. Todo el pasado de la humanidad es infame, y el motivo es que no hemos permitido que las cualidades femeninas florecieran.

De modo que vuélvete cada vez más receptivo, sensible, creativo, cariñoso, danzante, cantarín... y de esa manera te irás volviendo cada vez más meditativo. Y cuanto más meditativo seas, más cualidades femeninas verás florecer en ti.

Filosofía

Aristóteles afirma que la filosofía tiene su origen en el asombro; no así en Oriente. En Oriente nadie ha dicho nunca que la filosofía tenga su origen en el asombro. En Oriente sabemos que la filosofía tiene su origen en la conciencia del sufrimiento y no en el asombro; en la angustia humana y no en el asombro. La filosofía tiene su origen en la carencia de sentido de la vida humana y la conciencia de ello. Por eso la filosofía occidental se ha quedado en una especie de entretenimiento. La filosofía oriental no es un entretenimiento, sino un trabajo y una disciplina: una *sadhana*. En realidad no hay ninguna palabra en ninguna lengua del mundo que traduzca el término indio *sadhana*, pues jamás se ha dado nada parecido en ningún otro lugar. *Sadhana* significa que la filosofía no es solo pensar sino ser: convertirse en ella. ¡Hay que vivirla! Ha de convertirse en tu sangre, tus huesos y tu médula. *Sadhana* significa que no se trata de una modalidad de pensamiento sistemático sino de una forma de vida. Ha de convertirse en tu estilo de vida; tienes que demostrarla a través de tu propia vida: tienes que incorporar a tu vida todo aquello que creas correcto, ya que esa es la única prueba de que crees que es correcto. Si crees que es correcto y vives de otro modo, estás engañando a los demás y te estás engañando a ti mismo.

El planteamiento oriental es que la vida es angustia y ansiedad, y que ser conscientes de ello nos impele a tratar por todos los medios de trascenderlo.

Final

No hay ningún objetivo final; dejémoslo claro desde el principio. No hay objetivos como tales, de modo que es impropio hablar de un objetivo final. Todo lo que es es inmediato; lo repito: inmediato. No hay nada final en ninguna parte; el final es la propia inmediatez. Y no hay ningún objetivo; el peregrinaje es de por sí el objetivo. Cada paso y cada momento constituyen el objetivo.

Por eso no es necesario el conocimiento, pues el conocimiento es una guía para alcanzar logros y objetivos. Así pues, una vida inmediata desprovista de objetivos necesita inocencia en lugar de conocimiento. Inocencia como la de un niño, la que Dionisio llama «ignorancia luminosa». Eso es exactamente lo que se necesita: una ignorancia luminosa; un estado de ignorancia iluminada.

Siempre piensas en la iluminación como si se tratase del conocimiento último, pero estás equivocado. La iluminación es el estado último de la ignorancia; es ignorancia luminosa: es infantil. El sabio se vuelve otra vez un niño y empieza a recoger piedras de colores, guijarros y conchas de la playa. Se pone a recoger flores silvestres sin motivo alguno, por el mero placer de hacerlo.

Fronteras nacionales

Si desaparecieran las naciones, todos los problemas de la humanidad se resolverían. No habría ningún problema, realmente ninguno; el problema fundamental son las fronteras de las naciones. Hoy día disponemos de la tecnología necesaria para alimentar a toda la humanidad; nadie tiene por qué pasar hambre. Pero eso no es posible porque lo impiden las fronteras.

Una vez que desaparezcan las naciones, se podrán resolver los problemas; pero si se resuelven los problemas, ¿qué será del político? Su única razón de ser es resolver tus problemas. Está ahí y es muy importante porque tienes problemas a causa de que hay hambre y hay guerras y esto y lo otro. Si todos esos problemas se solucionasen... y hoy pueden solucionarse gracias a la ciencia. En realidad, la política está anticuada. Ya no hay necesidad de ninguna política; la ciencia ha alcanzado la mayoría de edad y puede solucionar todos los problemas. Pero entonces se acabarán los políticos; desaparecerán junto con los problemas. Por eso siguen hablando de cómo solucionar los problemas mientras que van creando, al mismo tiempo, las condiciones para que no puedan solucionarse. Evita las naciones y sus fronteras.

Frustración

La frustración aparece como la sombra del éxito. En Oriente no hay frustración porque tampoco hay éxito, de modo que no hay sombra. En Occidente hay mucha frustración porque ha llegado el éxito: el hombre tiene a su alcance todo aquello que siempre había necesitado; pero no hay satisfacción. El éxito ha fracasado; esa es la frustración.

Debido a la frustración, los occidentales se interesan cada vez más en la meditación, la oración y la contemplación. Eso también forma parte de la misma frustración. Mi opinión es que una persona no se vuelve hacia la meditación a menos que no le queden más que dos opciones: el suicidio o la transformación.

Cuando el mundo exterior parece abocarle al suicidio y nada más que al suicidio, uno se vuelve hacia dentro. Solo en ese punto, en ese momento culminante de la frustración, puede producirse el giro hacia dentro, que además no puede producirse en un persona apática. Solo se produce cuando las cosas están realmente que arden y ya no queda ninguna salida; todas se han revelado falsas. Solo cuando te quedas completamente frustrado por el mundo exterior y los viajes exteriores, cuando la extraversión parece carecer de sentido, surge el deseo, el anhelo de emprender un peregrinaje interior.

Siempre ha sido así. Las transformaciones solo se producen en los momentos extremos, cuando la vida se enfrenta a una crisis. El agua se evapora a cien grados; se necesita tanto calor como eso. Occidente ha producido mucho calor de frustración. Algunos se volverán violentos, otros se convertirán en asesinos y unos pocos en suicidas; pero la mayor parte de la humanidad empezará a volverse hacia dentro.

Fuerza

El hombre tiene abiertas dos posibilidades: o decantarse por la fuerza masculina o decantarse por la fuerza femenina. La fuerza masculina es tosca, agresiva y violenta; la fuerza femenina es sutil, no agresiva y no violenta. La política se queda en la primera; la religión se adentra en la segunda.

Ser fuerte está bien, pero al modo femenino. La roca es fuerte a la manera masculina, mientras que el agua lo es a la femenina, y finalmente es el agua la que vence a la roca. Por eso Lao-tse dice: «Mi mensaje es que sigas el ejemplo del agua corriente». Al principio, la roca parece tan inexpugnable y el agua tan humilde, tan educada y tan líquida... Pero al final la roca habrá desaparecido convertida en arena, mientras que el agua seguirá allí.

Un cedro alto y robusto tiene una fuerza; es una fuerza masculina, como también la tiene la hierba; pero esa fuerza es femenina. Cuando llegan los fuertes vientos, el cedro resiste y la hierba se inclina. El cedro puede caer a causa de su resistencia, y una vez caído ya no podrá levantarse, mientras que la hierba se erguirá de nuevo cuando el viento amaine. El viento no le habrá hecho ningún daño, sino más bien al contrario, habrá supuesto una bendición porque le habrá quitado el polvo.

Futuro

Siempre pensamos en función del futuro. Deja de pensar en función del futuro, esa es la forma que la mente tiene de vivir, de prolongarse y de alimentarse. El futuro es el alimento de la mente. En el momento en que optas por el presente, la mente empieza a morir. Es el principio del fin de la mente. Y el final de la mente es el comienzo de tu verdadera existencia; de tu verdadera vida.

Garantías

El futuro, ante todo, es desconocido, ¿cómo vas a ofrecer garantías? La vida cambia a cada instante, ¿cómo vas a hacer promesas? Las garantías y las promesas solo pueden referirse a este instante, pero no al siguiente. Para el instante siguiente no se puede hacer nada; tendrás que esperar.

Si realmente eres sincero y amas a una mujer, no puedes decirle: «Te querré toda mi vida». Si le dices eso, es que eres un mentiroso. Esa garantía es falsa. Pero si la amas, con el momento basta; la mujer no te exigirá toda la vida. Si hay amor, el momento presente es tan satisfactorio que basta para colmar muchas vidas. Un solo momento de amor es la eternidad; ella no preguntará nada. Pero ahora hace preguntas porque en este momento no hay amor. Así que pregunta: «¿Qué garantía me das? ¿Me querrás siempre?».

En ese momento no hay amor y te pide una garantía, y tú respondes del futuro, pues solo mediante esa garantía puedes camuflar el momento presente. Puedes crear una hermosa imagen del futuro para ocultar la penosa imagen del presente. Dices: «Sí, te querré para siempre jamás y ni siquiera la muerte podrá separarnos». ¡Vaya estupidez! ¡Qué falta de sinceridad! ¿Cómo puedes hacer eso?

Puedes hacerlo y lo haces con tanta facilidad porque no eres consciente de lo que dices. El momento siguiente es desconocido; nadie sabe adónde nos lleva ni qué pasará; nadie puede saberlo.

La incognoscibilidad forma parte del juego del futuro. ¿Qué vas a garantizar? Como máximo puedes decir: «En este momento te quiero, y ahora mismo pienso —es la sensación del momento— que ni siquiera la muerte podría separarnos». Pero es lo que sientes en ese momento; no es ninguna garantía. En ese momento te apetece decir que la querrás para siempre jamás; pero es lo que sientes en ese momento, no es ninguna garantía. Nadie sabe lo que pasará en el futuro. Si nunca supimos que llegaría este momento, ¿cómo vamos a saber algo de otros momentos? Tendremos que esperar y rezar para que eso ocurra: que te quiera para siempre jamás; pero no es ninguna garantía.

Generalizaciones

Todas las generalizaciones son mitos. Ayudan a formular las cosas, pero no ayudan a orientarse en la realidad de la vida. Ayudan a pergeñar sistemas y a trazar mapas, pero jamás hay que confundir el mapa con el propio país. Puede que hayas visto un mapa de la India; pero lo que aparece allí no lo encontrarás en ningún lugar de la India. Cuando llegas a la India no te encuentras con el mapa; este no es más que una generalización. Te ayuda a formarte una idea de la India, pero jamás te ayudará a experimentar el país; más bien constituye un obstáculo. La experiencia se oculta detrás de la formulación, del prejuicio.

Genitales

La diferencia entre un hombre y una mujer no es mucha.

Es tan simple como un bolsillo: si lo sacas por fuera, se torna un hombre; pero si lo vuelves hacia dentro, se convierte en una mujer. No hay más diferencias. La sexualidad de ellos cuelga por fuera y la de ellas por dentro.

Geografía

¿Por qué los políticos disputan una guerra tras otra? No entiendo el motivo. La tierra no tiene líneas, ¿por qué hacen esos mapas tan llenos de líneas?

Uno de mis maestros era un hombre muy inteligente. Un día se presentó con unos cuantos trozos de cartón; había cortado el mapa del mundo en pequeños trozos y, dejándolos sobre la mesa, preguntó: «¿Alguien sería capaz de ponerlos en el orden correcto?». Muchos lo intentaron, pero fracasaron. Solo un muchacho, viendo que todos fracasaban en recomponer el mapa del mundo juntando las piezas, miró una de ellas por detrás. Luego dio la vuelta a todas las piezas y descubrió el rostro de un hombre. Compuso el rostro del hombre, que era mucho más fácil, y dio con la clave; por un lado compuso al hombre y, por el otro, compuso el mapa del mundo.

Puede que eso mismo sea válido para el mundo real. Si somos capaces de arreglar al hombre, habremos arreglado el mundo. Si conseguimos que el hombre se vuelva callado, pacífico y afectuoso, las naciones desaparecerán y con ellas las guerras, así como las políticas sucias. Pero ten en cuenta que todas las políticas son sucias; no las hay de otro tipo.

Gobierno

El gobierno es un juego: el juego más infame y perverso del mundo.

Pero hay gente del más bajo nivel de conciencia que disfruta con él: son los políticos. El único placer de cualquier político es gobernar, estar en el poder y esclavizar a la gente. El mayor deseo de todos aquellos que han alcanzado las más altas cumbres de la conciencia es el sueño de deshacernos algún día de todos los gobiernos. Ese día será el más grande de toda la historia —pasado, presente y futuro— del hombre, pues deshacerse de todos los gobiernos supondrá la destrucción del juego más perverso, el juego al que durante siglos han estado jugando los políticos. Han convertido al hombre en una simple pieza de ajedrez y le han infundido miedo, miedo de que, sin gobierno, sobrevendrá la anarquía, el desorden, el caos... todo será destruido. Y lo más curioso es que nos seguimos creyendo semejante insensatez.

No tienes más que ver los últimos quinientos años. ¿Crees que de no haber habido ningún gobierno en el mundo las cosas habrían ido peor? ¿En qué sentido? En tres mil años se han disputado cinco mil guerras, ¿crees que sin gobiernos habría habido más, que podría haber habido más caos y más crímenes?

¿Qué han hecho los gobiernos? No han hecho nada por la gente excepto explotarla, sacar partido de su miedo y enfrentarlos entre ellos.

Gracia

Todos los grandes místicos la han descrito: es cuando las energías se precipitan hacia arriba; cuando la gravitación deja de afectar a tu energía y esta se somete a otra ley, la ley de la gracia. Cuando sientes que te elevas, que asciendes, que te precipitas hacia arriba como si el cielo tirase de ti, tienes la oportunidad de conocer un mundo completamente diferente. Todo está al revés, o tal vez realmente al derecho, pero todo cambia.

Graffiti

En todas partes puedes encontrar pruebas de la insensatez humana. Entra en el lavabo de una estación y mira a tu alrededor: los graffiti se han convertido en una forma de arte. Los autores de todos esos disparates son grandes artistas. ¿Qué clase de personas son esas que entran en el lavabo y empiezan a escribir y pintar cosas?, cosas espantosas, además. Pero esas cosas deben de estar en sus mentes; deben de llevarlas consigo a todas partes.

Pasamos al lado de personas que van esparciendo todo tipo de porquerías. No es que te las tiren a ti, sino que van tan llenos de ellas que tienen que expulsarlas o de lo contrario morirían. Simplemente se están aliviando.

Claro que, si se pusieran a esparcir desperdicios y cosas parecidas en la calle, el ayuntamiento o la policía los detendría y los llevaría ante un tribunal acusados de ensuciar la vía pública. Pero las cosas que van esparciendo son invisibles, ningún tribunal puede intervenir ni ningún policía ha sido dotado con instrumento alguno para atrapar los graffiti que esas personas van esparciendo por todas partes.

Si los esparcen en el lavabo, es imposible que no los esparzan también en la oficina, pues para la mente no hay ninguna diferencia. En el lavabo les resulta más fácil porque la puerta está cerrada y están solos. Pero ya iban preparados. ¿De dónde sacan si no los lápices y los colores? Han ido totalmente pertrechados; con todos los instrumentos. Van esparciendo sus graffiti por todas partes, y tal vez seas tú quien los atrape.

Gratitud

Me viene a la memoria un cuento sufí. Un místico muy extraño, llamado Junnaid, solía rezar a menudo y, cada vez que lo hacía —por la mañana, la tarde o la noche—, terminaba su oración con una profunda gratitud para con la existencia: «Es tanta tu compasión y la abundancia de tus dones que me siento abrumado. ¿Cómo podré corresponderte? Aparte de mi pobre agradecimiento y mis lágrimas, no tengo nada que ofrecerte».

Una vez sucedió que, estando de peregrinaje en compañía de muchos de sus discípulos, durante tres días seguidos solo atravesaron aldeas pobladas por mahometanos fanáticos. Estos no ofrecieron a Junnaid y sus discípulos ningún alimento, ni siquiera agua, y no hablemos de techo. Pasaron tres días al raso en el desierto sin agua ni comida... pero el orante siguió siendo el que era y su gratitud para con la existencia no disminuyó ni un ápice.

Para los discípulos fue demasiado. Cuando los días son propicios está muy bien ser agradecido; pero durante tres días habían pasado hambre y sed y carecido de un abrigo para las frías noches del desierto, y no había la menor esperanza de que al día siguiente las cosas fuesen a mejorar. Finalmente fueron a ver a su maestro Junnaid y le dijeron: «Todo tiene un límite. Hace muchos años que escuchamos tus oraciones y pensábamos que estaban en perfecta sintonía con la existencia, ya que esta nos proveía de todo. Pero nos hemos pasado estos tres últimos días esperando, pensando que tal vez dejarías de estar agradecido e incluso que te quejarías; pero según parece sigues siendo el mismo. Una y otra vez la misma gratitud y las mismas lágrimas... no alcanzamos a comprenderlo. ¿Por qué estás tan lleno de gratitud?».

Junnaid se echó a reír y dijo: «Estos tres días han sido los más importantes de mi vida, pues me han permitido comprobar si tengo gratitud o no. ¿Acaso es mi gratitud un simple cambalache o una convicción, o se trata de algo que ha madurado en mi corazón? No importa; por lo que a mí se refiere, no tengo alternativa. Todo lo que me da la existencia es aquello que necesito. Los tres días de pasar hambre eran absolutamente necesarios para mí; no podía ser de otro modo. Los tres días pasando sed y frío por las noches, casi enfrentándonos a la muerte, no eran más que mis necesidades intrínsecas. No sé por cuanto a vosotros se refiere, pero mi gratitud no es condicional. Mi gratitud es incondicional; no es porque Dios sea bueno conmigo. No tiene ningún motivo; responde únicamente a mi alegría, mi felicidad y mi devoción por la existencia. No tengo alternativa».

Una conciencia sin alternativa significa simplemente que todo lo que te pasa es exactamente lo que te tiene que pasar. No puedes opinar sobre ello. Pero eso no quiere decir que dejes de hacer cosas; seguirás haciendo cosas, pero las harás como un hombre que se deja llevar por la corriente de un río: sin nadar ni enfrentarse a la corriente.

Guerra

La guerra no existe porque en el mundo haya grupos opuestos; la guerra existe fundamentalmente porque el hombre está en conflicto. La raíz de la guerra está por dentro; lo que se ve por fuera son las ramas y el follaje. La humanidad necesita una gran guerra mundial cada diez años, pues en diez años el hombre acumula tanta rabia, locura e insensatez en su interior que tiene que estallar. A no ser que cambiemos el propio guión del hombre, que le asignemos un programa completamente nuevo de ser y de vivir, tal vez hablemos de paz, pero no dejaremos de prepararnos para la guerra. Es lo que venimos haciendo desde hace miles de años: hablar de paz y provocar la guerra. Y lo más absurdo es que hemos luchado incluso en nombre de la paz; las mayores guerras se han librado en nombre de la paz. Ha sido un pasado totalmente destructivo. Con la misma energía, el hombre podría haber creado el paraíso en la tierra; pero lo que ha creado en su lugar es el infierno. No se trata de cambiar las ideologías políticas del mundo ni de enseñar a la gente a ser fraternal, porque esas cosas ya se han hecho y han fracasado. Hay algo más fundamental que no funciona. El hombre está dividido, y las mismas personas que hablan de paz son las causantes de la división. Han escindido al hombre entre lo bueno y lo malo; lo superior y lo inferior; lo terrenal y lo divino, o lo material y lo espiritual. Han abierto una grieta en el alma humana, y en su interior se disputa una guerra permanente. Todo el mundo lucha consigo mismo, y cuando la cosa se desmadra, empiezan a luchar con quien sea.

Por eso es por lo que en tiempos de guerra la gente parece más feliz. Sus rostros brillan de entusiasmo y su paso tiene una cierta gracilidad. Están emocionados, pues al menos durante unos días no tendrán que luchar consigo mismos; fuera han encontrado una cabeza de turco. Tanto da que sean los fascistas, los comunistas, los mahometanos o los cristianos, lo que importa es que haya alguien ahí fuera. Sirve de escape para la conflictividad interior; de un modo muy perverso, es relajante. Pero no se puede estar guerreando constantemente; tarde o temprano, el hombre tiene que volverse de nuevo hacia dentro. El político provoca la guerra en el exterior, y el sacerdote la provoca en el interior. Se trata de la mayor y más prolongada conspiración contra la humanidad.

Mi visión es la de un alma integrada. Hay que respetar el cuerpo y no negarlo; hay que amarlo, ensalzarlo y estar agradecido por él. No hay que condenar la materia, sino disfrutarla; forma parte de nuestro desarrollo espiritual. No hay ninguna dualidad: es la dialéctica del crecimiento. Por eso caminamos con dos pies y los pájaros vuelan con dos alas. La materia y el espíritu; el cuerpo y el alma; lo superior y lo inferior, son dos alas.

Guerras de religión

Los cristianos han quemado a miles de personas. Quienes hablan de amor, de paz y de que Jesús vino al mundo para traer un mensaje de paz y fraternidad han matado a más gente que nadie. Y toda esa matanza fue debida a una cuestión de palabras: tan importantes llegaron a ser.

Con los necios siempre ocurre: la realidad se desvanece y las palabras ocupan su lugar. La palabra «dios» se vuelve más importante que la realidad de dios y la palabra «amor» adquiere mayor importancia que el fenómeno del amor. Así, pues, pueden matarse unos a otros por las palabras.

Resulta increíble que durante miles de años la gente haya creído tanto en las palabras, ¡como si la palabra «agua» fuese agua o la palabra «fuego» fuese fuego! Cuando estés sediento, la palabra «agua» no te servirá de mucho.

Guía interior

Cuando algo surge de dentro, parte del ombligo hacia arriba; puedes sentir cómo el flujo y el calor ascienden desde el ombligo. Cada vez que tu mente piensa, lo hace en la superficie —en la cabeza—, y luego desciende. Si tu mente decide algo, tienes que obligarlo a descender, y si tu guía interior lo determina, algo empieza a borbotear en tu interior. Surge del núcleo más profundo de tu ser y se dirige hacia la mente. La mente lo recibe, pero no es suyo; viene del otro lado y por eso la mente se asusta. Aunque es de confianza porque viene de atrás —sin ninguna justificación; sin ninguna prueba—. Simplemente borbotea.

La sabiduría procede del corazón y no del intelecto. La sabiduría procede de lo más profundo de tu ser; no es de la cabeza. Córtate la cabeza, sé acéfalo y sigue a tu ser dondequiera y cuando quiera llevarte. Aunque te arrastre al peligro, afróntalo, pues ese será el camino de tu crecimiento. A través del peligro crecerás y madurarás.

Gurús

Gurús y discípulos son fenómenos mentales. Hay gúrus porque tu mente los necesita: eres tú quien los crea. Hay maestros porque tú quieres que te eduquen: eres tú quien los necesita. No es más que un juego.

Hay a quien le divierte, de modo que juega. Si te divierte, juega a fondo; de lo contrario, olvídalo. Pero se trata de uno de los juegos más bonitos y refinados, y solo aparece cuando una cultura llega a su apogeo;

nunca antes. En realidad solo se ha desarrollado en la India, que es donde apareció el juego del gurú y el discípulo. Actualmente, Occidente lo está descubriendo por primera vez, pues es ahora cuando está llegando a su apogeo. Se trata del juego más lujoso; no es un juego corriente, de modo que solo pueden jugar los que pueden permitírselo. Si te parece un juego bonito y disfrutas con él, juega; pero no te lo tomes muy en serio. A los discípulos se les puede disculpar que sean serios; pero cuando lo son los maestros, es absurdo. Es imperdonable que no sean conscientes de que se trata de un juego.

Hablar

Si una persona es capaz de permanecer en silencio durante varias horas al día, se dará cuenta de toda su falsedad, pues verá una y otra vez su verdadera cara. Si continuamente hablas y te relacionas con la gente, te olvidas de tu rostro original, pues tienes que usar máscaras constantemente. Te pasas las veinticuatro horas hablando; utilizando palabras. Y cuando utilizas continuamente palabras, poco a poco vas creyendo en ellas: en su sonido.

Las palabras tienen un poder hipnótico. Si utilizas repetidamente la misma palabra, acaba hipnotizándote. Si utilizas una y otra vez la palabra «dios», poco a poco empiezas a creer que sabes lo que significa; que sabes lo que es Dios. Repetir palabras es muy peligroso.

Pero la gente no para de hablar. No se permiten una sola pausa para quedarse simplemente en silencio y ser. Si te quedas en silencio durante al menos una hora cada día, te darás cuenta continuamente de que tu facundia es absurda, por lo que la reducirás en un noventa y nueve por ciento. ¿Qué sentido tiene decir tonterías?

Pero, entonces, ¿por qué habla la gente? Hablan para ocultarse detrás del ruido. Siempre que estás nervioso te pones a hablar.

Hoy en día está comprobado que si se obliga a la gente a vivir en soledad, al cabo de tres semanas empieza a hablar sola. No pueden soportar el silencio; les resulta intolerable, así que empiezan a hablar solos. Tienen que hablar; por alguna razón las palabras los mantienen aferrados a su personalidad. En cuanto las palabras desaparecen, empiezan a caer en lo impersonal. Y tienen mucho miedo de lo impersonal.

Lo impersonal es tu realidad. Pero tienes miedo de la realidad y te aferras a las ilusiones que crean las palabras.

Heridas

La mente es una acaparadora de amargura; acopia los gritos, los golpes y los insultos, y se pasa años enfurruñada por ellos.

Los psicólogos son muy conscientes del hecho de que algo que te dijeron cuando solo tenías cuatro años puede haberte dolido tanto que te haya dejado una herida y todavía supure. No dejas que se cure; no paras de hurgar en la herida haciendo que te duela una y otra vez; la reabres continuamente y no le das la menor oportunidad de curarse por sí sola. Si echamos un vistazo a nuestra mente, no veremos más que heridas y más heridas. Por eso la vida es un infierno; solo cosechamos espinas.

Puede que un hombre te haya amado durante años, que tal vez haya sido comprensivo, amable y lo que haga falta; pero basta con que diga algo que te hiera para que todos esos años de amor y amistad se desvanezcan. Eso se convierte en lo único que cuenta y pesa más que todo lo que haya podido hacer. Te olvidarás completamente de su amor, su amistad y sus sacrificios por ti. Solo te acordarás de una cosa; y te gustaría vengarte.

Ese es el procedimiento de la mente. La mente funciona de una manera muy infame. Carece de elegancia. Trasciende la mente y trascenderás toda amargura. Y cuanto más atrás dejes a la mente, más dulce será tu vida: dulce como la miel.

La meditación es dulce y la mente es amarga. Pasa de la mente a la meditación. Deja atrás a la mente; no te dejes controlar ni dominar por ella: sé su señor. La mente es muy útil y puedes servirte de ella. Una vez que sepas qué es la meditación; una vez que hayas descubierto cómo puedes ser si prescindes de la mente, podrás servirte de ella mientras que ella no podrá valerse de ti. Es el momento de la transformación gestáltica en tu interior: el momento en que estalla la rebelión y se libera la fragancia.

Hijos

Perteneces al pasado; tienes los días contados. Los padres no pueden concebir el futuro y los hijos no van a vivir en el pasado, de modo que no los abrumes con tus obsoletos libros sagrados. Tendrán sus propios libros sagrados y sus propios santos; sus propios budas y sus propios cristos, ¿por qué abrumarlos con el pasado? Tienen abierto el futuro.

Si quieres a tus hijos, procura que no se te vaya la mano. Ayúdalos a ser fuertes, ayúdales a perseverar en la búsqueda de lo desconocido; pero no les des tus ideas, pues no tienen la menor utilidad para ellos. Por su culpa, no encontrarán su propio destino. Los confundes.

Hogar

Todo el mundo anhela profundamente un hogar; pero no tiene nada que ver con el hogar físico. El hogar físico se ha convertido en un simple objeto del anhelo profundo de un hogar; no es más que un sucedáneo. Como no conocemos nuestro verdadero hogar, nos creamos uno pequeñito para aferrarnos a él. Eso nos aporta una especie de consuelo; nos hace sentir como en casa. En realidad, no tenemos ningún hogar en este mundo. El hogar no se encuentra aquí, sino en algún lugar dentro de ti: en lo más profundo del núcleo más profundo de tu ser. Pero llegar hasta ahí es un viaje largo, difícil y peligroso. Es más fácil crearse un hogar y sentirse como en casa. ¡Pero en este mundo nunca estás como en casa! Convertir una casa en un hogar es un truco psicológico: te procura alivio; es como un calmante; como la manta de Linus: te ayuda a sentirte seguro, a creer que no estás desarraigado y que tienes raíces y un lugar adonde ir; que eres de alguna parte. Por eso creamos países, naciones, patrias, madres patrias, iglesias, templos y mil y una cosas más; pero lo que buscamos es un hogar... y eso no se encuentra por fuera.

Hombre de negocios

Los negocios han de ser tan solo una cosa externa, una forma como otra de ganarse la vida. Cuando cierras la tienda, olvídate de todo lo relacionado con los negocios. Cuando vuelvas a casa, no te lleves la tienda en la cabeza. Cuando estés en casa con tu mujer y tus hijos, no seas un hombre de negocios. Eso es deplorable, pues indica que tu esencia se ha impregnado de tu actividad. La actividad es algo superficial. La esencia debe prevalecer sobre la actividad, por lo que has de ser capaz en todo momento de dejarla a un lado y entrar en el mundo de tu esencia.

Humanidad

El hombre es muy eficiente inventando palabras peligrosas. Por ejemplo: «humanidad», pues yo nunca he visto humanidad; solo he visto seres humanos. Humanidad es solo una abstracción. Pero hay gente que ama a la humanidad. La humanidad no puede abrazarse ni besarse; pero puede convertirse en un sutil camuflaje. En nombre de la humanidad puedes seguir odiando a los seres humanos, puesto que amas a la humanidad. Si amas a la humanidad no hace falta que ames a los seres humanos.

Y si la ocasión lo requiere, sacrificarás a todos los seres humanos por tu amor a la humanidad. Es lo que venimos haciendo una y otra vez: la gente ama a las naciones, y se matan entre ellos en nombre de «la nación», «la patria» o «la madre patria» —estúpidas palabras—; pero en nombre de «la patria» se puede matar fácilmente a miles de personas.

Lo real es sacrificado en el altar de lo abstracto. Así es toda la historia. En nombre de Dios, de la religión, del amor, de la paz, de la democracia, del comunismo... nada más que abstracciones, no paramos de sacrificar seres humanos auténticos.

Tales palabras son peligrosas. Olvida esas palabras y ama a los seres humanos. Si tienes que sacrificar la madre patria, sacrifícala; no es nada. Si tienes que sacrificar la religión, sacrifícala; no significa nada. Si tienes que sacrificar la humanidad, mátala al instante, pues como la humanidad no existe, no matarás nada. Ama lo real y evita lo abstracto. La abstracción ha supuesto la peor calamidad.

Humor

No hace falta ser tan serio. El hombre es el único animal que tiene sentido del humor. Seguro que nunca has visto reír a los búfalos o a los burros. Solo el hombre puede tener el sentido del ridículo, del absurdo. Tener sentido del humor requiere una gran inteligencia, que no se presenta en los niveles inferiores, pues ni siquiera la tienen todos los seres humanos. Los que se mueven en los niveles inferiores de inteligencia están condenados a ser serios, serios como burros. Los burros son gente muy seria que, aparentemente, siempre están pensando en cosas serias; preocupándose por todos los problemas del mundo.

He observado a los burros muy detenidamente; desde mi más tierna infancia me han interesado mucho los burros. Si Pavlov fue capaz de descubrir muchas cosas acerca del hombre estudiando a los perros, si Skinner puede descubrir muchas cosas acerca del hombre estudiando a las ratas blancas, si Delgado puede descubrir muchas cosas relacionadas con el hombre estudiando a los monos, yo me pregunto: ¿Por qué esas personas no tuvieron en cuenta a los burros? Son los más próximos a los seres humanos, ¡son filósofos serios, *pandits*, eruditos, teólogos! ¿Alguien ha visto alguna vez un burro riendo?

Ideales

Para mí, la palabra «ideal» es una palabra sucia. Yo no tengo ideales. Los ideales te han vuelto loco. Por culpa de los ideales este mundo se ha convertido en un gran manicomio.

El ideal significa que no eres lo que deberías ser. Eso provoca tensión, ansiedad y angustia; te escinde: te vuelve esquizofrénico. El ideal está en el futuro y tú estás aquí; ¿cómo vas a poder vivir si no eres el ideal? Primero sé el ideal y luego empieza a vivir; pero eso nunca ocurre.

No puede ocurrir por la propia naturaleza de las cosas. Los ideales son imposibles; por eso son ideales. Te vuelven loco y dan pie a la condena, porque nunca alcanzas el ideal. Y aparece la culpabilidad. En realidad, eso es lo que han hecho los sacerdotes y los políticos: generar culpabilidad en ti. Para generar culpabilidad se sirven de los ideales. Se trata de un mecanismo muy sencillo: primero se pone el ideal, y la culpabilidad surge automáticamente...

No anheles ni persigas ningún futuro ideal, idea o perfección. Abandona todos los ideales y vive aquí y ahora.

Identidad

Vas caminando; dando un paseo matinal: en cierto modo te estás moviendo y en cierto modo no. Tu cuerpo se mueve y tu mente se mueve, pero tu conciencia no cambia. Fuiste un niño, luego un joven y después un viejo. Todo ha cambiado y, sin embargo, no ha cambiado nada; tu conciencia sigue siendo la misma.

Por eso, si no conservas algún registro, no tienes un certificado de nacimiento o no dispones de un calendario, es muy difícil establecer tu edad. Aunque cierres lo ojos y trates de imaginarte lo viejo que eres, no serás capaz de concebirlo... Si te muestran una fotografía o una serie de ellas, no podrás creértelo: «¿Ese soy yo?». ¿Crees acaso que serías capaz de reconocerte si te vieses el primer día en el útero materno? Serías simplemente un punto, casi invisible a simple vista; necesitarías un microscopio para verte. Y más tarde... pero todos esos cambios son periféricos; en el centro sigues siendo el mismo. No ha cambiado nada; nunca cambia nada.

Piensa en ello cuando mañana la por mañana salgas a dar un paseo: el cuerpo se mueve, pero algo en ti permanece inamovible.

Identificación

Por lo general, el hombre lleva un vida muy inconsciente; algo así como un robot o un sonámbulo. No para de hacer cosas, pero todas las hace maquinalmente. No es consciente de lo que hace; no observa sus propios actos ni está atento a sus propios pensamientos. Está tan identificado con sus sentimientos, sus emociones y sus humores, que no puede observar. La observación requiere cierta distancia, pero está tan unido que, cuando se enfada, no solo está airado, sino que es pura ira; y cuando es avaro, no solo es codicioso, sino la propia avaricia.

Y lo mismo ocurre con todas las emociones, sentimientos, pensamientos y acciones. La identificación es un estado de inconsciencia, de modo que hay que romperla, destruirla, para crear una distancia que te permita observar lo que estás haciendo.

Puedes ver cuando comes, cuando andas... y llega un momento en que puedes ver hasta cuando duermes. Algo en ti se mantiene alerta y consciente, como una llamita en tu interior.

Iglesias

¿Quién irá a las iglesias, los templos, las sinagogas o las mezquitas si la gente no es desgraciada? ¿Quién va a ir allí? ¿Quién va a preocuparse por dios, el paraíso o el infierno? El hombre que vive cada momento con tal intensidad que la propia vida se ha convertido en un paraíso, se ha vuelto divina, no necesita rendir culto a estatuas inertes, escrituras obsoletas, ideologías corrompidas ni supersticiones estúpidas.

Iglesia y mujer

Todos los fundadores de religiones padecen la extraña enfermedad de condenar a las mujeres.

Debe de haber algún motivo fundamental para que condenen a las mujeres. Solo se condena aquello que se teme. Estás asustado porque la mujer todavía puede fascinarte; sigue resultándote atractiva. Aquellas personas temían que la presencia de la mujer pudiese destruir a mucha gente; llevarla por el mal camino. De todos modos, según sus ideas, la mujer no es igual al hombre. El milagro es que, vayas a donde vayas, en las iglesias, los templos o las sinagogas solo encontrarás feligresas.

Te aseguro que entrar en una iglesia, un templo, una sinagoga o una mezquita va contra tu dignidad. Son ellos los que han condenado a la mujer durante miles de años. Ya va siendo hora de que la parte femenina de la humanidad —la mitad de los habitantes de la tierra— boicotee a todos esos sacerdotes junto con sus escrituras y sus templos. ¡Ya basta!

Igualdad

Cada individuo nace con algún talento específico; algún don exclusivo. Tal vez no sea un poeta como Shelley o Rabindranath Tagore ni un pintor como Picasso o Rembrandt ni un músico como Beethoven o Mozart, pero seguro que tiene algo. Ese algo tiene que ser descubierto. Hay que ayudarle a descubrir con qué don ha venido al mundo.

Nadie llega sin un don; todo el mundo aporta un cierto potencial. Pero el concepto de igualdad es peligroso, pues la rosa ha de ser una rosa y la caléndula una caléndula y el loto ha de ser un loto. Si intentas que sean iguales, las destruirás a todas: las rosas, los lotos y las caléndulas; todas serán destruidas. Tal vez consigas hacer flores de plástico exactamente iguales las unas a las otras, pero estarán muertas.

Iluminación

Cuando alcanzas la iluminación no te conviertes en una nueva persona. En realidad, no ganas nada, sino que pierdes algo: pierdes tus cadenas, tu esclavitud y tu sufrimiento; no paras de perder.

La iluminación es una sucesión de pérdidas; no ganas nada. Ese estado en que no te queda nada que perder es el nirvana; a ese estado de silencio absoluto podemos llamarlo iluminación.

Yo no te prometo nada. No te prometo el reino de Dios ni te prometo la iluminación; no hago ninguna promesa. Mi única propuesta es vivir cada momento, iluminado o sin iluminar, ¿qué importa eso? Vivir cada momento alegremente, extáticamente; vivir cada momento de manera total, intensa y apasionada.

Si uno vive apasionadamente, el ego se desvanece. Si uno se implica totalmente en sus actos, al ego no le queda más remedio que desvanecerse. Es como cuando un bailarín sigue bailando sin parar hasta que llega un momento en que solo queda el baile y el bailarín desaparece. Ese es el momento de la iluminación.

Cuando el autor y el manipulador han desparecido; cuando no hay nadie en tu interior y solo queda vacuidad, nada; eso es la iluminación. Y todo lo que surge de ese espacio maravilloso está dotado de belleza y elegancia.

Imperfección

El perfeccionismo es la causa principal de todas las neurosis. Nadie puede ser perfecto, ni falta que le hace, pues la vida es hermosa porque todo es imperfecto. La perfección es muerte; la imperfección es vida. El crecimiento es posible gracias a la imperfección. Si eres perfecto no hay crecimiento ni transformación; no te puede pasar nada porque ya te ha pasado todo. Estás completamente muerto.

Imprevisible

Hay algo en el hombre que permanece imprevisible, y esa cualidad imprevisible constituye su misma esencia. Es lo que hace de él un hombre: es su libertad. No está sometido a la ley de causa y efecto, sino que se rige por una ley completamente distinta. Puede comportarse de un modo que, vista la situación, dada la situación, a ti te resultaría inconcebible. De haberlo pronosticado, tu pronóstico habría parecido absurdo. Pero el hombre puede funcionar al margen de la ley de causa y efecto.

Si es así, ¿cómo se puede ayudar al hombre? ¿Cómo se supone que ayuda a los demás un maestro? No les ayuda proporcionándoles información e instrucciones detalladas, sino solo indicaciones. Insinúa, pero no dirige.

Incognoscible

Hay que retener estos tres términos: lo conocido, lo conocible y lo incognoscible. Lo conocido era desconocido ayer. Lo conocible es desconocido hoy, pero mañana puede ser conocido. La ciencia solo contempla dos categorías: lo conocido y lo desconocido. Pero lo desconocido significa lo conocible: todavía no hemos llegado a descubrirlo, pero tarde o temprano lo haremos. Por eso la ciencia cree que llegará un momento en la historia, algún tiempo futuro, en que no quedará nada por conocer, en que todo lo desconocido habrá pasado a ser conocido. Pero la religión tiene, además, una tercera categoría: lo incognoscible; lo que nunca deja de ser incognoscible. Era incognoscible ayer, lo es hoy y lo seguirá siendo mañana.

La ciencia cree que la existencia se puede desmistificar, pero la religión sabe que no porque lo incognoscible nunca dejará de ser un misterio. Y lo incognoscible recibe el nombre de dios, verdad o nirvana; se le han dado muchos nombres: tao, dharma, logos... pero hay una cualidad que aparece claramente en todas esas palabras: es incognoscible; un completo misterio. Puedes penetrar en él y formar parte de él, pero no puedes conocerlo.

Puedes vivirlo, pero no conocerlo; puedes probarlo, pero no puedes decir nada acerca de él; puedes sentirlo en tu vientre y quedarte completamente mudo. Y esa es la más preciosa de las experiencias: es experimentable, pero no expresable. Por eso no puede entrar a formar parte de lo conocido.

Mucha gente lo ha experimentado: Buda, Lao-tse, Patanjali o Kabir lo experimentaron, pero nadie ha sido capaz de decir jamás una sola palabra sobre ello. Lo único que dicen es cómo descubrirlo, pero nunca dicen nada de lo que vas a descubrir.

Al principio de su libro, el *Tao Te Ching*, Lao-tse dice: «La verdad es lo que no se puede expresar. No lo olvides», y luego dice: «Ahora ya puedes leer mi libro, pero recuerda que no encontrarás la verdad en las palabras. Tal vez la encuentres en los espacios entre palabras y entre líneas, pero no en las palabras o las líneas mismas».

Esa es la búsqueda de lo incognoscible. Y la única manera de buscarlo es disolverse en el Todo como se disuelve una gota de rocío en el océano para convertirse en él.

Indecisión

La decisión señala el nacimiento del hombre. Los que viven en la indecisión todavía no son verdaderos hombres. Hay millones de personas que viven en la indecisión, incapaces de decidir nada. Siempre se apoyan en los demás, pues alguien tiene que decidir por ellos. Por eso la gente deambula en torno a las autoridades.

En el mundo sigue habiendo autoritarismo por la sencilla razón de que hay millones de personas que no pueden decidir por sí solas. Siempre esperan una orden y, una vez recibida, la cumplen. Pero eso es esclavitud; así es como se impide el nacimiento de la propia alma. La decisión ha de partir de tu ser, pues con la decisión aparece la integridad. No lo olvides, toma algunas decisiones. Las decisiones te individualizarán.

¿Qué es la indecisión? Significa que eres una multitud, que hay muchas voces en ti que se contradicen entre ellas y no te dejan decidir qué camino has de tomar. La gente es indecisa hasta en las pequeñas cosas: si van a ver tal película o tal otra. La indecisión casi ha llegado a convertirse en un estilo de vida. ¿Compro esto o lo otro? Solo tienes que observar a la gente cuando va de compras; fíjate en su indecisión. No tienes más que sentarte en cualquier tienda y observar el ir y venir de la gente, los clientes, y te quedarás asombrado: la gente no sabe decidir. Y los que no saben decidir permanecerán difusos, nebulosos y confusos. Con la decisión llega la claridad.

Infelicidad

Para ser infeliz no hace falta inteligencia. Cualquiera es capaz de ser infeliz, mientras que la felicidad es rarísima; hace falta un gran talento. No solo se necesita intelecto, sino también inteligencia. Solo de cuando en cuando un Buda o un Krishna consiguen ser felices. Ser feliz es casi imposible, así que tratemos de entender qué es la infelicidad. Infelicidad es la incapacidad de comprender la vida y comprenderse a uno mismo, la incapacidad para generar armonía entre uno mismo y la existencia. Infelicidad es discordia entre la realidad y tú: hay algún conflicto entre tú y la existencia. Felicidad es cuando no hay ningún conflicto: cuando estás integrado y a la vez integrado en la existencia. Cuando todo está en armonía y todo fluye sin el menor conflicto, suave y relajadamente, eres feliz. La felicidad solo es posible con un gran discernimiento: un discernimiento tan grande como las cumbres del Himalaya. Con menos no basta.

Cualquiera es capaz de ser infeliz en cualquier momento, por eso todo el mundo es tan infeliz. Para ser feliz has de tener un gran discernimiento sobre ti mismo y la existencia en la que estás inmerso, de forma que todo se acomode rítmicamente y en profunda armonía. Se inicia una danza entre tu energía y la que te envuelve y empiezas a moverte al compás de la vida.

Felicidad es cuando desapareces. Infelicidad es cuando eres demasiado. La discordia eres tú; tu ausencia restablecerá la concordia.

Ingeniería genética

Nunca te dejes llevar por el miedo. Si el hombre se hubiese dejado llevar por el miedo, no habría sido posible ningún progreso.

El inventor de la bicicleta, por ejemplo: ¿se te ocurre algún peligro? Es sencillamente inconcebible que las bicicletas puedan ser peligrosas. Y cuando los hermanos Whright construyeron el primer ingenio volador con piezas de bicicleta, todo el mundo se alegró, porque nadie podía prever que los aviones serían utilizados para destruir ciudades y matar a millones de personas durante la Primera Guerra Mundial.

Pero los mismos aviones transportan millones de personas por todo el mundo. Han hecho pequeño el mundo y han permitido llamarlo aldea global. Han tendido puentes entre los pueblos; han reunido a personas de distintas razas, credos y lenguas como ningún otro invento había sido capaz de hacer. Así que lo primero que hay que recordar es que dejarse llevar por el miedo no es el camino adecuado.

Actúa con prudencia, con conciencia, teniendo en cuenta las posibilidades y los peligros, y creando al mismo tiempo las circunstancias para evitar estos últimos. Ahora bien, ¿puede haber algo más peligroso que las armas nucleares en manos de los políticos? Habéis puesto en sus manos lo más peligroso.

No olvides esto: la ciencia es neutral. Simplemente te confiere poder. El modo como lo utilices depende de ti; depende de toda la humanidad y su inteligencia. La ciencia nos confiere mayor poder para crear una vida mejor, una vida más confortable, y para crear seres humanos más sanos, más bien que evitarlo dejándote llevar por el miedo de que algún poder totalitario pueda hacer mal uso de ella.

De todo se puede hacer mal uso.

Todo lo que puede hacer daño puede ser también enormemente beneficioso. No condenes nada; trata simplemente de elevar la conciencia de los seres humanos.

Lo que hace falta es no ir para atrás o de lo contrario destruiréis a toda la humanidad. Lo que conviene es ir hacia delante y aprender algunas lecciones del pasado, es decir, que la conciencia humana debe desarrollarse al mismo tiempo que la tecnología científica. Eso es lo que puede protegernos del mal uso de la tecnología como algo perjudicial para el género humano.

Inmortalidad

El secreto de la inmortalidad no es un secreto que no pueda ser desvelado. En realidad, es un secreto a voces: solo tienes que escarbar un poco en tu interior para descubrirlo. Solo hay que eliminar algunas capas de basura, de esa basura que llamamos mente. Dentro de ti se agolpan pensamientos, deseos y recuerdos, y a causa de su multitud no puedes ver tu propia verdad. Cuando eres capaz de crear una cierta distancia, un poco de espacio, aparece la verdad.

La verdad es que eres inmortal. La verdad es que nunca nacemos ni nunca morimos; que el nacimiento y la muerte no son más que episodios de nuestra vida eterna. Nacemos miles de veces y miles de veces abandonamos el cuerpo. Por culpa de la mente regresamos una y otra vez, y la rueda de la vida no para de girar. Si abandonamos la mente, la rueda se detiene. En eso consiste el arte de la meditación, en cómo hacer dejación de la mente y entrar en ese espacio denominado no-mente.

Inseguridad

La vida es esencialmente insegura. Es su cualidad intrínseca y no se puede cambiar. La muerte es segura; completamente segura. En el momento en que escoges la seguridad, sin darte cuenta has optado por la muerte. En el momento en que escoges la vida, inconscientemente has optado por la inseguridad... Trata de entenderlo. Cuando las cosas son seguras, te aburres porque no hay ninguna posibilidad de exploración. Por eso los matrimonios generan tanto aburrimiento. El mismo romance que en su momento fue una aventura una vez institucionalizado como matrimonio pierde toda la alegría, la danza y la poesía. Se convierte en algo mundano y rutinario; pero es seguro.

La verdadera vida siempre pasa de lo conocido a lo desconocido, y la línea que los separa es, en definitiva, la inseguridad. En el momento en que cruzas la frontera, te sientes inseguro. Estás harto de lo seguro, lo familiar; empiezas a entumecerte. Lo inseguro, lo desconocido y lo inexplorado hacen que te sientas extático, magnífico, y que vuelvas a ser un niño —de nuevo aquellos ojos fascinados y aquel corazón capaz de sentir admiración por las cosas.

Intelectuales

El intelecto corresponde a la mente; la inteligencia solo se obtiene a través de la meditación; no hay otra manera. El intelecto acumula información; es la memoria del sistema. La inteligencia no necesita información, sino que opera a través de la transformación. El intelecto se basa en respuestas estereotipadas: respuestas proporcionadas por otros —padres, maestros, escuelas, institutos, universidades, sacerdotes o líderes—; respuestas estereotipadas que son recogidas por los intelectuales. Los intelectuales son loros, son mecánicos, son «La Voz de su Amo» —registros gramofónicos—; no tienen criterio propio.

No estoy totalmente en contra del intelecto. Tiene sus ventajas, aunque muy limitadas, y conviene comprender sus limitaciones. Si trabajas de científico, tendrás que valerte del intelecto. Es un mecanismo fantástico, pero solo es fantástico si se mantiene como esclavo y no se convierte en señor. Si se convierte en señor y te domina, es peligroso. La mente, como esclava de la conciencia, es una magnífica servidora; pero como señora de la conciencia, es una señora muy peligrosa.

Cuando das un paseo, utilizas las piernas, pero cuando te sientas no hay necesidad de seguir moviéndolas... Lo mismo ocurre con la mente. Cuando te hablo, utilizo la mente; pero si dejo de hablar, mi mente se para, ¡inmediatamente! Como ya no te hablo, mi mente no necesita seguir trabajando y simplemente se acalla. Así es como debe ser.

Inteligencia

Inteligencia significa simplemente capacidad de respuesta, pues la vida es un devenir. Tienes que estar alerta para descubrir lo que se espera de ti y qué reto encierra cada situación. La persona inteligente se comporta en función de la situación y el estúpido según respuestas predeterminadas. No importa que sean de Buda, de Cristo o de Krishna, siempre va cargado de libros sagrados; le da miedo depender de sí mismo. La persona inteligente depende de su propia perspicacia; confía en su propio ser.

Se aprecia y se respeta. La persona que carece de inteligencia respeta a los demás.

Intensidad

Si danzas, hazlo con tanta intensidad que el danzarín desaparezca y solo quede la danza, pues entonces será una transformación. Si amas, ama plenamente: con tanta intensidad que no aparezca el amante. El amante solo aparece cuando ocultas algo. Lo que ocultas se convierte en el amante. Si ocultas algo, lo que ocultas se convierte en el danzarín o el cantante. Si te implicas totalmente en la danza, la canción o el amor, ¿quién queda detrás para decir: «Soy el amante, o soy el danzarín»? No queda nada.

La totalidad transforma.

Solo a cien grados de intensidad te evaporarás de lo material a lo espiritual, de la tierra al cielo y de lo corriente a lo extraordinario.

Interdependencia

La vida es interdependencia; nadie es independiente. Ni por un solo instante puedes existir solo; necesitas el sostén de toda la existencia: inspiras y aspiras continuamente. No es una relación, es absoluta interdependencia. Pero recuerda, no estoy diciendo que sea dependencia, pues la idea de dependencia supone de nuevo que somos independientes. La dependencia solo es posible si somos independientes; pero ambas a la vez es imposible; se trata de interdependencia. ¿Qué objetáis? ¿Son las olas dependientes o independientes del océano? Ni lo uno ni lo otro es cierto. Son el océano; ni independientes ni dependientes. El océano no puede existir sin las olas ni las olas sin el océano. Son totalmente uno: es una unidad.

Y así es toda nuestra vida. Somos olas de un océano de conciencia cósmica.

Interpretación

La interpretación es la más espiritual de las profesiones por la sencilla razón de que el actor tiene que situarse en una paradoja: ha de identificarse con el papel que está interpretando sin dejar, no obstante, de ser un observador. Si hace de Hamlet, tiene que implicarse totalmente en ser un Hamlet; tiene que olvidarse completamente de sí mismo cuando interpreta, mientras que en lo más profundo de su ser ha de seguir siendo un espectador; un observador. Si realmente llegase a identificarse del todo con Hamlet, lo más probable es que tuviese problemas.

El verdadero actor tiene que vivir una paradoja: tiene que actuar como si él mismo fuese a quien está interpretando, pero sabiendo en su interior que «yo no soy ese». Por eso digo que la interpretación es la más espiritual de las profesiones.

Una persona verdaderamente espiritual convierte toda su vida en una interpretación. El mundo entero no es más que un escenario y la gente simples actores; y todos representamos una obra. Si eres un mendigo, interpretas tu papel tan bien como puedes, y otro tanto si eres un rey. Pero, muy dentro de sí, el mendigo piensa: «Yo no soy eso», y el rey constata: «Yo no soy eso».

Si tanto el mendigo como el rey son conscientes de que «lo que estoy haciendo y representando no es más que una interpretación; no soy yo ni es mi realidad», ambos están alcanzando el centro mismo de su ser, lo que yo denomino el testigo. De ese modo pueden representar determinados papeles sin dejar de ser, al mismo tiempo, testigos de los mismos.

Así, pues, la interpretación es, sin lugar a dudas, la más espiritual de las profesiones, y todas las personas espirituales no son sino actores. El mundo entero es un escenario, y el conjunto de la vida, la pura escenificación de un drama.

En una ocasión, un director de Hollywood anunció que buscaba un actor para interpretar el papel de Hamlet de Shakespeare. El actor tenía que pasar de un metro ochenta de alto, ser joven y fornido y tener un excelente dominio del lenguaje.

El día de la selección se presentaron muchos jóvenes altos, esbeltos y bien parecidos, pero entre ellos había un viejecito judío con un marcado acento yiddish. El director le hizo pasar inmediatamente y le preguntó:

—¿Qué se te ofrece?

—*Quiedo sed un hector. ¡Quiedo intedpretad Hemlet!* —respondió el hombre.

—¿Estás loco o simplemente bromeas? —preguntó el director—. Solo mides un metro cincuenta y tienes un acento tan espeso que se podría cortar con un cuchillo. ¿Qué sabes hacer?

—*Quiedo hectuar. Dazme una opodtunidad* —dijo el hombrecito.

—Sube al escenario y haz una demostración —accedió por fin el director.

El hombrecito subió al escenario. Por alguna razón, parecía mucho más alto y lleno de energía. Arrancó a declamar con una voz estentórea y en perfecto inglés de la reina: «*To be or not to be...*».

Cuando acabó, se produjo un silencio. Todos se habían quedado boquiabiertos. El director exclamó:

—¡Es increíble!

—¡Es fantástico! —dijeron los demás actores.

—¡Eso es *hectuar*! —añadió el pequeño judío encogiéndose de hombros.

Ira

La ira es simplemente un vómito mental. Has ingerido algo que estaba en malas condiciones y todo tu ser psíquico trata de expulsarlo. Pero no es necesario arrojarlo sobre alguien. Debido a esa tendencia de la gente a arrojarlo sobre los demás, la sociedad les pide que se controlen.

No es necesario arrojar la ira sobre alguien. Puedes ir al lavabo o dar un largo paseo —simplemente indica que hay algo en tu interior que requiere un incremento de la actividad para liberarse—. Haz un poco de *jogging* y te sentirás aliviado, o toma una almohada y golpéala, lucha con ella y muérdela hasta que tus manos y dientes se hayan relajado.

Con cinco minutos de catarsis te sentirás desahogado, y una vez que lo hayas experimentado, nunca volverás a arrojarlo sobre nadie, pues resulta perfectamente insensato.

Lo primero en cualquier transformación es manifestar ira, pero no contra alguien, pues si manifiestas ira contra alguien no puedes manifestarla plenamente. Puede que tengas ganas de matar, pero eso no es posible. Tal vez te apetezca morder, pero eso tampoco es posible. No obstante, se le puede hacer a una almohada. ¡La almohada está iluminada; es un Buda! La almohada no se revolverá ni acudirá a ningún tribunal ni pondrá de manifiesto la menor animadversión hacia ti; la almohada no hará nada. La almohada se sentirá feliz y se reirá de ti.

Jactancia

Una vez leí la siguiente anécdota: tres monjes pertenecientes a tres monasterios cristianos se encontraron en una encrucijada. Por supuesto, empezaron a jactarse. Uno dijo:

—Tendréis que reconocer que nuestro monasterio ha dado los más grandes santos; los vuestros no son nada en esta materia. Fijaos en nuestro pasado legendario, ¡la de santos que hemos producido!

El segundo dijo:

—Tienes razón, pero tendrás que admitir que todos los grandes teólogos han salido de nuestro monasterio: los grandes filósofos, eruditos y sistematizadores. No puedes alardear de un solo teólogo del calibre de los que nosotros hemos producido a miles.

Los dos miraron al tercero y le dijeron:

—Nos compadecemos de ti, pues no tienes nada que reivindicar.

El tercero dijo:

—No, la verdad es que no hemos producido grandes santos y es cierto asimismo que no hemos producido grandes pensadores o teólogos, pero en materia de humildad somos los primeros.

Jardinería

Las malas hierbas no necesitan un jardinero; pero las rosas, sí.

Jaulas

Es un crimen destruir lo inexplicable llevándolo al nivel de las explicaciones, pues de ese modo lo matas. Es muy parecido a un pájaro volando en el cielo. ¡Es tan hermoso en su libertad...!; todo el cielo le pertenece, lo mismo que las estrellas... No hay límites ni barreras.

Puedes atrapar al pájaro, construir una magnífica jaula dorada y encerrarlo en ella; pero no olvides que ese pájaro no es el mismo que volaba libremente en el cielo, bajo las estrellas. Objetivamente es el mismo pájaro, pero espiritualmente, no. ¿Dónde quedan, si no, la libertad y las estrellas?, ¿dónde está el cielo? Tu jaula dorada no puede reemplazar lo que le has arrebatado al pájaro. Ha perdido su alma.

Lo mismo ocurre cuando tratas de explicar algo que es inexplicable. Lo encierras en la jaula del lenguaje: de las palabras. Las palabras son hermosas, pero el alma se ha desvanecido.

Jefes

Hemos jerarquizado la sociedad. Los inferiores son los pobres que cortan la leña o limpian las calles. ¿Por qué son los inferiores? Porque hacen las cosas más indispensables. De los profesores se puede prescindir, la sociedad puede existir sin ellos; pero no de los que limpian las calles y los servicios o cortan la leña. La sociedad no puede existir sin ellos. Son mucho más fundamentales e imprescindibles; pero son los inferiores.

El concepto mismo es erróneo; no hay ninguna jerarquía. El profesor hace su trabajo y el leñador el suyo; y ambos son necesarios. No existe jerarquía alguna entre los hombres y los demás animales ni entre unos hombres y otros. Soy contrario al propio concepto de jerarquía.

Juegos

Los adultos juegan a juegos; los niños solamente juegan. La mera actividad les basta por sí misma; tiene una finalidad intrínseca y no hace falta añadirle ningún objetivo.

Justicia

En una ocasión, Diógenes vio como un hombre era conducido a la horca por los magistrados y los alguaciles. El criminal había robado una copa de plata del tesoro público. Un curioso le preguntó qué pasaba.

—Nada extraordinario —replicó el filósofo—. Simplemente que los grandes ladrones llevan al pequeño ante la justicia.

Todo aquel que llega al poder se convierte en un gran ladrón y empieza a torturar a los pequeños ladrones.

Juventud

La juventud es la mejor época para la transformación interior porque es la más flexible. Los niños son más flexibles que los jóvenes, pero menos comprensivos; les falta un poco de experiencia. La juventud está exactamente en el medio; has dejado de ser un niño: un ignorante de la vida y sus caminos, pero aún no te has consolidado como persona mayor. Te encuentras en un estado de transición, y ese estado de transición es la mejor época para dar el salto, pues dar el salto requiere valor, energía, riesgo y atrevimiento.

La idea de que el sexo y la vida son sinónimos carece de todo fundamento. El sexo y la vida solo son sinónimos en una etapa determinada. En la infancia no son sinónimos, lo son en la juventud, y en la vejez dejan otra vez de serlo. Son etapas: el niño no está interesado mientras que el joven sí lo está; de hecho, el sexo es su único interés.

Pero en Occidente hay un afán permanente por mantenerse joven; no se puede envejecer. La gente trata de convencerse por cualquier me-

dio de que sigue siendo joven. Aparecen continuamente nuevas pana-
ceas, nuevos tipos de elixires que han de mantenerte joven para siempre, y la gente es tan estúpida que siempre está dispuesta a aceptar cualquier insensatez para mantenerse joven. La vejez es considerada una
forma de enfermedad. En Occidente ser viejo significa estar enfermo;
pero eso no es cierto. La vejez, como la juventud, tiene sus propias virtudes y sus propios tesoros, y algunos de los tesoros que el viejo descubre son mucho más valiosos, sin duda, que los tesoros de la juventud. El
viejo ha vivido su juventud: la ha conocido, la ha visto y ha pasado por
ella. Ha vivido la ilusión y sufrido la desilusión. Ahora es más sabio de
lo que nunca lo ha sido; vuelve a ser inocente. Cuando el sexo se desvanece alcanzas una especie de inocencia: vuelves a ser un niño; un niño
maduro.

En Oriente tenemos una visión de la vida completamente diferente.
En Oriente respetamos a los viejos, y no a los jóvenes, porque los viejos
están en la cúspide, donde el viaje de la vida alcanza su objetivo. En Occidente la vejez solo es algo que conviene desechar, algo que hay que tirar al montón de la chatarra. Construís asilos u hospitales donde vais
amontonando a los viejos. Nadie quiere saber nada de los viejos, como si
fueran insignificantes o inútiles, cuando han gozado de toda una vida y
han aprendido muchos de sus secretos. Podrían ser grandes maestros;
de hecho, solo ellos pueden ser maestros.

El método tradicional en Oriente consiste en que el viejo se convierta en maestro del joven, pues él ha vivido, madurado y comprendido. Es quien mejor puede indicarte la dirección; con más madurez y claridad.

Karma

Ciertamente, cada acción tiene su consecuencia; pero no en algún momento remoto de una vida futura. La acción y la consecuencia son con-
secutivas; forman parte de un proceso. ¿Crees acaso que la siembra y la
cosecha son independientes? Es un único proceso. Empieza por la siembra de la semilla, que luego crece hasta que un día se convierte en miles

de semillas; es lo que llamas tu cosecha. De aquella semilla han surgido mil semillas, sin que medie ninguna muerte ni hagan falta vidas futuras; es un proceso continuo.

Así pues, lo único que has de tener presente es que cada acción produce inevitablemente algunas consecuencias; pero no las tendrás en algún otro momento o lugar, sino aquí y ahora. Lo más probable es que las tengas casi simultáneamente.

Cuando eres amable con alguien, ¿no notas como una alegría, una especie de paz y cierto sentido en ello? ¿No notas que estás contento de lo que has hecho? ¿Acaso has sentido alguna vez esa misma satisfacción cuando estás enfadado, hierves de cólera, agredes a alguien o estás loco de ira?, ¿has sentido descender sobre ti una paz y un silencio? No, es imposible.

Sin duda sentirás algo; pero será tristeza por haber vuelto a comportarte como un estúpido y a cometer de nuevo la misma estupidez que una y otra vez te has propuesto no volver a cometer.

Lágrimas

La gente casi ha perdido del todo la dimensión de las lágrimas. Solo se permiten el llanto cuando padecen de grandes dolores o sufrimientos. Han olvidado que las lágrimas también pueden ser de felicidad, de inmenso deleite o de celebración.

Las lágrimas no tienen nada que ver con el sufrimiento o la felicidad. Tienen que ver con todo aquello que está en demasía dentro de ti y amenaza con rebosar. Puede ser felicidad o desdicha: todo aquello que de tan intenso se vuelve incontenible y desborda; la copa está demasiado llena. Las lágrimas brotan de la abundancia, de modo que disfrútalas.

Todo el mundo tiene que aprender de nuevo las virtudes del llanto, el sollozo y las lágrimas, pues si no puedes celebrarlo con lágrimas es señal de que nunca desbordarás de felicidad. Significa que solo te desbordas cuando sufres, cuando sientes un profundo dolor. La lógica es simple. Significa que has perdido la dimensión de la felicidad, de ser tan feliz que llegue un momento en que la copa rebose.

Lenguaje

El lenguaje fue creado para uso cotidiano, para el mundo material. Por lo que a eso se refiere, está bien. Se adapta perfectamente a las necesidades del mercado; pero en cuanto te sumerges en aguas más profundas, resulta cada vez más inadecuado, y no solo inadecuado, sino a todas luces incorrecto.

Piensa, por ejemplo, en estas dos palabras: experiencia y experimentar. Cuando usas la palabra experiencia, esta te transmite una sensación de terminación, como si algo hubiese concluido; como si se tratase de un punto final. En la vida no hay puntos finales. La vida no sabe de puntos finales; es un proceso continuo: un río eterno. Nunca se alcanza la meta; te vas acercando, pero nunca llegas. Por eso la palabra experiencia no es correcta, pues transmite una falsa idea de conclusión, de perfección; te hace creer que has llegado. Experimentar es mucho más correcta. Por lo que se refiere a la vida, los sustantivos son incorrectos; solo son correctos los verbos. Cuando dices «eso es un árbol», estás componiendo una frase existencialmente incorrecta: ni lingüística ni gramaticalmente, sino existencialmente incorrecta, porque el árbol no es una cosa estática sino que crece. Nunca está en condición de ser, sino de devenir. De hecho, no es correcto llamarle árbol sino arbolear, como río es fluir.

Si estudias la vida en profundidad, los sustantivos van desapareciendo y solo quedan los verbos. Pero eso puede crearte problemas con la gente. No puedes ir diciendo: «Estuve en el fluir del agua» o «esta mañana he visto un bonito arbolear». Pensarán que te has vuelto loco.

Leyes

Las leyes no paran de aumentar; cada vez se hacen más leyes, más tribunales, más jueces, más policías y más ejércitos, pero no han sido capaces de reducir el número de crímenes. Crecen simultáneamente; debe de haber alguna conexión profunda entre ambos. El incremento de los aparatos legales y el de los criminales son idénticos. Es una extraña coincidencia.

Si estuviesen en lo cierto, con toda esa policía y todos esos grandes ejércitos, tribunales, parlamentos, expertos legales... pero no han sido capaces de prevenir nada. Es una ofensa a tu propio ser, un escarnio a tu inteligencia. Todo el sistema está aquejado de un mal muy profundo.

Libertad

Libertad significa esencialmente, intrínsecamente, que tienes la posibilidad de escoger tanto el bien como el mal.

El peligro estriba, y de ahí el miedo, en que hacer el mal siempre resulta más fácil. El bien es una tarea que se hace cuesta arriba, mientras que el mal se hace cuesta abajo. Ir cuesta arriba es arduo y difícil y, cuanto más asciendes, más arduo se vuelve. Pero ir cuesta abajo es muy fácil: no tienes que hacer nada, la gravitación lo hace todo por ti. Solo tienes que rodar desde la cima como una piedra para llegar hasta el fondo; no has de hacer nada. Pero si lo que quieres es ascender en la conciencia; si quieres ascender en el mundo de la belleza, la verdad y la felicidad, estarás anhelando las cimas más altas posibles, y eso, desde luego, es muy difícil.

La libertad te da la oportunidad de caer por debajo de los animales o de elevarte por encima de los ángeles. La libertad es una escalera: un extremo llega hasta el infierno y el otro hasta el cielo. La escalera es la misma, pero la elección es tuya: tú has de escoger la dirección.

Libros

El noventa y nueve por ciento de los libros los escriben personas apasionadas por la lectura. De hecho, si lees diez libros, tu mente acaba tan saturada de basura que te gustaría verterla en un undécimo libro. ¿Qué otra cosa puedes hacer? Necesitas desahogarte.

Limitaciones

No hay límites para las capacidades humanas. Los únicos límites son nuestras creencias; no hay otros. El hombre forma parte del infinito, y la parte es igual al todo; esa es la ley de las matemáticas superiores. En el ámbito de las matemáticas inferiores, la parte nunca es igual al todo; obviamente, la parte es más pequeña que el todo. En el ámbito de las matemáticas superiores, la parte es igual al todo y nunca menor que el todo, pues la parte es el todo. Así como el todo contiene a la parte, la parte contiene al todo. No son distintos ni hay ninguna separación; ninguna frontera separa a la parte del todo. Es la misma realidad, pero vista de dos maneras.

Cuando ves una gota de rocío, en cierto modo estás viendo el océano; es así de sencillo, pues la gota de rocío contiene todo lo que contiene el océano. Si entiendes una gota de rocío, si la analizas, habrás descubierto todos los secretos de todos los océanos; y no solo los de esta tierra, sino de allí donde los haya: en otros mundos o en otros planetas. Y los científicos afirman que por lo menos hay cincuenta mil planetas en los que hay agua; en los que hay vida. Dondequiera que haya agua, esa única gota de rocío te habrá revelado el secreto de todos los océanos posibles. Analizando la gota de rocío, llegarás a descubrir el secreto del H_2O, y eso lo abarca todo.

El hombre es la gota de rocío; el hombre lo abarca todo. No hay límites.

Pero si crees que hay límites, los habrá; tus creencias los crean. Serás todo lo grande que creas ser —un hombre es aquello en lo que cree—; pero si no crees en nada, serás infinito, puesto que ninguna creencia puede ser infinita. Toda creencia está obligada a ser finita. La creencia requiere una definición; de ahí que sea finita. Por muy grande que sea, seguirá siendo finita.

Por eso repito una y otra vez que hay que renunciar a todas las creencias, pues al hacerlo renunciaréis a todas las definiciones, todos los límites y todas las limitaciones. Cuando una persona ha renunciado a todas las creencias, todas las ideas y todos los deseos, no queda nada que pueda poner el límite. Ella es el Todo.

Listo

Ser listo es tan solo un bonito nombre para la astucia, por eso soy reacio a ella. No es que esté en contra de la inteligencia, pero una persona inteligente no tiene por qué ser lista. Solo una persona que no es inteligente necesita ser lista; como carece de inteligencia, tiene que reemplazarla con alguna otra cosa.

Ser listo es tener una inteligencia de plástico: inteligencia cultivada; es un mal sucedáneo. No obstante, sé que en la vida, al menos a corto plazo, compensa; pero nunca a largo plazo, y una persona juiciosa siempre debe pensar a largo plazo. Puede que seas astuto y de momento te compense, pero tarde o temprano tendrás que pagar por ello.

Siembras semillas equivocadas y acabarás recogiendo los frutos correspondientes. No puedes evitar las consecuencias que irremisiblemente se producirán.

La astucia puede compensar a corto plazo, pero tarde o temprano quedarás atrapado en tu propia red; caerás en la zanja que cavaste para otros. ¡Ten cuidado!

No estoy en contra de ser inteligente, sino plenamente a favor; pero la inteligencia es una cualidad completamente diferente. La inteligencia es del corazón y ser listo es de la mente. Ser listo es algo cerebral.

Llanto

El llanto y la risa están íntimamente relacionados. Cada vez que algo te desborda, te echas a reír o a llorar. El llanto no es necesariamente triste, como la risa no es necesariamente alegre. Unas veces, el llanto da gusto, y otras la risa resulta desagradable porque parece un simple artificio para ocultar la tristeza.

Ten en cuenta una cosa: el hombre es el único que puede reír y llorar; ningún otro animal puede hacerlo, porque ningún otro animal es lo bastante consciente para sentirse desbordado. Solo el hombre tiene tanta conciencia que puede sentirse desbordado: tan anegado de algo, que tiene que ponerse a reír o a llorar, y ambas capacidades son tremendamente necesarias.

El llanto puede ayudarte a aliviar las tensiones, y la risa a cantar o a bailar; los dos están interrelacionados. El llanto despeja el camino para la risa: las lágrimas te limpian el corazón permitiendo que surja la risa. Si el primer proceso está en marcha, el segundo no tardará.

Lluvia

Estás dando un paseo y de repente empieza a llover. Ahora bien, tienes dos posibilidades: convertirlo en un problema o disfrutarlo. Ambas dependen de tu actitud.

Puedes pensar: «Se me empapará la ropa. Precisamente hoy, que me había puesto los zapatos nuevos, se me van a estropear», o: «Esto no quedará así; me van a oír». Te preocupas y te pierdes algo tremendamente hermoso. O puedes simplemente relajarte y dejar que caiga la lluvia. Puedes disfrutar de la música que componen las gotas al caer sobre ti, de su tacto y su frescura, y de la libertad, con lo cual el panorama cambia completamente. Relájate y disfrútalo... lo estás deseando. Algo empieza a abrirse dentro de tu corazón y dejas de preocuparte por cosas estúpidas como que se te empapen los zapatos o puedas coger un resfriado o que si esto, lo otro y lo de más allá... nada más que estupideces.

Toda esa belleza que se derrama sobre ti está a tu disposición si te relajas y te limitas a observar lo que ocurre, pues de ese modo empezarás a sentir el placer que te produce. De pronto, tu percepción ha cambiado; ahora puedes experimentar un placer que nunca antes habías conocido. Luego esperarás a que llueva para poder salir a pasear bajo la lluvia. Puede que alguna vez pilles un resfriado, pero eso no importa; merece la pena. Si crees que no lo pillarás, tal vez no lo pilles. Así que lo único que tienes que hacer es tomarte las cosas con la máxima alegría.

Trata de descubrir lo bueno que hay sin duda en todo lo que ocurre. La persona que nunca pide nada siempre recibe muchos regalos de Dios.

Locura

El hombre falto de discernimiento es víctima continuamente de muchos pensamientos, pues no tiene una percepción que le señale un centro. Tiene una multitud de pensamientos sin ninguna relación entre ellos, incluso diametralmente opuestos los unos a los otros; mutuamente contradictorios y con profundos antagonismos entre ellos. Tiene una multitud; no solo un grupo, ni una sociedad, sino un tropel de pensamientos zumbando dentro de su mente. Así que, si vas demasiado lejos con tu pensamiento, algún día te volverás loco. Pensar demasiado puede ser causa de demencia.

La locura es poco frecuente en las sociedades primitivas. Cuanto más civilizada es la sociedad, más gente se vuelve loca. Y en las sociedades civilizadas, los que más se vuelven locos son los que trabajan con su intelecto. Por desafortunado que sea, no deja de ser un hecho que haya más locos entre los psicoanalistas que en cualquier otra profesión. ¿Por qué?, porque piensan demasiado. Es muy difícil manejar tantos pensamientos contradictorios juntos. En el afán por manejarlos, todo tu ser se vuelve inmanejable y se convierte en un caos.

Lógica

La lógica reconoce dos categorías: lo conocido y lo desconocido. Lo que hoy es desconocido mañana será conocido; y lo que hoy es conocido era desconocido ayer. De modo que no hay mucha diferencia entre lo conocido y lo desconocido; ambos pertenecen a la misma categoría. La lógica no reconoce lo incognoscible, y lo incognoscible es la esencia misma de la vida; el verdadero aroma del universo.

No estoy en contra de la lógica. Utilízala; es una buena estrategia por lo que se refiere a las cosas, el mercado o el mundo superficial; pero ten cuidado con llevarla hasta las capas más profundas de la vida y la experiencia, pues ahí será un obstáculo.

Lógica significa mente. La mente es útil para entender el mundo objetivo; pero es un obstáculo para entender el mundo subjetivo, pues el mundo subjetivo está más allá de la mente: al otro lado de la mente. Puedes usar tus ojos para ver a los demás, pero no te sirven para verte a ti mismo. Si quieres verte a ti mismo con tus propios ojos, tienes que valerte de un espejo. Mirarte en un espejo supone crear un reflejo de ti mismo, que no eres tú, naturalmente, pero puedes ver el reflejo. La lógica solo puede ver el reflejo del esplendor de la existencia; pero no la propia existencia, porque la existencia es mucho más profunda que los enunciados de la lógica.

Lucha

Un perro nunca mata a otro perro. A veces puedes verlos peleando, pero obsérvalos detenidamente. Conviértete en testigo y te asombrará descubrir... pues yo he estado observando. No solo he observado a los seres humanos, sino a todo tipo de seres. No he perdido ninguna oportunidad de observar y de imaginar lo que estaba pasando.

Puedes descubrir que cuando dos perros se pelean, en realidad no se hieren; solo ladran. Cada cual exhibe su poder y ambos se observan mutuamente; ¿cuál de los dos es el más fuerte?, ¡es pura aritmética! Una vez decidido, ambos comprenden perfectamente que uno de los dos es más débil, y este simplemente esconde el rabo entre las patas. No es más que un símbolo para indicar: «No tiene sentido, yo soy el más débil y tú el más fuerte. Asunto zanjado». Y dejan de ladrar; pero el más fuerte no debe aprovecharse del más débil. Sería demasiado canallesco, impropio de un perro.

Cuando el más débil ha reconocido que es más débil, el más fuerte se limita a marcharse; no tiene sentido luchar. En realidad se han hecho amigos; la mayoría de las veces acaban siendo amigos. Una vez establecido que uno es más débil y el otro más fuerte, ¿qué sentido tiene seguir luchando y matando inútilmente?

Ahora bien, aceptar tu debilidad no es ninguna humillación. Si eres débil, ¿qué le vas a hacer? Eres débil, así que no haces otra cosa que aceptar la verdad. No es un insulto ni una humillación, simplemente estás lanzando una señal a otra persona de que «soy débil y, si quieres matarme, puedes hacerlo». Pero eso no sería ni elegante ni justo, y la persona más fuerte se da cuenta inmediatamente de que «lo que ese pobre hombre necesita es que lo protejan y no que le ataquen». Y terminan haciéndose amigos.

Lujuria

Amor significa simplemente sensibilidad a la belleza y a la vida. Lujuria significa un deseo de explotar a la mujer; de utilizarla como un objeto. La lujuria es sexual, mientras que el amor es sensible. En el amor puede haber sexo; pero entonces tiene una connotación completamente distinta, un distinto significado y un aroma diferente. Porque el sexo no es el centro del amor.

En una relación amorosa puede haber sexo, pero también no haberlo; no es que sea inevitable. Si se produce, forma parte del amor; es compartir energía. Pero si no se produce, también forma parte del amor. No hay necesidad de pasar al plano físico, también se pueden compartir energías psicológica o espiritualmente.

El amor tiene muchas dimensiones, o cuanto menos tres: la física, que se puede transformar en sexo; la psicológica, que se vuelve amistad, y la espiritual, que se convierte en oración. Y en el amor pueden estar presentes las tres dimensiones simultáneamente, pero todas forman parte de una aproximación amorosa a la vida. No hay explotación, no hay ningún deseo de explotar al otro como un objeto para después desecharlo.

Lujuria significa que el centro es el sexo, que no tienes la menor sensibilidad a la belleza ni el menor sentido estético. ¿Puedes imaginar a un hombre con sentido estético yéndose a una prostituta? Imposible. ¿Puedes pensar que un hombre con sentido estético viole a una mujer? De ningún modo. ¿O siquiera chocando con una mujer entre el gentío o tocando simplemente su cuerpo de tal modo que parezca que no tenía intención de tocarlo, como si hubiese pasado accidentalmente? Eso no es amor ni es sensibilidad, es lujuria.

Lujuria significa que no respetas lo más mínimo al otro. Tu deseo y tu sexualidad están profundamente reprimidas y se manifiestan de múltiples y perversas maneras, y tus ojos se llenan y se tiñen únicamente de sexualidad.

Madurez

Cuando hablo de madurez me refiero a la integridad interior. Y esa integridad interior solo aparece cuando dejas de hacer responsables a los demás, cuando dejas de achacar tu sufrimiento a los demás y empiezas a darte cuenta de que el único causante eres tú. Es el primer paso hacia la madurez. Todo lo que ocurre es obra mía.

Te sientes apesadumbrado. ¿Es obra mía? Te sentirás muy incómodo, pero si eres capaz de sobrellevar esa sensación, más tarde o más temprano podrás dejar de hacer muchas cosas. Eso es en definitiva la ley del *karma*. Eres responsable. No digas que la responsabilidad es de la sociedad, los padres o las condiciones económicas; no hagas responsable a nadie. El responsable eres tú.

Al principio será pesado, porque ahora ya no puedes cargar a nadie más con la responsabilidad. Pero asúmelo.

Mal

El padrenuestro dice: «No nos dejes caer en la tentación, mas líbranos del mal».

El mal no existe, de modo que no hay necesidad de que nos libren de nada. Lo único que existe es un estado de inconsciencia, desconocimiento e ignorancia. No voy a llamarlo «mal»; es una situación, un reto o una aventura; pero no es malo. La existencia no es mala, es una oportunidad para crecer que, por supuesto, solo es posible si estás tentado de mil maneras distintas, si te incitan los retos desconocidos, si surge en ti un enorme deseo de explorar... y lo único que puede impedírtelo es la inconsciencia y la ignorancia. Eso también es un gran reto: vencer tu inconsciencia y tu ignorancia.

Vuélvete más consciente, más alerta y más despierto. Deja que fluyan tus humores; no te contengas. Respeta tu propia naturaleza, ámate a ti mismo y no te preocupes por cosas superfluas. Y una vez despreocupado, penetra en el meollo de la vida; explórala. Sí, cometerás muchas equivocaciones, ¿y qué? Como se aprende es cometiendo equivocaciones. Caerás en muchos errores, efectivamente, ¿y qué? Solo tras muchos errores se acaba encontrando la puerta correcta. Antes de llamar a la puerta correcta, hay que haber llamado a miles de puertas equivocadas. Eso forma parte del juego.

Malentendido

El hombre vive como quien dice medio despierto y medio dormido, de ahí que lo entienda todo a medias. Cada interpretación va acompañada de una sombra, de una profunda inconsciencia que acaba interpretando mal, distorsionando y confundiendo cualquier atisbo de luz, cualquier atisbo de conciencia que haya podido adquirir.

Desde luego, su conciencia es muy pequeña; apenas una fina capa no más gruesa que la piel. Y su inconsciencia es nueve veces más amplia y profunda que su conciencia; una noche cerrada en su interior que nunca ha visto la luz del día. Por eso, todo aquello que la conciencia trata de ver y de oír, la inconsciencia, que es nueve veces mayor y cuyos peso y presión son tremendos, lo distorsiona.

Crees haber entendido algo, pero siempre acaba por ser un malentendido. El malentendido no viene del exterior ni de tu mente consciente, sino de la oscuridad en tu interior. Y a menos que la oscuridad se desvanezca, no hay manera de librarse de los malentendidos.

Mantras

Lo único que puedes conseguir entonando un *mantra* es embotarte la mente; cualquier repetición te embota la mente y te atonta. Si lo único que haces es entonar un *mantra*, te arruina la sensibilidad, te produce aburrimiento y sume a tu conciencia en una especie de sopor. Te deja más inconsciente que consciente y acabas por adormecerte. Las madres han sabido siempre que cuando un niño está excitado y no puede dormir, tienen que cantarle una nana. Una nana es un *mantra*. La madre repite algo una y mil veces hasta que el niño se aburre. La repetición constante genera un ambiente de monotonía. El niño no puede huir a ninguna parte; tiene a su madre sentada junto a la cama y repitiendo una nana. El niño no puede escapar; no puede decir: «¡Cállate!»; tiene que escuchar. La única salida que le queda es dormirse, de modo que lo intenta, para librarse tanto de la nana como de su madre.

El *mantra* actúa de la misma manera: repites determinada palabra hasta crear en ti un estado de monotonía. Toda monotonía es enervante y te embota; destruye tu agudeza.

Se ha aplicado de muchas maneras. En los antiguos monasterios de todo el mundo —cristianos, hindúes o budistas—, han aplicado el mismo truco a mayor escala. La vida en un monasterio es rutinaria; absolutamente programada. Cada mañana hay que levantarse a las tres, o a las cinco, y vuelta a empezar el mismo ciclo. Hay que realizar la misma actividad cada día durante toda la vida. Es como entonar un *mantra* toda la vida en forma de rutina. Poco a poco, a fuerza de hacer lo mismo una y otra vez, la persona se va pareciendo cada vez más a un sonámbulo. Tanto da que esté dormido o despierto, no hace otra cosa que repetir los mismos gestos y movimientos vacuos. Pierde la noción de estar dormido o despierto. No tienes más que ir a los antiguos monasterios y observar a los monjes paseando dormidos; se han convertido en robots. Desde que se levantan por la mañana hasta que se acuestan, no hay nada destacable; los ámbitos se solapan. Y es exactamente igual todos los días. De hecho, la palabra «monótono» y la palabra «monasterio» proceden de la misma raíz. Ambas significan lo mismo.

Puedes crear una vida tan monótona que no sea necesaria la inteligencia. Cuando no necesitas la inteligencia, te embotas, y cuando estás embotado, sientes, desde luego, una especie de paz y un cierto silencio; pero no son reales: son «seudo». El verdadero silencio es muy vivo y palpitante; el verdadero silencio es positivo y está cargado de energía; es inteligente, consciente y está pletórico de vida y entusiasmo.

Mañana

El tiempo es escaso, de modo que no te queda mucho. No aplaces: este es el momento. No digas: «mañana»; mañana es un espejismo. Es ahora cuando tienes que estar consciente y alerta, en este momento; y llega la serenidad y llega la calma. Y de repente estás relajado; entras en contacto con la fuente y entonces has llegado a casa.

Maquinalidad

Pon cada vez más conciencia en tus actos, incluso en los más sencillos, como andar, comer, hablar, escuchar o tomar una ducha. Hazlos de manera cada vez más consciente; hazlo todo deliberadamente y con plena conciencia de lo que estás haciendo. Normalmente, no es necesaria esa plena conciencia, pues una vez que has aprendido a hacer algo, no hace falta prestarle tanta atención; el cuerpo ya conoce la técnica y la realiza maquinalmente. Por ejemplo: cuando aprendes a conducir, al principio tienes que estar muy atento, muy alerta; pero a medida que vas sabiendo de qué va la cosa y le coges el tranquillo, estás cada vez menos atento. Al cabo de un mes, cuando ya has obtenido el permiso, puedes olvidarte de estar atento. Ahora es la parte maquinal del cuerpo la que toma el control.

Tenemos una parte robotizada de la mente que siempre toma el control. Mientras aprendes algo, tienes que estar consciente; pero una vez que lo has aprendido, la conciencia se lo pasa a la parte robotizada, al inconsciente, para que se haga cargo de ello. De ese modo la conciencia queda libre para aprender otra cosa. Esa es la forma natural: cada cosa que se aprende pasa a formar parte del inconsciente. Pero ese inconsciente maquinal no para de crecer y poco a poco te va cercando por todos lados.

Cercado por el inconsciente maquinal, uno acaba casi convertido en un prisionero. Para disolver esa maquinalidad hay que volver atrás y recuperar otra vez de la inconsciencia cada una de las cosas aprendidas para devolverlas a la conciencia. Cuantas más cosas hagas conscientemente, más vivo te sentirás. Cuando todo es consciente, estás completamente vivo.

Más

Cada deseo comporta frustración, sufrimiento y aburrimiento. Si lo alcanzas te produce aburrimiento y, si fracasas, desesperación. Si lo que persigues es el dinero, solo hay dos posibilidades: que fracases o que triunfes; pero si triunfas, te aburrirás del dinero.

Todos los ricos están aburridos del dinero. De hecho, esa es la forma de saber si una persona es verdaderamente rica: si está aburrida del dinero y no sabe qué hacer con él. Si aún le quedan ansias de dinero es que todavía no es lo bastante rica. Si triunfas, te aburres, pues tienes el dinero, pero no te produce ninguna satisfacción.

Todas las ilusiones que albergas desde hace tanto tiempo; esas ilusiones por las cuales tanto has sufrido, luchado y arriesgado... Toda tu vida por la ventana por culpa de esos sueños de que cuando tuvieses dinero estarías satisfecho. Y cuando lo tienes descubres de repente su inutilidad: tienes el dinero pero eres tan pobre somo siempre o incluso más, pues, por contraste con el dinero, puedes distinguir más claramente tu pobreza.

Masas

Los individuos no son malos, pero las masas son insensatas, pues en una masa nadie se siente responsable. Inmerso en una masa puedes cometer asesinatos sin ninguna dificultad, pues sabes que quien lo hace es la masa, de la que no eres más que una onda y no el factor decisivo; así que no eres responsable. Solo te sientes responsable como individuo; solo te sentirás culpable por algo que hayas cometido tú. Mi parecer es que la existencia del pecado se debe a las masas, que no hay individuos pecadores. Aunque los individuos hagan algo malo, se pueden redimir muy fácilmente; pero en el caso de las masas es imposible, ya que no tienen almas ni corazones. ¿A quién vas a reclamar? Y, de hecho, la masa es responsable de todo lo que está pasando en el mundo: el diablo; las fuerzas del mal. Las naciones son el diablo y las comunidades religiosas las fuerzas del mal. La fe te lleva a formar parte de una masa más grande que tú, y cuando formas parte de algo más grande que tú, como una nación —la India, Estados Unidos o Inglaterra—, se produce una sensación de júbilo. Dejas de ser un ser humano insignificante. Te invade una gran energía y estás exultante, te sientes eufórico. Esa es la razón por la cual cada vez que un país entra en guerra, la gente se siente muy eufórica y extasiada. De pronto, su vida cobra sentido: existen por el país, la religión o la civilización; ahora tienen un objetivo concreto que alcanzar y un tesoro concreto que defender. Han dejado de ser personas corrientes; ahora tienen una gran misión.

Materialismo

El materialismo tiene su lado bueno, su propio significado, como lo tiene el espiritualismo. Pero no los conviertas en «ismos». La vida es una: espiritual y material. En realidad, usar la partícula «y» entre espiritual y material no es correcto; pero los lenguajes vienen del pasado. Lo más indicado sería unirlos formando una sola palabra: espiritumateria.

Y existen conjuntamente en perfecta armonía. Coexisten en ti —tu cuerpo, tu mente y tu alma—; todos coexisten en profunda armonía. Hay un ritmo sutil y todos participan de una danza. El cuerpo no está contra el alma; es el templo del alma.

No crees nunca antagonismo alguno entre materialismo y espiritualidad, pues siempre van unidos, como el cuerpo y el alma. Sigue siendo materialista y utiliza tu materialismo como pasadera hacia la espiritualidad. Eso provoca una gran confusión en la mente de las personas, porque siempre han creído que la pobreza era algo espiritual, lo cual es una solemne tontería. La pobreza es la cosa menos espiritual del mundo; un pobre no puede ser espiritual. Aunque se esfuerce, su espiritualidad solo sería superficial. Si aún no se ha desilusionado de las riquezas, ¿cómo va a ser espiritual? Hace falta una gran desilusión, una gran desilusión con el mundo exterior, para volverse hacia dentro. Solo te vuelves hacia el interior cuando estás totalmente desengañado del exterior: has visto el mundo, lo has vivido, lo has experimentado y has descubierto que no hay nada en él salvo pompas de jabón; experiencias pasajeras. Prometen mucho pero no dan nada y, al final, siempre te quedas con las manos vacías. Lo único que puede ofrecerte el mundo exterior es muerte; la vida hay que buscarla en el interior. Las fuentes de la vida están dentro de ti.

Maternidad

Una de las razones de que todo el mundo parezca tan triste, infeliz y desdichado es que las madres no son conscientes de que al quedar embarazadas asumen una enorme responsabilidad: van a crear un nuevo ser. Ya no es solo cuestión de ellas mismas; alguien más está creciendo en su interior, por lo que deben procurar no dejarse llevar por las riñas, la ira, el odio o la envidia. Deben escuchar buena música y leer buena poesía. Deben contemplar la naturaleza y su belleza.

Durante al menos nueve meses deben permanecer tan en silencio y meditación como puedan. ¡Eso transformará dos vidas! El niño vendrá al mundo con el corazón alegre y, sin duda, nueve meses de silencio y meditación, de música y poesía, también transformarán a la madre. Será recíproco: ella estará agradecida al hijo de por vida y el hijo lo estará a la madre.

Matrimonio

El matrimonio constituye una gran enseñanza y una oportunidad para aprender algo: para aprender que dependencia no es amor; que depender significa conflicto, ira, rabia, odio, envidia, posesión y dominación, por lo que hay que aprender a no depender. Pero para eso necesitarás una gran capacidad de meditación que te permita ser tan feliz por ti mismo que no necesites al otro. Cuando no necesitas al otro la dependencia desaparece. Una vez que no necesitas al otro puedes compartir tu alegría, y compartir es bueno.

Me gustaría que en el mundo hubiera otra clase de relaciones. La llamaré correspondencia solo para diferenciarla del viejo tipo de relaciones. Me gustaría que en el mundo hubiera una clase distinta de matrimonio; pero no la llamaré matrimonio porque esa palabra ha sido envenenada. Me gustaría llamarla simplemente amistad: sin vínculos legales; unidos solo por amor; sin promesas para el mañana, pues con este momento basta. Si os amáis el uno al otro en este momento, si podéis disfrutar y compartir conjuntamente este momento, de él surgirá el momento siguiente, y será cada vez más fecundo. Con el paso del tiempo, tu amor será cada vez más profundo y empezará a tener nuevas dimensiones; pero no creará ningún lazo.

Tenemos que cambiar toda la estructura de la humanidad desde sus mismos cimientos. El matrimonio, tal como ha existido hasta ahora, debe desaparecer y dejar paso a un concepto completamente nuevo.

Mediana edad

La juventud es un fenómeno completamente distinto del envejecimiento: el envejecimiento es físico, mientras que la juventud es tu forma de entender la vida.

Si estás a favor de la vida, y no en contra de la vida, te mantendrás joven en tu mundo interior hasta el último suspiro; no habrá mediana edad.

La mediana edad es un abismo, un abismo que más parece una pesadilla, pues la juventud se ha ido y aún no ha llegado la vejez. Ya no puedes buscar placeres y ni siquiera puedes lamentarlo, pues ¿qué vas a lamentar? No has vivido nunca; la cuestión de la pesadumbre ni se plantea. Por eso el hombre se siente sumamente vacío entre la juventud y la vejez. El abismo es pavoroso; la experiencia más dolorosa de la vida.

Médicos

Hay una cosa de la antigua China que merece la pena recordar, pues tal vez vuelva a ser útil en algún momento futuro. Es la idea de que el médico no debe ser remunerado por curar al paciente sino por mantenerle sano. Si un médico es remunerado por curarte, su interés personal es que sigas enfermo. Cuanto más enfermo, mejor; cuantos más enfermos, mejor. Creas una dicotomía en la mente del médico.

Primero enseñas al médico que su trabajo consiste en mantener sana a la gente: «Tu cometido es alargar su vida, su vitalidad y su juventud». Pero el interés personal del médico le dicta que si todo el mundo se mantiene joven y sano y nadie se pone enfermo, ¡él se morirá de hambre! ¿Qué ha de hacer? No, el interés personal del médico va en contra de la filosofía que le han enseñado. Su interés económico consiste en que la gente permanezca enferma; cuantas más enfermedades, mejor.

Meditación

Hay millones de personas que desdeñan la meditación porque esta ha adquirido una connotación errónea. Parece muy seria y deprimente y desprende un cierto tufo de iglesia, como si solo fuese con los que están muertos o casi muertos, los melancólicos, los serios y los que tienen caras largas y han perdido toda la gracia, la alegría, la diversión y la celebración. Pero esas son, precisamente, las cualidades de la meditación. Un persona realmente meditadora es alegre: la vida le resulta divertida; para ella es una *lila*, un juego con el que goza enormemente. No es que esta persona sea seria, es que está relajada.

Meditación trascendental

La meditación trascendental y otros métodos similares han cobrado gran importancia en Occidente por la sencilla razón de que Occidente está perdiendo el arte de dormirse. La gente sufre cada vez más de insomnio y tiene que depender de tranquilizantes. La meditación trascendental es un tranquilizante no medicinal, y no hay ningún problema si sabes que estás utilizando un tranquilizante; pero si crees que estás haciendo algo religioso, es que eres estúpido. Si piensas que va a conducirte a la meditación es que eres tonto, tonto de remate; un simplón.

No te llevará a la meditación porque la meditación significa conciencia. Te lleva precisamente a lo contrario de la conciencia: te conduce al sueño. No estoy en contra del sueño; dormir bien es una cosa saludable. Y prescribo meditación trascendental a quienes padecen de insomnio: está perfectamente indicado; pero recuerda que dormir bien no tiene nada de espiritual. Es bueno para el cuerpo y también para la mente; pero no tiene nada que ver con la dimensión espiritual. La dimensión espiritual solo se abre cuando estás despierto, completamente despierto. Y la única manera de estar despierto es dejar de dormir y de soñar.

Mendigos

El poder sobre los demás es político, y las personas interesadas en el poder sobre los demás son personas que tienen un profundo complejo de inferioridad. Siempre están comparándose con los demás y sintiéndose inferiores. Quieren demostrar al mundo y a sí mismos que no es así, que son seres superiores. Todos los políticos padecen un complejo de inferioridad. Todos los políticos necesitan tratamiento psicológico.

Son personas enfermas, pero por culpa de esos enfermos el mundo entero ha sufrido enormemente. ¡Cinco mil guerras en tres mil años!

No hay límite para quien persigue el poder sobre los demás, pues siempre hay gente que está fuera del alcance de su poder, y eso hace que sientan aún más su inferioridad. De otro modo, ¿qué necesidad tiene alguien de convertirse en Alejandro Magno? Pura y simple estupidez. El hombre murió cuando solo contaba treinta y tres años. No pudo vivir ni amar un solo instante; se pasó gran parte de sus treinta y tres años de vida preparándose para convertirse en un conquistador del mundo, y el resto combatiendo, matando e incendiando. La única idea que albergaba en su cabeza era convertirse en el conquistador del mundo.

De camino hacia la India, cuando atravesaba las fronteras de Grecia, se encontró con uno de los hombres más extraños de la historia de la humanidad: Diógenes. Solía ir desnudo, pero era tan bello que en su caso ir desnudo estaba perfectamente justificado.

La ropa sirve para muchas cosas relacionadas con el clima o la cultura, pero los animales se las arreglan para vivir sin ropa en todos los climas del mundo. ¿Qué pasa con el hombre? ¿Acaso es el animal más débil y vulnerable de todo el mundo? No. La ropa se inventó ante todo porque la gente no tiene cuerpos hermosos. A la gente se la conoce por la cara. De hecho, si ves una foto de tu cuerpo desnudo sin la cabeza, ni siquiera tú mismo serás capaz de reconocer que se trata de tu propio cuerpo. Diógenes era un hombre inmensamente bello; no tenía necesidad de ropa. Vivía a la orilla de un río. Era temprano y estaba tomando un baño de sol. Solo tenía un compañero: un perro, y una única pertenencia: una vieja lámpara. Alejandro se enteró de que Diógenes estaba muy cerca cuando cruzaban la frontera de Grecia.

—He oído muchas cosas acerca de ese hombre —dijo—. Por lo visto es un poco extraño, pero me gustaría conocerle.

Alejandro fue a ver a Diógenes. Este se encontraba descansando, con el perro tendido a su lado. Alejandro le dijo:

—Diógenes, Alejandro Magno ha venido a visitarte. Es un gran favor que te hago, algo único, pues jamás he visitado a nadie.

Diógenes ni siquiera se incorporó. Se quedó tendido en la arena y sonrió; luego miró a su perro y le dijo:

—¿Has oído eso? Un hombre que se llama a sí mismo «magno», ¿qué te parece? Debe de padecer de una gran inferioridad. No es más que un artificio para ocultar alguna herida.

Era la verdad. Ni siquiera Alejandro podía negarlo.

—No tengo mucho tiempo —dijo Alejandro—, de lo contrario me habría sentado a tu lado para escuchar algunos de tus sabios consejos.

—¿Por qué tanta prisa? —replicó Diógenes—. ¿Adónde vas, acaso a conquistar el mundo? ¿Pero has pensado alguna vez en qué harás después si por casualidad consigues conquistar el mundo?, pues no hay otros mundos; solo este. Ahora mismo, mientras luchas e invades, puedes seguir ignorando tu inferioridad; pero cuando hayas triunfado, tu inferioridad volverá, saldrá de nuevo a la superficie.

—A la vuelta —dijo Alejandro— vendré a pasar unos días contigo para tratar de entenderlo. Lo que dices duele, pero es cierto. De hecho, la sola idea de que no hay más mundos me entristece. En efecto, si conquisto todo el mundo, ¿qué haré después? Seré sencillamente inútil y, a buen seguro, todo lo que hay oculto en mí saldrá a la superficie.

—No volverás nunca —replicó Diógenes—, pues esa clase de ambición es inagotable. Nadie se vuelve atrás.

Curiosamente, Alejandro nunca volvió. Murió de regreso a casa, antes de llegar a Grecia, y desde entonces se cuenta una bonita historia, pues Diógenes también murió el mismo día.

Solo es una historia, pero muy significativa.

Según la mitología griega, hay que atravesar un río antes de entrar en el paraíso. Diógenes iba unos pasos por delante; Alejandro, justo detrás de él. Al ver a Diógenes, el mismo hombre bello y desnudo —ahora Alejandro también iba desnudo, pero no era tan bello—, Alejandro, para disimular, exclamó:

—¡Qué extraña coincidencia: el encuentro entre un conquistador del mundo y un mendigo!

Diógenes se echó a reír y alegó:

—Tienes razón, aunque estás equivocado en una cosa: no sabes quién es el conquistador y quién el mendigo. Solo tienes que mirarme y mirarte a ti mismo. Nunca he conquistado a nadie, y sin embargo soy un conquistador, un conquistador de mí mismo. Tú trataste de conquistar el mundo, ¿y qué has conseguido? Arruinar completamente tu vida. ¡No eres más que un mendigo!

El poder personal pertenece al místico, que ha visto cómo se abría la flor de su conciencia y ha esparcido su fragancia, su amor y su compasión por todas partes. Es un poder muy sutil. No hay nada que pueda impedirlo: te llega directamente al corazón y te hace conectar con el místico en una especie de sincronía, de armonía. No te conviertes en esclavo, sino en amante. Emerge de ti una gran simpatía y una inmensa gratitud.

Mente

La mente es todo aquello que has experimentado: todo aquello por lo que has pasado; pero todo eso ya está muerto. La mente es la parte muerta de tu ser, pero como siempre la llevas contigo, te impide estar aquí; no te deja estar presente y ser inteligente. Antes de que respondas ya está reaccionando.

La mente es el pasado: lo muerto cerniéndose sobre lo vivo. Es como cuando la niebla te envuelve: no logras ver a través de ella; la visión no es clara y todo está distorsionado. Deja que la niebla se disipe. Olvídate de respuestas, conclusiones, filosofías y religiones. Si permaneces abierto, completamente abierto, y te mantienes vulnerable, la verdad puede irrumpir en ti. Ser vulnerable es ser inteligente; saber que no sabes es ser inteligente, y saber que la puerta se abre a través de la no-mente es ser inteligente. De lo contrario, la mente es la estupidez.

Mente masculina y femenina

Permitidme que os cuente una anécdota.

Entre los alemanes, Berlín es considerada la suma y compendio de la brusquedad y la eficiencia prusianas, mientras que Viena es la esencia del encanto y la decadencia austríacas.

Cuenta una historia que un berlinés de visita en Viena se perdió y necesitaba orientación. ¿Qué iba a hacer un berlinés en un caso así? Agarró por la solapa al primer vienés que pasaba y le espetó:

—¿Dónde está Correos?

El vienés, sobresaltado, se libró solícitamente del puño del otro, se alisó la solapa y dijo cortésmente:

—Señor, no habría sido más delicado por su parte dirigirse a mí educadamente y decirme: «Señor, si dispone de un momento y lo sabe, ¿sería tan amable de indicarme la dirección de Correos?».

El berlinés, estupefacto, se quedó un momento mirándole fijamente y gruñó:

—¡Antes prefiero perderme! —Y se marchó con paso firme.

Aquel mismo año, el mismo vienés fue a Berlín de visita y en esta ocasión resultó ser él quien tenía que buscar la oficina de Correos. Abordó a un berlinés y le dijo educadamente:

—Señor, si dispone de un momento y lo sabe, ¿sería tan amable de indicarme la dirección de Correos?

Con presteza casi mecánica, el berlinés respondió:

—Siga de frente, pase dos manzanas y tuerza a la derecha; siga recto una manzana, cruce una calle, tuerza a la derecha, siga las vías del tren hacia la izquierda y, pasado el quiosco de periódicos, entre en el vestíbulo de Correos.

El vienés, más desconcertado que informado, murmuró:

—Mil gracias, amable señor.

Ante lo cual, el berlinés lo agarró furiosamente por la solapa y gritó:

—¡Olvídate de las gracias y repite las instrucciones!

La mente masculina es el berlinés; la femenina, el vienés. La mente femenina tiene delicadeza; la masculina, eficacia, por lo que a la larga, si se produce una confrontación permanente, la delicadeza no puede por menos que salir derrotada; la mente eficiente vencerá porque el mundo entiende el lenguaje de las matemáticas y no el del amor. Pero en cuanto tu eficacia triunfe sobre tu delicadeza, habrás perdido algo sumamente valioso; habrás perdido el contacto con tu propio ser. Puedes llegar a ser muy eficiente, pero dejarás de ser una auténtica persona y te convertirás en una máquina; en algo parecido a un robot.

Debido a eso hay un conflicto permanente entre el hombre y la mujer. No pueden permanecer separados y tienen que relacionarse una y otra vez; pero tampoco pueden estar juntos. El conflicto no está fuera, sino en tu interior.

Mentiras

Vivimos de mentiras. Hablamos de la verdad, pero vivimos de mentiras. De hecho, hablar de la verdad no deja de ser un camuflaje para ocultar las mentiras de la vida. Y nos hemos acostumbrado tanto a ellas, hemos llegado a ser tan hábiles mintiendo, que ni siquiera somos conscientes de las mentiras. Seguimos entregándonos a esos juegos de manera absolutamente inconsciente. Ni siquiera es deliberado; se ha convertido en un hábito.

Empieza a fijarte en cada vez que mientes... ¡y para inmediatamente! Te sorprenderá descubrir que nos pasamos el día mintiendo, a veces por algún motivo, pero las más de las veces sin ninguna necesidad, ¡sin motivo alguno! Se ha convertido en nuestra manera natural de comportarnos. Llega alguien y le sonríes. Esa sonrisa es una mentira; educada y formal, pero mentira al fin y al cabo. Dices algo a alguien, quizá una simple formalidad; pero aun así no deja de ser una mentira. Poco a poco deja a un lado todo eso; ya verás como se producen grandes transformaciones, pues la energía necesaria para las mentiras se liberará, y esa es la única energía que puede convertirse en verdad. Como invertimos toda nuestra energía en mentiras, no nos queda ninguna para la verdad.

Metafísica

Durante la representación de una obra de teatro, el telón cayó de repente y el director del teatro se presentó ante el público en un estado de extrema agitación.

—Señoras y señores —dijo—, lamento tener que comunicarles que nuestro querido y gran actor, Mendel Kalb, acaba de sufrir un fatal ataque al corazón en su camerino y no podemos continuar.

—¡Rápido!, ¡denle un poco de caldo de pollo! —gritó acto seguido una formidable mujer de mediana edad desde uno de los palcos.

—Señora, acabo de decir que el ataque al corazón ha sido fatal. El gran Mendel Kalb está muerto —dijo, estupefacto, el director.

—¡De prisa!, ¡denle un poco de caldo de pollo! —repitió la mujer.

—¡Señora!, ¡el hombre está muerto! ¿Qué bien puede hacerle el caldo de pollo? —gritó desesperado el director.

—¿Y acaso algún daño? —le espetó la señora.

Pura metafísica: lo máximo que se puede decir en su favor es que no puede hacer ningún daño. Es caldo de pollo para un muerto; no hace ningún bien. No sirve para nada, son meras palabras; simples juegos de palabras. No puede hacer ningún bien, aunque tampoco ningún daño. Es una actividad inútil; ni siquiera puede hacer daño.

Metas

Todo el mundo ambiciona una meta. Esta puede ser mundanal o ultramundana; pero siempre hay una meta. Y siempre que hay una meta, no puedes por menos que estar tenso, pues todavía no la has alcanzado. No puedes por menos que estar angustiado; temblando por dentro: si lo harás o no lo harás, si llegarás a vivir lo suficiente para alcanzar tu meta, si serás lo bastante fuerte para competir por ella, para luchar por ella... Y, mientras tanto, la vida se desliza como el agua entre tus dedos.

Pero la meta no deja de ser como el horizonte: puedes verlo ahí, tal vez a tan solo unos pocos kilómetros, lo que te hace pensar que con un poco más de esfuerzo podrás alcanzarlo. ¡Pero nadie ha alcanzado jamás el horizonte porque no existe! Es una ilusión. No es una realidad, sino una aparición: una ilusión óptica. Por eso el horizonte se aleja de ti en la misma medida en que te acercas a él, de modo que la distancia entre tú y el horizonte siempre es la misma, exactamente la misma; estés donde estés, la meta siempre se encuentra en algún lugar por delante de ti. Te mantiene en la esperanza, pero te destruye la vida.

La meta se encuentra aquí. Seas lo que seas, tienes que acomodarte a ello y celebrarlo. Una vez que tienes una meta en el futuro y te pones a luchar por ella, vas a tener problemas. Provocarás una forma de neurosis y una gran tensión que, estés donde estés, no te dejará estar satisfecho. Siempre estarás suspirando y luchando por algo que no existe. Tú existes, y cualquier otra idea es una fantasía. Nunca te sacrifiques por una fantasía.

Miedo

Cuando tengas miedo, ¡asústate! ¿Para qué crear una dualidad? Cuando se presente la ocasión de tener miedo, ten miedo, tiembla de miedo y deja que el miedo se apodere de ti.

Cuando aparezca el miedo, tiembla como una hoja agitada por el viento. Y será maravilloso. Cuando haya pasado, te sentirás tan sereno y tranquilo como cuando se aleja una fuerte tormenta dejándolo todo tras ella tranquilo y sosegado. ¿Por qué andar luchando siempre contra algo? El miedo aparece, pero es natural, completamente natural. Es imposible imaginar un hombre que no tenga miedo; estaría muerto.

El miedo forma parte de tu inteligencia, no hay nada malo en ello. El miedo demuestra simplemente que la muerte existe y que los seres humanos solo pasan aquí unos instantes. El temblor indica que no vamos a quedarnos aquí para siempre, que no nos vamos a quedar eternamente; apenas unos días y ya nos habremos marchado.

Admite el miedo. Solo debes tener en cuenta una cosa: cuando admitas el miedo y tiembles, obsérvalo y disfrútalo, pues observándolo lo trascenderás. Verás que el cuerpo está temblando y que la mente está temblando, pero descubrirás un punto en tu interior, un centro profundo, que permanece indiferente.

La tormenta se aleja, pero en lo más profundo de ti queda un centro inalterado: es el ojo del huracán.

Milagros

Nos han atiborrado de historias de milagros; pero nadie cree en ellos, ni siquiera quienes los cuentan, enseñan y predican; ni siquiera ellos creen en tales milagros.

Todos esos milagros que los cristianos creen que Cristo realizó, los que los jainistas creen que se produjeron durante la vida de Mahavira y los que han descrito los budistas en relación a Buda son invenciones. Y todos han sido inventados para impedir que se produzca en ti el verdadero milagro. Lo repito: todos esos estúpidos milagros han sido inventados y propagados en todo el mundo con el único propósito de distraerte del verdadero milagro que puede producirse en ti.

Moisés separó las aguas del océano... Yo he estado tratando de separar las de mi bañera, ¡pero todavía no lo he conseguido! Es pura insensatez. Lo que pasa es que hemos sido educados con esas tonterías. Mantente abierto y vulnerable a todos los vientos y a la lluvia y al sol. Mantente accesible a la existencia como tal. Para mí, la existencia es Dios y no hay más Dios que la existencia. Y la existencia es un milagro a cada instante; lo que pasa es que nos hemos quedado ciegos.

Misterio

La verdad más profunda es que la vida en su totalidad, en su unidad orgánica, es un completo misterio. No es ni un problema que se pueda resolver ni una pregunta que espere respuesta. Ningún conocimiento, por grande que sea, podrá desmitificarla. Seguirá siendo un misterio. El misterio no es accidental en ella; no puede separarse de ella: es su propia alma. Y todo lo que sabemos es solo superficial, muy superficial; lo único que sabemos es engañarnos a nosotros mismos.

Misticismo

El misticismo es la experiencia de que la vida no es lógica sino poesía; de que la vida no es un silogismo sino una canción. El misticismo es la declaración de que la vida nunca puede llegar a ser realmente conocida; es esencialmente incognoscible.

La ciencia divide la existencia en dos categorías: lo conocido y lo desconocido. Lo conocido fue un día desconocido; pero ha pasado a ser conocido. Lo desconocido es desconocido hoy; pero mañana, o tal vez pasado mañana, también será conocido. La ciencia cree que tarde o temprano se alcanzará un nivel de conocimientos en que solo habrá una categoría: lo conocido; todo habrá sido desvelado. Poco a poco, lo desconocido va siendo reducido a lo conocido.

El misticismo es la declaración de que la vida consta de tres categorías: una, lo conocido; otra, lo desconocido, y una tercera, la más importante, lo incognoscible, lo que jamás ha sido conocido ni nunca lo será. Y ese es el meollo esencial de todo.

Modas

Soy contrario a todas las modas prescindiendo de qué moda sea, pues la moda atrae a la gente obsesiva. Las modas se acaban convirtiendo en escondrijos para los locos. Las personas anormales se ocultan tras las modas y crean sistemas, teorías y dogmas para racionalizar su locura.

Monje

La palabra «monje» significa uno que vive solo, que huye de la gente. Pero lo que realmente te brinda la oportunidad de crecer es la relación, el amor lo que te estimula a crecer y la amistad lo que te confiere tu verdadero aroma. Es la vida, con todas sus aventuras y sus retos, lo que te ayuda a hacerte maduro e íntegro.

Los monjes se vuelven retrasados y estúpidos. No pueden por menos que volverse estúpidos, pues han sido arrancados del suelo fértil de la vida. Como máximo, son plantas de invernadero que si las sacas al exterior se marchitan y mueren. Son gente asustada que siempre está temblando por miedo al infierno, que no existe, y ávida de cielo, que tampoco existe. Y entre el cielo y el infierno se pierden todo lo que existe.

Moralidad

Moralidad significa simplemente algo que los demás te han impuesto. Ciertamente, no es algo religioso. Es una forma de dominación, de esclavitud, pues no has llegado a comprender qué está bien y qué está mal, sino que te has limitado a aceptar lo que te han contado los demás. No sabes realmente si lo que calificas de «moral» es moral o inmoral. La misma cosa puede ser moral en una sociedad e inmoral en otra.

No tienes más que echar un vistazo al mundo, ampliar un poco la visión, para quedarte asombrado de la cantidad de moralidades que hay. ¿Cómo es posible que haya tantas moralidades? ¡Lo que está bien está bien y lo que está mal está mal! No puede ser que haya muchas moralidades: no puede haber una moralidad hindú y otra mahometana y otra jainista, y sin embargo las hay. Lo único que eso demuestra es que todas son invenciones, invenciones pergeñadas por las diferentes sociedades para dominar a los individuos que las componen. Se trata de una estrategia para aprisionar al individuo.

Muerte

Piensa en una vida sin muerte: sería un sufrimiento inaguantable; una existencia insoportable. Sin la muerte sería imposible vivir. La muerte define a la vida y le confiere una especie de intensidad. Como la vida es efímera, cada momento es precioso. Si la vida fuese eterna, ¿quién se preocuparía? Como siempre se podría esperar a mañana, ¿quién viviría aquí y ahora? Pero como el mañana trae la muerte, no te queda más remedio que vivir aquí y ahora. Tienes que sumergirte en el momento presente y vivirlo con la máxima intensidad, pues nadie sabe si habrá o no habrá un momento siguiente.

A tenor de ese ritmo, te encuentras a gusto y te acomodas a todo. Cuando aparece la infelicidad le das la bienvenida, y cuando llega la felicidad te alegras por ello, pues sabes que ambas participan en el mismo juego. Eso es algo que siempre has de tener presente. Si lo conviertes en una referencia fundamental para ti, tu vida tendrá un sabor completamente nuevo: el sabor de la libertad, la desafección y el desapego. Pase lo que pase, permaneces sosegado, silencioso, aceptando.

Música

La vida requiere ser vivida en su totalidad; requiere ser celebrada. La vida requiere ser penetrada, pues no hay otro modo de conocerla. Ni en el laboratorio ni profundizando en la vida de las células ni analizando los elementos; estos son componentes de la vida, pero la vida es algo más que la suma de todas sus partes.

Alguien está tocando una música hermosa con una guitarra. El científico se interesará en la guitarra; no en la música. Pensará: «¿De dónde procede?». Puede que se interese en los dedos del músico y en el instrumento. Analizará el instrumento y encontrará un poco de madera, algunas cuerdas y esto y lo otro, ¡pero eso no es música! Y si analiza los dedos del músico, todo lo que encontrará será un poco de carne, unos cuantos huesos y piel, ¡y eso no es música! La música es algo más. Las manos del músico y la guitarra son simplemente una oportunidad para que el más allá descienda a la tierra.

Nada

La nada puede ser solo vacuidad o una inmensa plenitud. Puede ser negativa y puede ser positiva. Si es negativa, es como la muerte y la oscuridad, y las religiones la han llamado infierno. Es el infierno porque en ella no hay alegría ni emoción ni música ni danza. Nada florece y nada se abre; uno está sencillamente vacío.

Esa nada vacía ha inspirado un gran temor a la gente. Por eso, especialmente en Occidente, Dios nunca ha sido llamado nada excepto por algunos místicos como Dionisio, Eckhart o Boehme; pero estos no representan la corriente principal del pensamiento occidental. Occidente siempre ha concebido la nada en términos negativos, por eso ha creado ese miedo tan enorme. Y sigue diciendo a la gente que la mente vacía es el obrador del demonio.

Oriente ha descubierto asimismo su aspecto positivo; se trata de una de las mayores contribuciones a la conciencia humana. Buda se habría reído ante la afirmación de que la vacuidad es el obrador del demonio.

Diría: «La divinidad solo puede manifestarse en la vacuidad, en la nada». Pero él se refiere al fenómeno positivo.

Para Gautama Buda, Mahavira, la larga tradición de maestros zen y los taoístas, nada significa simplemente ausencia de cosas: que todas las cosas han desaparecido, y como todas las cosas han desaparecido, solo queda pura conciencia. El espejo está libre de reflejos, pero no obstante sigue ahí. La conciencia está exenta de contenido, pero la conciencia sigue ahí. Cuando estaba llena de contenido, había tantas cosas dentro que no acertabas a saber lo que era. La conciencia llena de contenido es lo que llamamos mente. Cuando la conciencia está vacía de todo contenido la llamamos no-mente o meditación.

El objetivo de la meditación es crear la nada en ti; pero esa nada no tiene nada que ver con la idea negativa. Esta está llena, llena en abundancia; está tan llena que empieza a rebosar.

Nadie

Eres nadie. Naces siendo nadie, sin nombre ni forma, y morirás siendo nadie. El nombre y la forma solo están en la superficie; dentro de ti solo hay un inmenso espacio. Pero eso es bueno, porque si fueses alguien serías limitado. Es bueno que Dios no permita que nadie sea alguien, pues si eres alguien, serás finito y limitado; serás un ser aprisionado. No, Dios no lo permite; te concede la libertad de ser nadie: infinito e ilimitado. Pero no estás preparado. Para mí, la iluminación es al fin y al cabo el mismo fenómeno: reconocer, comprender y aceptar que uno es un don nadie. Y de repente dejas de intentar lo imposible: de tratar de elevarte tirando hacia arriba de los cordones de tus zapatos; te das cuenta de que es absurdo y dejas de hacerlo. Y la risa invade todo tu ser. De repente estás tranquilo y sosegado. El problema lo genera el propio esfuerzo por ser alguien.

Naturaleza

Esta civilización ha fracasado porque se ha erigido en contra de la naturaleza. El hombre se ha mostrado muy arrogante con la naturaleza: ha tratado de conquistarla, lo cual es sumamente ridículo. ¡Formamos parte de la naturaleza!, ¿cómo vamos a conquistarla? Somos naturaleza; luchar contra la naturaleza es luchar contra uno mismo. Es tan insensato y suicida que las generaciones venideras no podrán creer que el hombre cometiera semejante crimen.

El hombre tiene que aprender de nuevo a acercarse a los árboles, los bosques, las montañas y los océanos. Tenemos que aprender a recuperar su amistad, y mi *sannyas* es un esfuerzo por alcanzar ese gran objetivo.

El hombre solo puede vivir feliz con la naturaleza, no contra la naturaleza. En el momento en que te revuelves contra la naturaleza, la energía amorosa se transforma en odio. Si fluimos en total armonía con la naturaleza, el amor crece, madura y se vuelve más integrado. Y la maduración del amor es el mayor don de la vida. Conocer una forma madura de amor es conocer a Dios, pues aporta alegría, libertad y bendiciones.

Naturaleza humana

Partiendo de la experiencia de mi propia humanidad, cuanto más profundizas, más culto y refinado eres; cuanto más hondo llegas, más humano te vuelves. De modo que puedo afirmar con total rotundidad y garantía que el hombre no es infame por naturaleza.

Por naturaleza, el hombre nace completamente inocente: ni infame ni culto, sino simplemente una página en blanco. Serás todo aquello que quieras escribir en ella.

Si eres despabilado y consciente, no escribirás nada; dejarás al niño tranquilo. Le ayudarás a ser más fuerte, a estar bien alimentado y a ser más saludable; cuidarás de él, en definitiva, como cuida de un rosal un jardinero. No impondrás nada al rosal; las rosas saldrán a su debido tiempo: solo están ocultas. Lo único que tienes que hacer es cuidarlo.

Todos los niños traen rosas, lotos y budas ocultos en su interior, en su inocencia. Ayúdales a permanecer inocentes. No les impongas la llamada sociedad o cultura por miedo de que «si no se la impongo acabará siendo un bárbaro».

Esta controversia se ha prolongado durante siglos sin la menor experimentación. De acuerdo, me he enfrentado a mis profesores en la universidad, ya que en todo esfuerzo psicológico y social por saber qué hacer con el niño, se plantea una y otra vez la misma cuestión. Pero mi punto de vista ha sido desde el principio no hacer nada con el niño; simplemente protegerlo.

Necesidades

Puede que no seas consciente de tus necesidades. Tal vez conozcas tus deseos, pero tus deseos no son necesariamente tus necesidades. Al ver el magnífico sombrero de fulano, puede que lo desees; pero tal vez no sea eso lo que necesitas, sino unos buenos zapatos. Deseo y necesidad son completamente diferentes.

Negatividad

La persona negativa siempre es muy activa y articulada. Una sola persona negativa puede hacer tanto ruido y armar tanto alboroto que produce la ilusión de que hay mucha gente negativa. ¿Por qué una persona negativa arma tanto alboroto y provoca tantas discusiones?, ¿por qué es tan escandalosa? Por lo general tendemos a pensar que una persona negativa tendría que ser inactiva; parece lo más acorde con su negatividad. Pero ese no es el caso. Tiene que haber algún motivo detrás, y el motivo es que la persona negativa tiene miedo de su propia negatividad. Si permanece en silencio, su negatividad la consumirá. La negatividad forma parte de la muerte y la destrucción; si se queda en silencio, se irá encogiendo por dentro hasta desaparecer.

Para evitarse esa muerte, da un salto, corre de acá para allá y vocifera; arma mucho ruido y protesta; discute y casi logra producir, ella sola, un fenómeno que hace creer a los demás que hay muchas personas negativas. Lo único que hace es tratar de librarse de su propia negatividad. La vomita, pues no puede mantenerla en su interior; es fuego.

Nervios

Todo el mundo busca un amigo. Todo el mundo se parapeta tras un muro y espera a que alguien le diga «hola»; a que alguien le diga: «¿Qué haces ahí? ¡Sal! ¡Te estaba esperando!». Alguien a quien estrechar la mano. Todo el mundo lo espera: unos para aferrarse y otros para amar y ser amados.

No hay nadie diferente a ti, y una vez que te entiendes a ti mismo, has entendido a toda la humanidad. De esa comprensión surge una visión en la que todos somos hermanos y hermanas, y vamos en el mismo barco. Luego desaparece el miedo, pues no hay nadie a quien temer, y desaparece el nerviosismo; ¿a qué viene estar nervioso? Todos vamos en el mismo barco.

Neurosis

La neurosis es un profundo anhelo de atención; pero si la concedes, lo que haces es alimentarlo; por eso el psicoanálisis ha sido un completo fracaso.

En los monasterios zen tratan a una persona en tres semanas, mientras que el psicoanálisis freudiano no puede tratarla ni en treinta años porque no ha comprendido nada. Ahora bien, en los monasterios zen no hacen ningún caso a la persona neurótica; nadie piensa que sea alguien importante y se limitan a dejarla sola: ese es el único tratamiento. Es ella la que tiene que arreglar sus propias cosas, ya que nadie más se preocupa de ello. Al cabo de tres semanas vuelve a ser completamente normal.

La soledad tiene un efecto terapéutico; es una fuerza curativa. Cada vez que notes que te estás desorganizando, no trates de solucionarlo allí donde te encuentres. Aléjate de la sociedad durante unos días, por lo menos tres semanas, y permanece sencillamente en silencio: observándote, sintiéndote y estando contigo mismo; y descubrirás que dispones de una tremenda fuerza curativa.

Recuerda que nadie es responsable de ti excepto tú mismo. Si estás loco, estás loco, y a ti te toca resolverlo: ¡es cosa tuya! Es lo que los hindúes llaman tu *karma*. El significado es muy profundo; no es ninguna teoría. Dicen que todo lo que eres es obra tuya, ¡así que resuélvelo! Nadie más es responsable de ti; el único responsable eres tú.

De modo que retírate a un confinamiento solitario para solucionar las cosas y meditar sobre tu propio ser y tus problemas. Y lo bueno es que aunque solo puedas estar tranquilo, a solas contigo mismo, durante unos pocos días, las cosas se asientan automáticamente, pues el estado de agitación no es natural. El estado de agitación es antinatural y no puedes prolongarlo mucho tiempo, pues prolongarlo requiere esfuerzo. Limítate a relajarte y dejar que las cosas pasen; observa y no hagas el menor esfuerzo por cambiar nada. Ten en cuenta que, si tratas de hacer algún cambio, seguirás igual, pues el propio esfuerzo seguirá alterando las cosas.

De modo que no hace falta que abrumes a los demás con tus problemas y tus enfermedades. Sencillamente, arréglatelas tú solo; súfrelos en silencio y obsérvalos. No tienes más que sentarte a la orilla de tu mente. ¡Las cosas se arreglan!, y cuando las cosas se arreglan, adquieres claridad y percepción.

Niños

Todos los niños nacen en armonía, por eso son tan hermosos. ¿Has visto alguna vez un niño que sea feo? Eso no ocurre. Todos los niños son hermosos; pero no así los mayores, de modo que en algún momento algo tiene que haber ido mal. Todos los niños son hermosos, tienen una gracia y una tremenda elegancia que nada tiene que ver con ninguna práctica, pues no han tenido tiempo de practicar nada. Vienen al mundo sin ningún ensayo previo; simplemente están aquí: tan felices, tan callados y tan armoniosos. La gracia los envuelve como si toda la existencia se conciliase para protegerlos. Luego, poco a poco, aprenden las costumbres humanas y se estropean. Y aparece la fealdad: unos ojos hermosos pueden volverse horribles; un rostro hermoso puede dejar paso a otro criminal; un cuerpo hermoso puede perder toda su elegancia; una hermosa inteligencia... Todos los niños nacen inteligentes; así son las cosas. Un niño inteligente puede volverse estúpido y mediocre. Esos son los logros humanos.

El mal es un logro humano; el bien es divino.

No

El no te confiere poder. El sí no te confiere poder. Cada vez que dices no, puedes sentir poder; siempre que dices sí, puedes sentir amor y compasión, pero no poder. Las palabras tienen sus propias cualidades que no puedes encontrar en los diccionarios. Pero en la vida real, si profundizas en la psicología de las palabras, cada una tiene su propia individualidad. El no no es tan solo una negación: es una afirmación de poder.

No-mente

Si la mente quiere comprender la realidad, tendrá que salir del pasado y del futuro. Pero si sale del pasado y del futuro, deja de ser la mente. Por eso los grandes maestros de todo el mundo insisten en que la puerta que da a la realidad es la no-mente.

Sal de tu mente y sabrás lo que es.

Nubes

El cielo está vacío y, no obstante, ese cielo vacío lo contiene todo; la totalidad de la existencia: el sol, la luna, las estrellas, la tierra y los planetas. El cielo vacío es el trasfondo de todo lo que existe. Las cosas vienen y van, pero el cielo permanece.

Del mismo modo hay un cielo interior que asimismo está vacío. Llegan nubes y se van, nacen planetas y desaparecen, surgen estrellas y mueren; pero el cielo interior permanece inalterado, inmaculado e impasible. A ese cielo interior lo llamamos *sakshin*, el testigo, y es el objetivo final de la meditación.

Entra y disfruta del cielo interior, pero ten presente que no eres nada de lo que ves. Puede que veas pensamientos, luego no eres pensamientos; puede que veas sentimientos, así que tampoco eres tus sentimientos; acaso veas sueños, deseos, recuerdos, fantasías o imaginaciones, de modo que no eres nada de eso. Sigue eliminando todo lo que veas hasta que por fin, un día, llega el momento fantástico, el momento más importante de tu vida, en que no queda nada por desechar. Toda visión se ha desvanecido y solo queda el vidente. El vidente es el cielo vacío.

Nuevo

Con lo viejo eres eficiente; con lo nuevo eres torpe. Con lo viejo sabes qué hacer y con lo nuevo tienes que aprender hasta el ABC. Con lo nuevo te sientes ignorante. Con lo viejo eres muy diestro, pues lo has hecho una y otra vez; puedes hacerlo maquinalmente y no te exige la menor atención. Con lo nuevo tienes que estar consciente y alerta, o de lo contrario algo irá mal.

¿No te habías fijado? Cuando aprendes a conducir, estás muy alerta; pero una vez que has aprendido, te olvidas del asunto. Vas cantando una canción, escuchando la radio, hablando con un amigo o pensando en mil y una cosas mientras conduces maquinalmente, como un robot; no eres necesario. Lo viejo se vuelve maquinal, habitual. Por eso lo nuevo produce miedo, y por eso los niños son capaces de aprender. Cuanto mayor te haces, menos capacidad de aprender tienes. Es muy difícil enseñar nuevas habilidades a un perro viejo. Repetirá las viejas una y otra vez; son las que conoce.

¿Quién va a tomarse semejante molestia? Como todo se está volviendo muy peligroso, nos quedamos con lo viejo. Pero si vives apegado a lo viejo, no vives en absoluto; vives solo de nombre.

La vida solo se encuentra en lo nuevo y nada más que en lo nuevo. La vida ha de ser fresca. No dejes de ser un aprendiz; jamás te conviertas en experto. Permanece abierto; no te cierres nunca. Sigue siendo ignorante y desembarázate cada día de ese conocimiento que se va acumulando automáticamente de manera natural. Cada día, a cada instante, desecha todo lo que has conocido y vuelve a ser un niño, pues ser tan inocente como un niño es la clave para vivir; para vivir abundantemente.

O esto, o aquello

La mente funciona a través del «o esto, o aquello»: o esto es correcto o lo es lo contrario. Por cuanto se refiere a la mente, su lógica y su racionalidad, ambos a la vez no pueden ser correctos.

Si la mente es o esto, o aquello, el corazón es tanto lo uno..., como lo otro. El corazón no tiene lógica, sino una sensibilidad y una capacidad de percepción. No solo cree que ambos puedan darse a la vez, sino que, de hecho, ni siquiera son dos. No es más que el mismo fenómeno visto desde dos ángulos distintos.

Y el corazón siempre tiene razón. Si de lo que se trata es de escoger entre la mente y el corazón... pues la mente es una creación de la sociedad. Ha sido educada. Te la ha proporcionado la sociedad; no la existencia.

El corazón está incontaminado; es pura existencia, por eso tiene una sensibilidad.

Míralo desde el punto de vista del corazón y la contradicción empezará a derretirse como el hielo.

Obediencia

Toda la miseria del mundo se puede explicar de manera muy sencilla: cada uno ha sido tallado, moldeado y programado por otros sin moles-

tarse siquiera en descubrir sus aptitudes naturales, sin darle una oportunidad a la existencia.

Desde el preciso instante en que el niño nace, empiezan a estropear-
lo, con las mejores intenciones, por supuesto. Ningún padre lo hace
conscientemente, pero él fue programado de la misma manera. Repite
lo mismo con sus hijos; no conoce otra cosa.

El niño desobediente es continuamente censurado, mientras que el
obediente, por el contrario, es alabado continuamente. Pero ¿has oído
alguna vez que un niño obediente haya llegado a ser mundialmente famoso en alguna dimensión de la creatividad? ¿Has oído acaso que algún
niño obediente haya logrado el premio Nobel de algo: literatura, paz o
ciencia? El niño obediente acaba diluyéndose en la masa. Todo lo que se
añade a la existencia procede del desobediente.

Obligación

Siempre que hagas algo bueno, hazlo por amor y no por obligación.

Yo solía dar conferencias en muchos clubes. En uno de los Rotary
Club, tenían un lema: «Servimos», que estaba colocado justo delante
de mí. No me habían invitado para que les hablase del servicio, pero
dije:

—Vaya, se me ha olvidado para qué he venido, pero ya que estoy
aquí, hablaré del lema en letras doradas que tengo delante de mí: «Servimos». Si eres consciente de tu servicio, no es servicio, sino una ingeniosa manera de esclavizar a la otra persona. Para mí, deber es una fea y
obscena palabra de cinco letras.

Nunca hagas nada pensando en el deber, pues significa que te lo estás imponiendo, que estás cumpliendo con una determinada exigencia
de la otra parte o que estás siguiendo una determinada disciplina que la
sociedad te ha inculcado.

Actúa solamente por amor, pues solo así la acción tendrá mérito y
será una bendición.

Obsesión

Una obsesión significa simplemente una herida en tu ser que no deja de interpelarte una y otra vez, que no para de manifestarse y de reclamar tu atención. No puedes obviarla. ¿Cómo vas a obviar una herida? Una obsesión es una herida psíquica; no puedes obviarla. Compréndela, obsérvala, préstale atención y medita sobre ella. Cuanto más medites sobre ella, más pronto se curará.

La meditación es una fuerza curativa. Los términos «meditación» y «medicina» proceden de la misma raíz; ambos significan fuerzas curativas. La meditación es medicina; medicina para el alma. Así que si tienes una obsesión, no la llames por su nombre. Desde el momento en que la llamas obsesión, ya has empezado a condenarla, y si la condenas no puedes observarla; estás predispuesto contra ella. ¿Cómo vas a observar al enemigo? No hace falta que la condenes; lo que tenga que ser será. Condenándola no la vas a cambiar, lo único que puedes conseguir es reprimirla. Puedes lograr no verla, pero la herida sigue allí; se volverá cancerosa e irá creciendo en tu interior.

Antes que condenarla, antes que llamarla por su nombre y ponerle etiquetas, obsérvala sin sacar conclusiones. Mira de qué se trata. Profundiza todo lo que puedas con la máxima amabilidad para con ella, con intimidad. ¡Es tu obsesión, tu herida!, dice algo de ti y forma parte de tu biografía. Ha surgido de ti, como surgen las flores de los árboles, y es esencial porque cuenta algo de tu pasado. Profundiza en ella con amor y abnegación, y te quedarás asombrado: cuanta más abnegación le muestras, menos duele, menos predomina y menos se impone sobre ti.

Océano

La vida no es tan solo la ocurrencia de un loco; es muy sistemática. No es el caos, sino un cosmos. Hay un orden, incluso tras el desorden, y basta con los ojos para desvelar su profundidad. Puede que en la superficie solo veas una sucesión de momentos y no percibas la eternidad, que solo veas el cuerpo y nada más. Igual que cuando ves el océano desde la playa, no puedes apreciar su profundidad, ya que solo ves las olas. Pero el océano no es solo las olas. De hecho, las olas no pueden existir sin el océano, mientras que el océano, en cambio, puede existir sin ellas. Las olas no son independientes del océano, sino sus ondulaciones; pero el océano tiene una enorme profundidad. Ahora bien, quien quiera saber su profundidad tendrá que sumergirse y bucear en él.

Ocultismo

El ocultismo es para los estúpidos. Dios no está oculto, sino bien manifiesto. Está por todas partes: cantando en los pájaros o floreciendo en las flores; es verde en los árboles y rojo en las rosas; respira en ti, y en este preciso instante habla a través de mí y escucha a través de ti. Pero tú no quieres ver lo que es obvio.

El hombre tiene un interés muy patológico por lo oculto. Lo oculto significa aquello que está escondido. El hombre pretende interesarse en lo oculto, ¡pero no hay nada oculto! Por lo que se refiere a Dios, no hay nada escondido; no tienes más que abrir los ojos para verlo ante ti. Quédate en silencio y oirás una voz suave y sosegada en tu interior. ¿Por qué recurrir al ocultismo para explorar el espacio interior? ¿Por qué no entrar en él directamente? El ocultismo es muy absurdo, y no tiene límite porque se trata de una invención. Es religión ficción. Igual que hay ciencia ficción, el ocultismo es religión ficción. Si te gustan las ficciones, no hay ningún problema; pero luego no creas que por leer ciencia ficción estés aprendiendo ciencia. No creas en la ciencia ficción ni te dejes llevar por esa creencia; de lo contrario, acabarás en un manicomio.

El ocultismo es exactamente igual que la ciencia ficción. A la gente le gusta la ficción, no hay nada malo en ello; pero debes ser consciente de que se trata de una ficción. Disfrútala; pero no te la tomes en serio.

Oído

Una vez oí lo siguiente:

Dos hombres iban andando por una concurrida acera de la zona comercial del centro de la ciudad. De repente, uno de ellos exclamó: «¡Escucha el bello canto de ese grillo!». Pero el otro no lo oía. Preguntó a su compañero cómo podía detectar el canto de un grillo en medio de aquel bullicio de gente y de tráfico. El primero, que era zoólogo, se había preparado para escuchar las voces de la naturaleza, pero no dijo nada. Se limitó a sacarse una moneda del bolsillo y dejarla caer en la acera. Acto seguido, una docena de personas se puso a buscar a su alrededor.

—Oímos —dijo— lo que queremos oír.

Hay personas que solo son capaces de oír el sonido de una moneda al caer en el suelo; esa es toda su música. Gente pobre. Creen que son ricos, pero son pobres: toda su música se reduce al sonido de una moneda al caer en el suelo. Gente muy pobre... hambrienta. No tiene ni idea de en qué consiste la vida. Desconocen sus infinitas posibilidades y las infinitas melodías que los rodean: la riqueza pluridimensional. Solo oyen lo que quieren oír.

Opiniones

La gente se aferra a sus opiniones. Carecen de fundamento, pero aun así se aferran. Cuanto menos fundamento tiene la opinión, más gente se aferra a ella. Si está basada en sólidos cimientos no hay necesidad de aferrarse; es cierta en sí misma. Cuando es infundada, es preciso que te aferres porque solo si te aferras puede servirte de soporte. Ten siempre presente que si sabes que algo es cierto, no debes enfadarte nunca porque alguien lo contradiga. Te enfadas en la misma medida en que sabes que no es cierto. La ira demuestra que lo tuyo no es conocimiento, sino una simple opinión.

Optimismo

Mullah Nasruddin irritaba continuamente a sus amigos con su eterno optimismo. Por muy grave que fuese la situación, siempre decía que «podría haber sido peor». Para quitarle esa fastidiosa costumbre, sus amigos decidieron inventar una situación tan sumamente aciaga y tan horrible que ni siquiera Nasruddin pudiese encontrar un atisbo de esperanza.

Un día, le abordaron en el bar del club y uno de ellos le dijo:

—Mullah, ¿te has enterado de lo que le ha pasado a George? Llegó a casa la noche pasada y se encontró a su mujer en la cama con otro hombre; los mató a los dos y luego se quitó la vida.

—Terrible —dijo Mullah—, pero podría haber sido peor.

—¿Cómo demonios podría haber sido peor? —preguntó, estupefacto, su amigo.

—Bueno —dijo Nasruddin—, si hubiese pasado el día anterior, ahora yo estaría muerto.

Opuestos

Todos los opuestos forman parte el uno del otro; son complementarios e intercambiables. Pero hay algo que trasciende los opuestos, y es lo que llamo iluminación; la iluminación no tiene contrario.

La no iluminación no es el opuesto de la iluminación, sino tan solo la ausencia de iluminación. Es como la oscuridad y la luz. Generalmente piensas que son opuestos, pero no es así. La oscuridad simplemente no existe: es la ausencia de luz.

Si la oscuridad tuviese su propia existencia, primero tendrías que introducir la luz en la habitación y luego expulsar la oscuridad; pero no existe. En el momento en que introduces la luz, la oscuridad desaparece.

La iluminación es la luz de tu núcleo más profundo. Una vez que la experimentas, desaparece toda la oscuridad de tu vida.

La verdad no tiene ningún contrario, la felicidad tampoco tiene ningún contrario. Todo aquello que no tiene opuesto forma parte de la experiencia de la iluminación. Está más allá de los opuestos; trasciende los opuestos. No puedes transformarlo en otra cosa; es lo que es.

Oración

Solo conozco una oración, y es el silencio absoluto. En el momento en que dices algo, ya la has destruido; de ahí que las oraciones que tienen lugar en las iglesias, los templos, las mezquitas y las sinagogas no sean verdaderas oraciones, pues dicen algo. ¿Qué tienes que decirle al Todo?; el Todo ya lo sabe. Antes de saberlo nosotros, el Todo ya lo sabe. Es estúpido ir contándole cosas a Dios; es insensato.

Puedes quedarte simplemente en silencio. Por lo que se refiere al Todo, el lenguaje carece de sentido; hay que dejarlo a un lado. Pero desechar el lenguaje significa desecharlo todo: la mente, el conocimiento, los libros sagrados, la religión y la iglesia, porque todo pertenece al mundo del lenguaje.

En el momento en que estás en silencio, no eres cristiano ni hindú ni musulmán; no hay Biblia ni Gita ni Corán; no eres ni ateo ni teísta ni comunista ni socialista. El silencio borra todo lo que has aprendido y acumulado. Vueles a ser inocente como un niño, y la inocencia es oración.

Orejas

Es un extraño fenómeno que Dios hiciese los ojos de distinta manera que las orejas. No puedes cerrar las orejas y, en cambio, puedes cerrar los ojos. Tienes párpados para abrirlos y cerrarlos, pero ¿qué pasa con las orejas? Dios jamás se molestó en poner unos simples párpados a las orejas, pues sabía que estabas tan metido en la mente que no los necesitabas. Tus orejas siempre están sordas: no oyes, o solo oyes lo que quieres oír.

Orgasmo

El orgasmo sexual es una experiencia que, aun siendo fundamental, es la más baja de la meditación —más baja y fundamental—. A través del orgasmo sexual el hombre toma conciencia de las infinitas posibilidades de detener completamente el tiempo; de escapar al tiempo. Si puedes escapar al tiempo por un instante, quiere decir que también puedes escapar para siempre; no hay más que encontrar el modo y los medios. Así es como han aparecido el tantra, el yoga, el zen, el sufismo y todo tipo de modos y medios. Una vez que el hombre es consciente de que la posibilidad existe, de que hay una ventana por la que puede escapar; aunque solo sea de vez en cuando...

Quizá de vez en cuando hayas tenido conciencia de que el tiempo puede detenerse, pero el tiempo solo se detiene cuando eres feliz. El tiempo solo se detiene cuando prescindes totalmente de la mente —eres consciente, luego no hay mente—, pues no estás pensando, simplemente existes. Puede producirse escuchando música, contemplando una puesta de sol o pintando; pero tales experiencias son muy raras, mientras que el sexo está al alcance de todo el mundo: es un don biológico de la naturaleza.

Oscuridad

La oscuridad tiene su propia belleza: es muy limpia y elimina cualquier separación. Todo se vuelve uno. La oscuridad tiene una profundidad que no tiene la luz y un silencio del que la luz carece.

La luz es muy superficial; la oscuridad es profunda. La luz viene y va; la oscuridad permanece. No puedes traerla ni echarla. No puedes hacer nada directamente con la oscuridad; solo puedes hacer algo con la luz. Si enciendes la luz, la oscuridad desaparece; si apagas la luz, la oscuridad vuelve. En realidad, nunca se fue a ninguna parte; estaba allí, solo que la luz la ocultaba. Cuando se va la luz, queda la oscuridad.

Otros

Siempre me acuerdo de Jean-Paul Sartre y su afirmación de que «el infierno es el otro». Tal vez la hiciese en un contexto distinto, pero la afirmación tiene valor en sí misma. Me explicaré: el otro es el infierno porque el otro te resta libertad. Puede que lo haga con mucho cariño, sin mala intención. Puede que lo haga con las mejores intenciones; pero eso no cuenta, pues, como dice el refrán: «El camino del infierno está empedrado de buenas intenciones».

Tanto tus padres como tus maestros, vecinos y amigos conforman tu vida continuamente, le dan un estilo. Si examinas tu mente por dentro descubrirás muchas voces al mismo tiempo: están hablando tu padre, tu abuelo, tu madre, tu hermano, tus maestros y tus profesores. La única voz que no encontrarás es la tuya; tu voz ha sido completamente reprimida por otras voces.

Capa tras capa, has ido perdiendo hasta la pista de tu propia voz, de tu propio ser y de tu propia cara. Demasiadas máscaras.

Parábolas

La parábola es una manera de decir cosas que no pueden ser dichas. La parábola es un dedo apuntando a la luna; pero olvídate del dedo y mira a la luna. No te agarres al dedo ni la emprendas con él: la parábola debe ser comprendida y olvidada.

Esa es la virtud de la parábola; del cuento. Cuando alguien lo cuenta, escuchas atentamente porque un cuento siempre despierta curiosidad: «¿Qué pasará?». Estás atento: eres todo oídos, te vuelves femenino y te quedas intrigado. Empiezas a imaginar: «¿Qué pasará?». La parábola genera suspense, alcanza un clímax y luego, de repente, la conclusión. Pero cuando tras el clímax llega la conclusión, estás tan tierno que la conclusión penetra hasta lo más profundo de tu corazón.

La parábola no es solo un cuento. No está hecho para entretenerte sino para instruirte. Esa es la diferencia entre un cuento corriente y una parábola. La parábola encierra un mensaje, un mensaje codificado que tienes que descodificar. A veces se necesita toda la vida para descodificar el mensaje, pero el propio proceso de descodificación te transformará.

Paraíso

Todo el mundo busca un paraíso. Puedes darle distintos nombres: *nirvana*, iluminación, *samadhi*, reino de Dios o verdad suprema, puedes ponerle tantos nombres como quieras, pero seguirás perdido, y no porque hayas sido expulsado del Edén, sino porque estás precisamente en el Edén pero has caído en un estado de profunda somnolencia. El sueño se compone de tus deseos de llegar a algún otro lugar; a las cumbres. Insisto en que ya estás ahí. No tienes más que quedarte en silencio y mirar a tu alrededor; quedarte en silencio y mirar en tu interior. ¡Nunca has estado en otro lugar! El lugar en el que estás es el único en el que podías estar. Acéptalo; pero si no solo lo aceptas, sino que además lo disfrutas y lo amas, la cumbre empezará a abrirse dentro de tu propio corazón y descubrirás de repente que acabas de despertar en el jardín del Edén. No se trata de ir a ninguna parte, sino de estar aquí.

Parto virginal

El «parto virginal» no tiene nada que ver con la virginidad biológica; es pura insensatez. Jesús no nació de una madre biológicamente virgen, luego ¿qué objeto tiene decir que María era virgen? «Virgen» solo significa completamente pura, tan pura que no hay sexualidad en su mente. No es una cuestión del cuerpo, sino de la mente: tan pura que ni siquiera tiene el concepto de sexualidad.

Y en su centro más profundo, todo el mundo es virgen. Virginidad significa pureza de amor. Jesús debió de ser el fruto de un gran amor. El amor siempre es virgen y trasciende el sexo; ese es el significado de virginidad.

Pero en todas partes hay necios que no paran de insistir: «No, nació de una madre virgen», convirtiéndole de ese modo en un hazmerreír. Y por culpa de su necedad, una gran parábola; una gran metáfora, pierde todo significado.

Una madre y su hija fueron al médico. La madre pidió al doctor que examinase a su hija:

—Últimamente ha tenido algunos síntomas extraños y estoy preocupada por ella —dijo la madre.

El doctor examinó detenidamente a la hija y anunció:

—Señora, me parece que su hija está embarazada.

—¡Eso es absurdo! —dijo, estupefacta, la madre—. Mi hijita no ha tenido trato con hombres. —Y volviéndose hacia la muchacha—: ¿Verdad que es así, cariño?

—Así es, mami —dijo la muchacha—. Sabes que jamás me he atrevido siquiera a besar a un hombre.

El doctor miró a la madre, luego a la hija y de nuevo a la madre; se levantó en silencio y se acercó a la ventana. Miró fijamente al exterior y sostuvo la mirada hasta que la madre se sintió obligada a preguntar:

—Doctor, ¿ocurre algo malo ahí fuera?

—No, señora —respondió el doctor—. Solo que la última vez que pasó algo parecido, apareció una estrella en Oriente, y estaba esperando a ver si aparecía otra.

María debía de estar inmensamente enamorada; por eso es virgen. María debía de estar tan profundamente enamorada que el sexo no tenía ninguna importancia para ella.

No olvides que puedes hacer el amor con una mujer sin que haya amor en tu corazón, en cuyo caso es pura sexualidad, pura animalidad: es prostitución. Pero si haces el amor con una mujer sin pensar en el sexo, el amor es pura comunicación entre dos energías; es participación, danza y celebración. Puedes hacer el amor con una mujer y la mujer puede hacer el amor contigo sin pensar en absoluto en el sexo. Todo depende de dónde tengas la mente. Si estás pensando en el sexo, si tu mente está obsesionada con el sexo, lo único que quieres es utilizar a la mujer y lo único que ella quiere es utilizarte a ti. Eso es feo: no tiene ni estética ni poesía. No tiene nada del más allá; es muy cenagoso.

Pero el mismo acto... Ten en cuenta que el acto será el mismo tanto si se trata de dos amantes haciendo el amor como de un hombre que acude a una prostituta: biológicamente es lo mismo, pero espiritualmente hay una enorme diferencia. El hombre que acude a una prostituta solo está pensando en el sexo, mientras que el amante que hace el amor con una mujer no piensa en el sexo. Es simplemente una comunión; una forma de estar cada vez más cerca. El sexo se produce como una muestra de comunión. Eso es virginidad.

Pasado

La mente vive en el pasado porque vive del conocimiento. Conocimiento significa aquello que has conocido, comprendido y aprendido. Pero la existencia está aquí y la mente está allí; la existencia está aquí y la mente siempre está allí. La mente mira hacia atrás; es como un espejo retrovisor. Si conduces marcha atrás, el espejo retrovisor es útil; pero si conduces hacia delante es peligroso ir mirándolo. Y si solo te fijas en el espejo retrovisor es inevitable que tengas un accidente. Corres un grave peligro, te estás comportando como un suicida. La vida siempre va hacia delante; no hay posibilidad de volver atrás.

Paz

Siempre que te acuerdes, relájate profundamente y siéntete en paz tantas veces al día como puedas. Cuanto más lo hagas, mejor. Al cabo de unos días sentirás que, sin necesidad de hacer nada por tu parte, la paz se ha consolidado y te sigue a todas partes como una sombra.

Existen varios niveles de paz. Hay uno que lo puedes producir con solo sentirlo, con solo convencerte por autosugestión de que estás en paz: es el primer nivel. El segundo nivel es aquel del que te vuelves consciente de repente; no eres tú quien lo crea. Pero el segundo solo se produce si se da el primero; de lo contrario jamás se produce.

El auténtico es el segundo, pero el primero contribuye a despejarle el camino. Antes de que llegue la paz, a modo de requisito previo, tienes que crear una paz mental a tu alrededor. La primera paz solo será mental, parecida a una autohipnosis: la has creado tú. Y un día, de repente, descubrirás que ha aflorado la segunda paz. No tiene nada que ver contigo ni con lo que estabas haciendo. En realidad es más profunda que tú.

Surge de la fuente misma de tu ser no identificado, indelimitado y desconocido.

Sólo nos conocemos superficialmente; apenas un pequeño espacio denominado «tú», una pequeña ola calificada y etiquetada como «tú». Pero precisamente es bajo esa ola, en la profundidad, donde se encuentra el gran océano.

Sentarse, pasear... uno puede estar sentado o pasear tensamente y puede estar sentado o pasear relajadamente. Así que, hagas lo que hagas, no te olvides nunca de producir paz a tu alrededor. Pero ese no es el objetivo, sino solo el medio. Una vez que hayas creado la paz, algo del más allá vendrá a colmarla. No será producto de tu esfuerzo y, en cuanto llegue, podrás abandonar el método autohipnótico. Ya no será necesario.

Pechos

¿Te has dado cuenta de lo ridículo que es?, ¿acaso no eres consciente de tu necedad cuando juegas con los pechos de tu mujer?, ¿qué estás haciendo? El niño tiene un motivo: es su alimento; pero tú ya has superado esa etapa. Sigues aferrado a algo... inconscientemente, por supuesto.

La señora Glowicki iba por la calle con el pecho derecho al descubierto. Un hombre la abordó y, bastante ruborizado, se lo advirtió.

—¡Dios mío! —exclamó la mujer—, ¡me he dejado el niño en el autobús!

El niño tiene algún motivo: es su alimento. Pero un adulto mirando siempre a los pechos de las mujeres... o evitándolos, que es lo mismo. Si eres un monje, los evitarás; pero ¿qué estarás evitando? Si evitas algo es porque deseas verlo, y las mujeres lo saben perfectamente, por eso van por ahí mostrando que tienen grandes pechos y poniéndose pechos artificiales y otros artificios para que los pechos parezcan jóvenes. Puede que sus verdaderos pechos cuelguen hasta el ombligo, pero los tontos se lo creen.

Sin embargo, el hombre viene obsesionándose con los pechos desde hace siglos en las pinturas, la poesía o la escultura. Te aconsejo ir a Khajuraho para recibir fantásticas sugerencias sobre los pechos. En realidad, los pechos son tan grandes que uno siente lástima por la mujer. ¿Cómo puede cargar con semejantes pechos? Parece imposible. Por suerte, esas mujeres solo son estatuas de piedra. Si estuviesen vivas, no podrían ni andar; ¡tendrían que andar a cuatro patas! Ahora bien, ¿quién hizo esas esculturas? Gente que aún no había madurado; su niñez sigue allí.

Peligro

En situaciones peligrosas, la mente se detiene automáticamente. ¿Por qué? Porque la mente es un mecanismo que solo funciona con cosas rutinarias para las cuales ha sido entrenado.

No puedes entrenar a la mente para accidentes, de lo contrario no se llamarían accidentes. Si estás preparado, si has realizado ensayos, no son accidentes. «Accidente» significa que la mente no está preparada para hacer nada. Todo es tan repentino, surge tan inesperadamente, que la mente no puede hacer nada. No está preparada; no ha sido entrenada para eso. No puede menos que detenerse a menos que te pongas a hacer algo más, a menos que empieces a hacer algo para lo que estás preparado.

Por eso los peligros tienen un atractivo secreto; un atractivo intrínseco: son momentos de meditación. Si participas en una carrera de coches y vas a más de ciento cuarenta kilómetros por hora, después a más de ciento sesenta y luego a más de ciento ochenta y a más de ciento noventa se produce una situación en la que puede pasar cualquier cosa y tú no podrás hacer nada. En esos momentos el coche está realmente fuera de control, corre sin control. De pronto la mente deja de funcionar; no está preparada para eso. Es la sensación de velocidad —debido al silencio que se produce, te ves proyectado hacia el centro.

Pena

Continuamente nos enseñan a controlarlo todo, y la pena es percibida como una debilidad. Pero uno no es débil, sino sensible, y ser sensible es ser humano. Si se muere alguien que aprecias, es natural que estés triste. No hay ninguna razón para sentirse culpable.

Es, además, una magnífica experiencia: purgadora y purificadora... no hay nada igual. Tiene su propia belleza y su propia alegría, si me permites decirlo así. Si realmente te afliges y te sumerges en la pena, saldrás completamente fresco, renovado y rejuvenecido, como si se hubiese llevado todo el polvo y, con él, también el pasado. Pero pasará; de modo que, si aparece, acéptala y goza de ella. No digo que solo la aceptes, porque puedes aceptarla de muy mala gana: muy fríamente. Puedes aceptarla y mantenerte a distancia, pero se quedará en algún rincón y su sombra alargada te seguirá a todas partes, y eso es malo; es muy peligroso. Puede atenazarte constantemente y destruir tu presente.

Por eso la pena hay que tomársela a cucharadas.

Todo lo que ocurre es natural, porque solo lo natural puede ocurrir. Una vez que has entendido eso, lo aceptas todo. Y si aparece la pena, sumérgete en ella. Aunque te parezca excesiva, acéptala; te sentirás muy bien. El peso y la sombra desaparecerán.

Pena capital

Alguien comete un asesinato —sin duda, el mayor de los crímenes—, pero la cuestión es que el asesinato se cometió en el pasado y el hombre tiene por delante un largo futuro; ¿quién te otorga la autoridad para colgarlo y destruir su futuro? Porque matándole no devolverás la vida al hombre que fue asesinado.

Matarle no es justicia sino venganza. Estás haciendo lo mismo que él. Pero él es un criminal porque está solo e indefenso, mientras que tú tienes el respaldo del gobierno, la fuerza de la ley y el poder del ejército, de modo que puedes justificar tu crimen como legal. Pero el asesinato es ilegal en todas sus formas.

¿Acaso hay algún tribunal que pueda devolver la vida a un hombre? Como los tribunales no pueden devolver la vida a un hombre, ningún tribunal tiene autoridad para destruir la vida de ninguno. Y, de hecho, no hace ninguna falta. Lo único que demuestra que el hombre cometiera el asesinato es que algo anda mal en su psicología. No se trata de un crimen, sino de una enfermedad. De modo que hay que tratarla en vez de castigarla.

Además, por una sola acción condenas a todo el hombre; eso tampoco está justificado. Puedes condenar la acción, pero no al individuo. El individuo debe ser respetado tal y como lo era antes. Lo único que se puede hacer es enviarlo respetuosamente a un sanatorio psiquiátrico y tratarlo; ayudarle para que la herida psicológica que dio origen al crimen desaparezca.

Pensamiento

Piensa menos y experimenta más. ese es mi mensaje fundamental: sé existencial. El intelecto va dando vueltas y más vueltas, pero no llega nunca a lo real. No puede; le resulta imposible. La verdad tiene que encontrarse en un estado de no-mente, así que todo el trabajo consiste en anular la mente: en vivir más allá de la mente y en vivir y gozar de la vida sin pensar en ello.

La verdad está dentro de ti; quédate en silencio y la encontrarás. Solo es cuestión de ser paciente y sagaz. El pensamiento te mantiene tan ocupado que no te permite descubrir que la verdad ya está dentro de ti.

Tal vez no lo hayas notado, pero ¿qué ocurre cuando piensas? Cuando piensas, te cierras. El presente queda postergado. Avanzas por una senda onírica de la mente. Una palabra trae otra y un pensamiento genera otro, y sigues avanzando. Cuanto más piensas, más te alejas de la existencia. Pensar es una forma de alejarse; un método onírico que consiste en soñar conceptos. Vuelve a la tierra. La religión es muy terrenal en este sentido; no mundanal sino muy terrenal: sustancial. Vuelve a la existencia.

Los problemas de la vida solo pueden resolverse si te arraigas profundamente en la existencia. Volando a lomos del pensamiento te alejas cada vez más de las raíces, y cuanto más lejos estás, menos posibilidades tienes de resolver nada. Más bien lo confundirás todo y todo se volverá más complicado. Y cuanto más complicado, más tendrás que pensar y más te alejarás. ¡Cuidado con el pensamiento!

Penumbra

Hay momentos de claridad y momentos de penumbra, pero ambos son buenos y necesarios. Unas cosas crecen en la claridad y otras solo en la penumbra. Y te sorprenderá saber que las cosas que crecen en la claridad no son tan valiosas como las que lo hacen en la penumbra. La penumbra es el misterio de la vida. La claridad es tenue; la penumbra, infinita. La claridad es como una placita iluminada; la penumbra es todo el cosmos y sus tinieblas.

La claridad es como un claro en el bosque: puedes abrir un claro, pero más allá está el bosque. Y la vida está en el bosque. El hijo necesita un útero para crecer porque el útero es oscuro y misterioso. La semilla necesita el suelo para crecer, ya que tiene que penetrar en el suelo y desaparecer en la penumbra. Si la dejas expuesta a la luz, nunca crecerá; la claridad la matará.

Los momentos de claridad corresponden a tu mente consciente, mientras que tus momentos de penumbra son propios de tu inconsciente, y el inconsciente es enorme. Pero no lo llames confusión. Si lo llamas confusión es que de antemano estás en contra; tienes formado un juicio. Emplea las palabras con sumo cuidado, pues significan mucho. Incluso las palabras insignificantes significan mucho, pues determinan la tendencia, la actitud, el planteamiento y la visión. Piénsalo un momento: si lo llamas penumbra no estás en su contra. No adoptas un punto de vista sino que simplemente constatas un hecho. Si lo llamas confusión es que has decidido que se trata de algo malo, una especie de enfermedad, de lo que conviene deshacerse. Ya lo has decidido, ¡tienes que librarte de ello!

Y hay que tener cuidado con otras palabras que usamos, pues comportan tabúes y represiones seculares. Confusión es una palabra condenatoria inventada por la mente lógica; pero la mente lógica es una mente muy pequeña y mediocre. Lo real corresponde al ámbito de lo ilógico. El amor nace de lo ilógico. El cálculo corresponde a la lógica, pero el amor, no. La listeza y la astucia son propias de la lógica, pero no la risa ni las lágrimas, que proceden del más allá interior.

Cuando aparezcan momentos de penumbra, disfrútalos. Hacen misteriosa la vida.

Percepción

Todos los grandes científicos afirman que cada vez que han descubierto algo no lo han descubierto pensando, sino cuando el pensamiento se había detenido y se había producido un intervalo, un vacío. Y en el vacío estaba la percepción: un destello de intuición parecido a un relámpago. Cuando dejas de pensar, tu pensamiento es puro. Suena paradójico. Cuando dejas de pensar —lo repito— tu pensamiento es puro: tu capacidad de reflejar la realidad es pura.

Peregrinos

En el mundo hay millones de turistas, pero es muy raro cruzarse con un peregrino. El turismo no es peregrinaje. El turista es superficial; tiene prisa y siempre va corriendo de un lugar para otro. En realidad, ni siquiera es consciente de por qué lo hace. Tal vez no se encuentre cómodo en ninguna parte; es inquieto. Su condición de turista no es sino la expresión de su inquietud interior.

El peregrino es un fenómeno completamente diferente. Hay algo hermoso en él; algo sagrado. El peregrino no solo visita los lugares, sino que indaga en ellos; es un buscador. No se trata únicamente de curiosidad, sino de un intenso y apasionado deseo de conocer. No está realmente interesado en los lugares, sino en los campos de energía, pues anda buscando un campo de energía en el que disolverse.

Ese es el significado de lugar sagrado: un lugar en el que a uno le gustaría morir y desaparecer; un lugar donde la muerte es más valiosa que la vida, donde el ego puede disolverse porque tienes a tu alcance algo más elevado y puedes seguir existiendo en un plano distinto, en un plano superior. En el mundo solía haber muchos lugares sagrados; muchos campos de energía. Ahora han desaparecido: como ya no hay peregrinos, los campos de energía no pueden alimentarse. Ya no cumplen ninguna función.

Pereza

Si todo el mundo se volviese perezoso, tendríamos un mundo muy hermoso: sin guerras ni bombas atómicas ni armas nucleares; sin crímenes ni cárceles ni jueces ni policías, sin presidentes ni primeros ministros. La gente sería tan perezosa que no necesitaría de todas esas tonterías que su actividad convierte en absolutamente indispensables. Piénsalo de vez en cuando: ¿sabes de algún perezoso que haya hecho algo malo? Y encima, los pobres perezosos son vituperados.

Los perezosos nunca han hecho ningún daño a nadie; no pueden. No se van a tomar tantas molestias.

El verdadero problema es la gente activa.

De modo que no te preocupes por tu pereza. Por lo que a mí se refiere, es totalmente aceptable. Me gustaría que la gente se volviese menos activa, que disfrutase más de la pereza: relajándose en las playas, tomando baños de sol o tocando la guitarra... haciendo todo aquello que es admisible en un perezoso y no haciendo nada de lo que hasta ahora han venido haciendo las personas activas. Las personas activas han producido a los Nadirshah, Genghis Khan y Tamerlán; los Adolf Hitler, José Stalin, Benito Mussolini y Ronald Reagan. El mundo necesita librarse de esas personas activas. Pero nadie escribe sobre los perezosos; no hay ninguna historia sobre ellos. Tiene que haber habido muchos perezosos en el mundo; pero nadie escribe historia alguna sobre ellos. Y son la sal misma de la tierra.

Perfección

No soy un perfeccionista, porque para mí el perfeccionismo es la causa fundamental de todas las neurosis. A no ser que la sociedad consiga librarse de la idea de perfección, nunca llegará a estar sana. La propia idea de perfección ha llevado a toda la humanidad a un estado de locura. Pensar en términos de perfección significa pensar en términos de ideología, objetivos, obligaciones y prohibiciones. Tienes que seguir una pauta determinada, pues, si te desvías, te sentirás inmensamente culpable: un pecador. Además, seguro que el modelo es de tal naturaleza que no puedes alcanzarlo. Si pudieses alcanzarlo no resultaría muy atractivo para el ego.

La cualidad intrínseca del ideal perfeccionista es que ha de ser inalcanzable, pues solo entonces merece la pena alcanzarlo. ¿Ves la contradicción? Y esa contradicción genera esquizofrenia: tratas de lograr lo imposible aun sabiendo perfectamente que no se va a producir, que no se puede producir por la naturaleza misma de las cosas.

De modo que solo quedan dos opciones: una es que empieces a sentirte culpable. Si eres inocente, sencillo e inteligente, empezarás a sentirte culpable, y la culpabilidad es un estado patológico.

La segunda alternativa consiste en que, si eres astuto, te vuelvas un hipócrita y empieces a fingir que lo has conseguido; que engañes a todo el mundo e incluso trates de engañarte a ti mismo: que empieces a vivir de ilusiones, de alucinaciones.

Periodismo

Lo único que hacen los periodistas es buscar la sensación. Todo su negocio depende de la sensación. Explotan los instintos más bajos de la humanidad. El periodismo aún no ha alcanzado la mayoría de edad, todavía no ha madurado. Si se produce una violación, es noticia; si un asesinato, es noticia, si un suicidio, también es noticia. Todo lo infame, repugnante y criminal es noticia, mientras que lo hermoso no es noticia. Si un perro muerde a un hombre no es noticia: es natural; pero si el hombre muerde al perro, sí que es noticia. Además, al periodista no le preocupa que sea cierto o no, el hecho basta; basta con el rumor.

Hay una antigua definición de filósofo: un filósofo es un ciego en una casa oscura y sin luz, en plena noche, buscando un gato negro que no está allí. Esa es la antigua definición de filósofo. Añadiré algo a eso: el periodista es el hombre que lo encuentra. Entonces es noticia.

Peros

Nunca te dejes atrapar por los peros. Haz sencilla la vida, y sin peros es muy sencilla. Los peros generan una gran complejidad porque creamos nuestra vida a través del pensamiento. Si dices «pero», habrá un pero; eres tú quien lo proyecta. No proyectes vacilaciones.

Personalidad

Si conoces tu propia valía no tienes por qué preocuparte de lo que piensen de ti los demás, tanto si te aceptan como si te rechazan. Preocuparse por el rechazo o la aceptación de los demás solo demuestra una cosa: que desconoces tu propia valía y desconoces tu propio ser, que no sabes que Dios se aloja en ti y que eres la morada de lo divino.

Te preocupa lo que los demás piensen de ti porque de ello, de su opinión, dependen muchas cosas. Tu ego depende de las opiniones de los demás, pero tu ser no depende de nadie. Por eso el hombre de ser siempre es un rebelde, mientras que el hombre que vive en el ego tiene que pactar mucho con la sociedad. El egoísta tiene que pactar, ya que si no pacta nadie colmará su ego. El ego necesita el sostén y el apoyo de los demás: cuanta más gente haya como tú, mejor; más pulido y refinado tendrás el ego.

Por eso la gente lee libros del tipo *Cómo conseguir amigos e influir en la gente,* de Dale Carnegie, o como los de Napoleon Hill y otros. Hay miles de esos llamados filósofos que van enseñando a la gente la mejor manera de pulir el ego y decorarlo.

La mente moderna está muy preocupada por cómo te ven los demás. ¿Por qué? Porque hemos perdido el sentido de nuestro propio ser. Ahora lo único que nos queda es el ego, y el ego necesita el soporte de los demás. Si no colmas sus esperanzas con respecto a ti, te retirarán su apoyo; pero cuanto más las colmas, más te esclavizas. Haces todo lo que quieren que hagas; te limitas a ser obediente y pactas continuamente. Que te guste o no no tiene la menor importancia, lo que cuenta es que le guste a los demás. Si quieren que sonrías, sonríes. Tal vez la sonrisa sea fingida, pero eso no importa, a la gente le gusta y, si les gusta tu sonrisa, te querrán. Y si te quieren, te prestarán atención y te respetarán. Colmarán tu necesidad de ser necesario.

En eso consiste el proceso que llamamos nuestra vida, por lo que no es de extrañar que la vida resulte una continua frustración.

Pesimismo

Un pesimista es un optimista decepcionado de su optimismo. Esperaba mucho y fracasó; soñaba con mucho y no pudo conseguir nada sustancial.

El pesimista tiene a un optimista alojado en su cabeza; no son diferentes entre sí.

Placer

Los placeres son agradables, no estoy contra ellos. Pero hay que tener presente una cosa: se trata de juguetes, de simples marionetas. El hombre los crea y, precisamente por ser él quien los crea, no pueden colmarle. Están por debajo del hombre. La creación siempre está por debajo del creador; jamás puede ser superior al creador.

Y lo que el corazón anhela es algo infinito, algo enorme, algo tremendamente poderoso, algo que te arranque de ti mismo, que se presente como una inundación y te lave, te limpie y te purifique: algo que se derrame sobre ti desde el más allá. Solo eso puede dejarte satisfecho. La felicidad es divina.

Pero nunca dejes que los placeres te confundan. Son buenos en sí mismos, juegos entretenidos. Pero los juegos juegos son, y no hay que esperar mucho de ellos. Te mantienen ocupado. Una bonita casa, una buena familia, niños, marido, esposa, amigos, buena compañía: todo eso son juegos. Juega con toda la habilidad y la destreza de que seas capaz, pero recuerda que no te colmarán de satisfacción. Te mantendrán superficialmente ocupado y entretenido; eso es todo.

De modo que cuando estés rodeado de todo tipo de placeres, no olvides ni por un solo instante que la vida no es tan solo jugar a juegos.

Poesía

¿Acaso la belleza de la rosa es la suma de todas sus partes? Así debería ser, según las matemáticas corrientes; pero no lo es. La belleza es algo más. No basta con poner los productos químicos, el agua, la tierra, el aire y todos los componentes de la flor —aunque los pongas todos juntos— para que surja la belleza. La belleza es algo más; por eso desaparece en el análisis.

Si acudes al químico, el científico, a preguntar por la belleza de la rosa, la analizará, pues el análisis es el método de la ciencia. Análisis significa descomponerla en sus partes para poder averiguar de qué está compuesta. Pero nada más descomponerla en sus partes, el «más» invisible desaparece. El «más» invisible solo existe en la unidad orgánica; no se puede analizar. Es síntesis, es decir, totalidad.

Eso mismo es aplicable a todos los grandes valores. Un hermoso poema no es solo las palabras que lo componen, sino algo más. De lo contrario, cualquiera que fuese capaz de juntar palabras de manera rítmica llegaría a ser un Shakespeare, un Kalidasa, un Milton o un Shelley. Cualquier lingüista o gramático se convertiría en un gran poeta. Pero eso no ocurre. Aunque conozcas toda la gramática, aunque estés familiarizado con cada una de las palabras del lenguaje, ser un poeta seguirá siendo un fenómeno completamente distinto. Primero viene la poesía y luego las palabras, no al revés; no basta con ordenar las palabras para que aparezca la poesía.

Polaridades

Hay dos opuestos en la vida: la meditación y el amor. Esa es la polaridad fundamental.

Toda la vida se compone de polaridades: el positivo y el negativo; el nacimiento y la muerte; el hombre y la mujer; el día y la noche o el invierno y el verano. Toda la vida se compone de opuestos. Pero tales opuestos no son solo opuestos, también son complementarios. Se ayudan y sostienen mutuamente.

Son como las dovelas de un arco. En un arco, las dovelas han de estar colocadas una contra otra. Parece que estén una contra otra, pero gracias a esa contraposición el arco se levanta y se sostiene. La fuerza del arco depende de unas dovelas colocadas una contra otra.

Esta es la polaridad fundamental: meditación significa el arte de estar solo, y amor, el arte de estar acompañado. Un hombre completo es aquel que conoce los dos y es capaz de pasar fácilmente de uno a otro. Es exactamente como la aspiración y la espiración; no es difícil. Ambas son opuestas: cuando aspiras se produce un proceso, y cuando espiras, el proceso contrario. Pero la aspiración y la espiración hacen una respiración completa.

En la meditación aspiras y en el amor espiras. Y con el amor y la meditación, tu respiración es completa, profunda y total.

Políticos

Los líderes políticos son seguidores de sus seguidores. Un gran político es aquel que sabe adónde van sus seguidores y se mantiene al frente de ellos. Donde vayan es lo de menos; solo tiene que mantenerse al frente para que sepan en todo momento quién es el líder. Tiene que mantener alerta todos los sentidos, si no algún día se dará la vuelta y todos sus seguidores habrán desaparecido; se habrá quedado solo.

Por qué

«¿Por qué?» es una pregunta equivocada. Las cosas simplemente existen; no hay ningún por qué. Si admites que hay un por qué, este hará que te adentres cada vez más en la filosofía, y la filosofía es un erial: un desierto en el que no encontrarás ningún oasis. Basta con que preguntes «¿por qué?» para que empieces a avanzar en la dirección equivocada; jamás llegarás a casa.

La existencia existe; no hay ningún por qué. Eso es lo que queremos decir cuando decimos que es un misterio, que no tiene por qué. En realidad no debería estar ahí, pero está. Aparentemente no hay necesidad ni motivo para que esté ahí, y sin embargo está. «¿Por qué?» es un asunto de la mente.

De modo que puedes meterte en un buen rompecabezas, pues la mente está haciendo una pregunta acerca de sí misma: «¿Por qué existe la mente?». Tanto la pregunta como las respuestas provienen de la mente, así que la mente puede convertir cada respuesta en una nueva pregunta. Te encontrarás dando vueltas en un círculo vicioso. Hacer la pregunta «¿por qué?» es caer en la trampa de la mente. Tendrás que darte cuenta de que has de renunciar a preguntar «¿por qué?». En eso consiste la confianza.

Posesiones

Si tienes la oportunidad de vivir en un palacio, ¡disfrútalo! Si no la tienes, disfruta de una choza y la choza se convertirá en palacio. Lo que establece la diferencia es el placer. De modo que, aunque vivas bajo un árbol, disfrútalo. No te pierdas ni el árbol ni las flores ni la libertad ni los pájaros ni el aire ni el sol. Y si vives en un palacio, no lo dejes pasar: disfruta del mármol y las lámparas.

No dejes de disfrutar allí donde te encuentres, pero no poseas nada. Nada te pertenece. Llegamos al mundo con las manos vacías y con las manos vacías nos vamos. El mundo es un regalo, así que disfrútalo mientras puedas. Pero recuerda que el universo siempre te da lo que necesitas.

Pragmatismo

A la mañana siguiente de la fiesta de Navidad de la oficina, el marido se despierta con una resaca terrible:

—Me siento fatal —se lamenta.

—Tienes por qué —interviene su mujer—. Anoche te comportaste como un idiota.

—¿Qué hice?

—Te peleaste con tu jefe y te despidió.

—Bueno, ¿y qué?, ¡que se vaya al infierno!

—Fue exactamente lo que le dijiste.

—¿Lo hice? —dijo con incredulidad—, pues ¡que le jodan!

—Eso es exactamente lo que le hice —replicó la mujer—. Vuelves al trabajo el lunes.

¡Muy pragmática!

Preocupación

Una mente preocupada es una mente embotada. Una mente preocupada es una mente prestada.

Desocupada, la mente es fresca, inteligente y radiante; de ahí que una de las bases de la meditación sea permanecer desocupado. Cuando escuchas, escuchas; cuando ves, solo ves, y permaneces en el presente. Si te mantienes en el presente, Dios no puede andar lejos, seguro que está a la vuelta de la esquina. Siempre te ha estado esperando, pero estás tan preocupado...

Una vez que dejas a un lado todas las preocupaciones, se produce en ti un gran vacío. Ese gran vacío es, en definitiva, la meditación. Ese gran vacío en que no queda ni rastro de pensamiento, en que estás simplemente abierto a todo lo que venga, es *satori*; es *samadhi*.

*   *   *

Las preocupaciones y las inquietudes van disipando nuestra energía; y hace falta una energía desbordante para estar ebrio de dios. Las preocupaciones son sanguijuelas; agujeros por los que nos vamos disipando. Deja de preocuparte. No hay nada de que preocuparse; todo está previsto. Vive con esa confianza: la existencia te ama. No te pasará nada malo, pues nada malo puede pasarte; ¿cómo va a perjudicar el Todo a una de sus partes? Es imposible. Y si alguna vez crees que pasa algo malo, debe de ser algún malentendido por tu parte: seguro que se trata de alguna bendición disfrazada.

Presente

La existencia no sabe nada del pasado ni del futuro; solo sabe del presente. Ahora es el único tiempo y aquí el único espacio. En el momento en que te alejes del aquí y ahora, caerás en alguna especie de locura, te partirás en pedazos y tu vida se convertirá en un infierno. Serás descuartizado: el futuro tirará de una parte de ti, y el pasado de la otra. Acabarás esquizofrénico, escindido y dividido. En tu vida no habrá más que una angustia profunda, temblores, ansiedad y tensión. No sabrás nada de la felicidad ni del éxtasis, porque el pasado no existe.

Pero la gente sigue viviendo de los recuerdos, que solo son huellas en la arena, o proyecta una vida en el futuro, que es tan inexistente como el pasado. El uno ya se ha ido y el otro no ha llegado todavía, y entre los dos te pierdes lo real: el presente; el ahora.

Prisa

¿Por qué tanta prisa? ¡Dispones de toda la eternidad! Siempre has estado aquí, sigues estando aquí y siempre estarás aquí. Nunca se pierde nada. Hoy día es una verdad científica demostrada que nada se destruye. Si la materia no se destruye, ¿por qué habría de hacerlo la conciencia? La materia corresponde a un plano muy tosco de la existencia. Si lo material es tan valioso para la existencia, ¿no crees que también lo será la manifestación más elevada? ¡Lo más elevado es más valioso! Así como la materia perdura y es imposible destruirla, tampoco la conciencia puede ser destruida. Es la expresión más elevada de la vida y no hay nada superior a ella. Es el propio Everest de la vida; la cumbre más allá de la cual no hay nada. La existencia entera se encamina hacia esa cumbre. No hay prisa.

El propio concepto de prisa es una creación de la mente. Te lo diré de otro modo: la mente y el tiempo son sinónimos; en cuanto tu mente se detiene, también se detiene el tiempo. Cuanto más metido estás en la mente, más estás en el tiempo; y cuanto menos metido en ella, más al margen del tiempo.

Problemas

Un «problema» es una cosa creada. Las situaciones existen, pero no los problemas. Los problemas son tus interpretaciones de las situaciones. La misma situación puede no ser un problema para una persona y serlo para otra.

Así que crear un problema o no crearlo depende de ti, pero los problemas no existen, están en la psicología humana. La próxima vez que te metas en un lío y tengas algún problema, limítate a observar. Hazte a un lado y examina el problema. ¿Existe realmente o lo has creado tú? Estúdialo con detenimiento y, de pronto, descubrirás que no aumenta sino que disminuye, que se vuelve cada vez más pequeño. Cuanta más energía dedicas a la observación, más pequeño se vuelve. Y llega un momento en que de repente deja de existir... y sueltas una sonora carcajada.

Procreación

La vida de cada uno de nosotros demuestra que no sabemos absolutamente nada de la vida. De lo contrario, ¿cómo es que hay tanta desesperación, tanto sufrimiento y tanta ansiedad?

Y lo mismo digo en relación con el saber y el sexo: no sabemos nada de ello. Tal vez no estés de acuerdo; acaso argumentes que «es muy probable que no sepamos nada acerca del alma o de Dios; pero ¿cómo te atreves a decir que no sabemos nada acerca del sexo?». Probablemente replicarás que tienes esposa e hijos. Y sin embargo me atrevo a decir que no sabes nada acerca del sexo, a sabiendas de que es muy difícil que estés de acuerdo con lo que digo. Puede que hayas tenido experiencias sexuales, pero no sabes más del sexo que un animal. Ejecutar maquinalmente un proceso no basta para conocerlo.

Cualquiera puede casarse y cualquiera puede producir hijos. No tiene nada que ver con la comprensión del sexo. Los animales procrean, pero eso no quiere decir que sepan algo de sexo. La verdad del asunto es que el sexo no ha sido estudiado científicamente. No se ha desarrollado ninguna ciencia o filosofía del sexo porque todo el mundo cree saber de sexo. Nadie ha visto la necesidad de un libro sagrado sobre el sexo. Es un grave error de la humanidad.

El día en que desarrollemos plenamente un libro sagrado, una ciencia y un sistema completo de pensamiento sobre el sexo, produciremos una nueva raza de seres humanos. Se acabará producir esos seres humanos tan feos, sosos, torpes y débiles. Dejaremos de ver enfermos, débiles y torpes en el mundo.

Nunca tratamos en profundidad el tema del sexo, nunca reflexionamos sobre la práctica del sexo, nunca intentamos llegar al fondo ni meditamos sobre el sexo por culpa de la ficción de que sabemos todo lo que hay que saber sobre él. Si todos ya lo saben todo, ¿qué necesidad hay de considerar el tema? Aprovechando la ocasión, me gustaría decirte que tanto en el mundo como en la propia vida, no hay misterio ni secreto ni tema más profundo que el del sexo.

Profesor

Un profesor es alguien que imparte saber prestado. No sabe nada ni ha experimentado nada: no le ha sucedido a él; pero lo ha oído o lo ha leído. Es experto en transmitirlo oralmente; intelectualmente: está dotado para la comunicación.

El profesor perfecto es el que sabe que no sabe nada. El profesor lo olvida; tiende a olvidarlo. Empieza a creerse todo lo que enseña a los demás. No solo engaña a los demás, sino también a sí mismo. Empieza a vivir en un profundo sueño autohipnótico. Primero convence a los demás y, una vez que los ha convencido, viendo su convicción, se convence a sí mismo.

El profesor se autohipnotiza. El gran profesor es el que enseña, pero es consciente de que «esto no es mío». No solo lo sabe, sino que se lo aclara a todo el mundo: «No soy más que un intérprete; un comentarista. He estudiado y soy un erudito, un profesor; pero enseño cosas sobre las cuales no tengo ninguna experiencia», y es capaz de mantener tal grado de conciencia que jamás se engaña. Aunque los demás empiecen a creer en él, nunca cree en sí mismo a menos que se ponga a experimentar.

Promesas

La vida no se cambia con promesas; la vida se cambia con conciencia. No hagas nunca promesas, pues lo único que significa una promesa es que te estás imponiendo algo. Trata de comprender. Cuando hay comprensión no hacen falta promesas; con la comprensión basta. Ves que algo está mal y lo dejas de lado.

Con la comprensión y el discernimiento es suficiente; no hace falta ninguna otra disciplina. Si necesitas de otras disciplinas es que te falta el discernimiento y que algo falla en tu comprensión.

Prudencia

La sociedad no quiere leones; prefiere un tropel de corderos. De ese modo es más fácil esclavizar a la gente, explotarla y hacer con ella lo que quieras. Carecen de un alma; son poco menos que robots. Tú mandas y ellos obedecen. No son individuos libres.

Ninguna sociedad quiere que seas valiente. Toda sociedad quiere que seas un cobarde, pero nadie lo dice sinceramente; en vez de hacerlo, se inventa hermosas palabras. Nadie te dirá: «Sé cobarde», pues eso podría resultar ofensivo para la persona, que empezaría a pensar: «¿Por qué he de ser un cobarde?» —un cobarde no es nada respetable.

No, lo que dicen es: «Sé prudente. Piénsalo dos veces antes de saltar».

Psicología

La psicología es un fenómeno muy simple. No aporta ninguna transformación a tu vida porque no puede tener ninguna trascendencia. Como máximo, te ayuda a adaptarte un poco más a ti mismo y al mundo que te rodea, es decir, a la sociedad y la gente con la que te ha tocado vivir. Te ayuda a estar un poco más adaptado.

La psicología es básicamente ortodoxa; no es revolucionaria porque no puede serlo. Está al servicio del statu quo y de la clase dominante; te mantiene dentro de unos límites y no te permite atravesarlos. No está a tu servicio sino controlada por los que detentan el poder: el Estado, la Iglesia y la sociedad. Es una manera harto disimulada de mantenerte apegado a la mente colectiva. No te ayuda a convertirte en un individuo porque ser un individuo es ser un rebelde, ser un individuo es ir por tu cuenta y ser un individuo es un peligro para la sociedad.

Publicidad

El anunciante cree en la ciencia de la repetición; sencillamente, no para de repetir que su marca de cigarrillos es la mejor. Cuando lo lees por primera vez, tal vez no lo creas; pero la siguiente, la otra y la otra... ¿cuánto tiempo serás capaz de permanecer incrédulo? Más adelante surgirá el convencimiento, y será de tal naturaleza que tal vez ni siquieras te des cuenta de ello. Será subliminal: justo por debajo de la conciencia. De repente, cuando un día vayas al estanco y el dependiente te pregunte qué marca de cigarrillos prefieres, le responderás una marca concreta. La repetición ha funcionado: ha logrado hipnotizarte.

Así es como han funcionado las religiones en el mundo, y toda la política depende asimismo de ella. Anuncia, no pares de repetírselo al público y no te preocupes por si se lo creen o no; no tiene nada que ver. Hitler dice que solo hay una diferencia entre una verdad y una mentira: la verdad es una mentira que se ha repetido muchas veces. Y el hombre es capaz de creerse cualquier mentira. La credulidad humana es infinita. El hombre puede creer en el infierno, el paraíso, los ángeles y los demonios; ¡el hombre puede creer en cualquier cosa! Basta con repetirlo constantemente.

Además, no hace falta razonar. Un anuncio jamás razona, ¿te has fijado en eso? No hay necesidad de razonar. El anuncio simplemente te persuade; jamás argumenta. Tal vez un argumentador no sea capaz de convencerte, pero una persona que te persuade, que no hace más que lanzarte discretas sugerencias en lugar de argumentos directos... Porque si alguien discute contigo, puedes ponerte a la defensiva; pero si lo único que hace ese alguien es insinuarte continuamente ciertas cosas, no de manera directa sino solo en condicional, serás más propenso a dejarte convencer.

Punto de ebullición

La gente echa a perder su vida por falta de intensidad. Solo viven a medias, tibiamente; esa es la definición de su vida. Nunca alcanzan el punto de ebullición, y solo cuando se alcanza ese punto se produce la evaporación. En el momento en que el agua se evapora, adopta una forma completamente nueva; y no solo es distinta cuantitativamente, sino también cualitativamente. El agua fluye hacia abajo, el vapor sube hacia arriba; el agua es visible, el vapor se vuelve invisible. La pasión fluye hacia abajo, la compasión sube hacia arriba; la pasión es visible; la compasión, invisible. La compasión es la evaporación de todas las pasiones; pero solo es posible a una temperatura de cien grados. Esa es toda mi enseñanza: vivir la vida con la máxima intensidad; vivirla con locura y totalidad.

Quiromancia

La quiromancia, como la astrología, no es más que una forma de explotación de la angustia del hombre. Al estar angustiado, busca algo, alguien o algún método que le diga qué es, qué será y cuál es su futuro.

Todas esas ciencias han surgido de la angustia. Y han explotado al hombre durante miles de años por la sencilla razón de que el hombre no tiene más remedio que preguntarse en algún momento qué es la vida en realidad: ¿Qué estoy haciendo aquí? ¿Tiene algún sentido o carece de él? ¿Lleva a alguna parte o me estoy moviendo en círculo? Y si lleva a alguna parte, ¿voy en la buena dirección o en la mala?

Radiografías

Nadie puede decir nada sobre ti. Todo lo que la gente dice es sobre sí misma. Pero a menudo te tambaleas porque estás apoyado en un falso centro. Como ese falso centro depende de los demás, siempre estás pendiente de lo que la gente dirá de ti. Andas a remolque de los demás, tratando siempre de complacerles, de ser respetable y de decorar tu ego. Eso es suicida.

Más que molestarte por lo que digan los demás, debes empezar a mirar dentro de ti. Conocer tu propio ser no resulta muy barato, y la gente siempre se desvive por las cosas baratas.

Ocurrió una vez que:

Cuando el dolor de espalda de Mullah Nasruddin se hizo insoportable, fue a regañadientes a ver a un especialista para que le diagnosticara el problema.

—Bueno —dijo el doctor—, tu problema puede solucionarse con una operación, dos semanas de hospital y seis meses completamente horizontal.

—Doctor, ¡yo no puedo costearme todo eso! —exclamó Nasruddin.

—Vaya, en ese caso, por veinticinco dólares puedo retocar la radiografía —sugirió el doctor.

Retocar la radiografía es barato, pero eso no te devolverá la salud. Y lo que hacemos es eso: retocar constantemente la radiografía y esperar que, de algún modo, se produzca el milagro. Cuando decoras tu ego, lo que haces es retocar la radiografía. Pero no te servirá de nada; no te ayudará a recuperar la salud. Desde luego, es más barato: como no hay intervención, no te costará nada. Pero ¿para qué sirve? El sufrimiento permanece.

Llegas a ser respetable, pero el sufrimiento permanece. Recibes grandes elogios de la sociedad, pero el sufrimiento permanece. Eres condecorado con medallas —insignias doradas, como la Padma Bhushan o la Cruz de la Victoria—; pero tu sufrimiento permanece. Esas insignias doradas no pondrán fin a tu sufrimiento: son como retoques en la radiografía. Cualquier adorno del ego, para el ego, solo es engañarte a ti mismo.

Rapacidad

El codicioso comparte con el buitre una característica: la rapacidad.

El buitre es uno de los pájaros más feos que puedas concebir, y la codicia es sin duda una de las cualidades humanas más infames que puedas imaginar.

Pero la mente es un buitre. Nunca está satisfecha con nada. Por mucho que le des, no para de tomar, pero sigue pidiendo más. Jamás se siente agradecida; siempre se está quejando de que no es suficiente. Nada es suficiente para la mente.

Reacción

Siempre reaccionamos en función de nuestro pasado. Como siempre ha funcionado, creemos que seguirá funcionando en cualquier situación; pero un día se presenta una situación en que tu pasado es sencillamente irrelevante; no funciona. Se trata de una auténtica crisis, pero también de una auténtica oportunidad. Siempre pensamos en función del pasado; así es como reacciona todo el mundo. Ese es el significado de reacción y la diferencia entre reacción y respuesta. Respuesta significa darse cuenta de que la situación es tan nueva que no dispones de ninguna solución del pasado, y al darte cuenta, respondes a la situación. Vas a tenor de la situación y no piensas en el pasado.

Realidad

Para alcanzar la realidad hay que dejar de preguntar por qué y abandonar ese afán, ese anhelo neurótico de un sentido. Ese anhelo neurótico te está llevando a tal estado de desesperación que la vida se ha vuelto casi imposible; es un milagro que sigas vivo. Sí, por lo que a ti se refiere, Freud tenía razón: «La vida humana es más una cuestión de resistencia que de placer». Él mismo jamás disfrutó de la vida; la resistió.

Pero resistir a la vida es infame; es resistirse a una bendición con la que te puedes fundir, de la que no es necesario que te mantengas aparte, sino que puedes participar en su danza y su melodía. La realidad es dejar de preguntar por qué, abandonar las posturas filosóficas ante la vida y dejar de anhelar un sentido. Si lo haces así, tendrás la realidad a tu alcance.

Realización

Preguntaron a un anciano de noventa y cinco años cuál era el secreto de su larga vida y su buena salud. «Me da un poco de vergüenza decir la verdad —dijo—, pues la verdad es que he estado recibiendo vida de los árboles. Me abrazo a ellos y, de repente, empiezan a invadir mi cuerpo sutiles corrientes de energía. Son ellos los que me han mantenido vivo y lleno de savia.» Mi opinión personal es que estaba en lo cierto. Tal vez no pueda demostrarlo científicamente, pero más tarde o más temprano también quedará científicamente demostrado. Si amas a un árbol, el árbol te corresponde, y si amas a una piedra, también la piedra te corresponde.

Experimenta con el amor de todas las maneras posibles y serás más rico cada día. Encontrarás nuevas fuentes y nuevos caminos para el amor, nuevas cosas que amar hasta que, finalmente, llega un momento en que no te queda nada que convertir en objeto de tu amor y simplemente amas; no amas a nadie en concreto, sino que solo amas: estás henchido de amor, rebosante de amor. Y ese es el estado de iluminación. Uno se siente realizado; totalmente satisfecho: lo ha conseguido.

Por primera vez dejarás de tener aquel sentimiento, aquella sensación permanente de que falta algo. Y el día en que descubres que no falta nada, absolutamente nada, es el día más grande de tu vida. Buscas y no echas en falta nada; todo se ha realizado. Realmente has vivido la vida. Otros simplemente la desperdician; pierden una oportunidad de oro.

Recompensas

Las recompensas sirven para aquellos casos en que el propio proceso comporta sufrimiento, de modo que es necesaria una recompensa. Así pues la recompensa es como una zanahoria colgando delante de ti; pero si quieres alcanzarla tendrás que pasar por todo tipo de sufrimientos. Tanto el premio Nobel como las medallas de oro de las universidades, las presidencias y los primeros ministerios del mundo no son más que premios. Son muy pueriles, porque ansiar un premio es pueril, como lo es pedir una recompensa.

Una persona realmente madura vive de tal modo que cada momento es de por sí una recompensa. No tiene que esperar a que esta llegue más tarde. Una persona madura tiene tal percepción de las cosas que el viaje y la meta dejan de ser distintos, con lo cual cada etapa del viaje es una meta en sí misma; es algo maravilloso. ¿Quién va a interesarse por la meta? Cada momento es tan placentero que uno lo disfruta como si fuese un fin en sí mismo, y no un medio para algo.

Reencarnación

Te contaré una pequeña historia que ilustra mi postura con respecto a la reencarnación.

Suramallo le está explicando al rabino la teoría de la reencarnación:

—Supongamos, su santidad, que usted se muere mañana. Al cabo de unos días, brota una flor en su tumba. Luego llega una vaca y se come la flor. A la mañana siguiente, la vaca expulsa una buena bosta. Salgo a pasear, veo la bosta y exclamo: «¡Caramba, su santidad, le encuentro un poco cambiado!».

Relación

La primera fase del amor es el enamoramiento y el segundo estado es la relación, y entre ambos hay una enorme diferencia. En el enamoramiento excluyes a todo el mundo y te concentras en una persona. Es una especie de concentración del corazón. ¡Pero toda concentración acaba siendo un campo de concentración! Básicamente es fascista. Para empezar está bien, pero uno no puede quedarse a vivir en un campo de concentración.

Así que el amor empieza siendo como un campo de concentración, como un asunto exclusivamente entre dos. Ambos son, a la vez, prisioneros y carceleros; ambos actúan de las dos maneras. Cada uno está encarcelado por el otro y es carcelero por derecho propio. ¡Es un bonito juego! Pero uno no puede quedarse ahí si no quiere desperdiciar su vida. Conviene aprender la lección, tanto lo que tiene de bueno como lo que tiene de malo, y desechar lo malo conservando lo bueno. En eso consiste la relación: desechar lo malo del amor, es decir, la posesión, la exclusividad, la dominación, la sospecha, la duda y todos los esfuerzos para limitar la libertad del otro. Cuando todo eso ha sido desechado y tu amor se vuelve solo una relación; no un enamoramiento, sino algo más próximo a la amistad, podrás tener muchos amigos, incluso muchos amantes, y pasar de la unidad a la pluralidad; pero eso tampoco es el objetivo.

El tercer estado es cuando el amor es simplemente una cualidad. Ya no estás apegado ni a uno ni a muchos: el amor es como la respiración, forma parte de tu naturaleza, así que eres afectuoso con todo aquel que se relaciona contigo. Es la tercera fase, a la cual muy pocos han accedido. Pero todavía hay un cuarto estado que han alcanzado tan pocas personas que se podrían contar con los dedos.

El cuarto estado es cuando tu propio ser es amor; ya no es una cualidad, sino tu propia existencia. Lo has olvidado todo acerca del amor, pues como tú mismo eres amor, no necesitas recordarlo; ahora actúas simple, natural y espontáneamente por amor.

Relajación

¿Qué es la relajación? Es un estado de cosas en que tu energía no va a ninguna parte, ni al pasado ni al futuro, sino que simplemente se queda contigo. Estás envuelto en la calidez del plácido estanque de tu propia energía. Ese momento lo es todo. No hay otro momento; el tiempo se detiene y se produce la relajación. Si hay tiempo, no hay relajación. Simplemente el reloj se para; no hay tiempo. Ese momento lo es todo.

Relajación significa que con ese momento es más que suficiente, más de lo que se puede pedir y esperar. Nada que añadir, es más que suficiente, más de lo que podías desear; así que la energía no va a ninguna parte. Se convierte en un plácido estanque y te disuelves en tu propia energía. Ese momento es relajación. La relajación no es del cuerpo ni de la mente, la relajación es del todo. Por eso los budas dicen: «Deja a un lado los deseos», pues saben que mientras haya deseo no puedes relajarte. Dicen: «Entierra a los muertos», porque si te preocupas demasiado por el pasado, no puedes relajarte. Dicen: «Disfruta de este momento».

Jesús dice: «Fíjate en los lirios. Observa a los lirios silvestres: no hacen ningún esfuerzo y sin embargo son hermosos, su esplendor supera al del rey Salomón y están envueltos en una fragancia más maravillosa que las que este conociera jamás. ¡Mira: fíjate en los lirios!».

¿Qué es lo que dice? Dice: «¡Relájate!, no hace falta que te esfuerces; en realidad, todo está previsto». Y prosigue: «Si Él se ocupa de los pájaros del cielo, de los animales, de las bestias, de los árboles y de las plantas, ¿por qué estás preocupado? ¿Acaso no ha de cuidar de ti?». Eso es relajación. ¿Por qué estás tan preocupado por el futuro? Fíjate en los lirios, obsérvalos y sé como ellos; luego relájate. La relajación no es una postura; la relajación es una transformación completa de tu energía.

Relatividad

Un hombre que tenía miedo a los dentistas fue retrasando la visita a uno de ellos hasta que solo le quedaban seis dientes en la boca.

El dentista le examinó y le dijo:

—Esos dientes están gastados, voy a tener que arrancarlos. Le arreglaré las encías y todas esas cosas que hago y volverá a tener en la boca un juego completo de piezas. Su aspecto mejorará y sus problemas de masticación se habrán terminado.

El hombre estaba indeciso:

—Soy un cobarde, doctor, no puedo soportar el dolor.

—¿Quién está hablando de dolor? ¡Soy un dentista indoloro!

—Eso lo dice usted, pero ¿cómo puedo saber que es cierto?

—No se preocupe —dijo el dentista—. Hice un trabajo exactamente igual para otro hombre. Le daré su nombre para que pueda llamarle ahora mismo. Pregúntele si le causé algún dolor.

Así pues, el hombre telefoneó a George Kaplan de Brooklyn.

—Señor Kaplan —dijo—, me llamo Al Goldstein. Usted no me conoce. Estoy en el consultorio de su dentista y dice que hizo un gran trabajo en su dentadura. ¿Es correcto?

—Correcto —asintió Kaplan.

—Muy bien —dijo Goldstein—. Ahora me gustaría que me dijese sinceramente la verdad. ¿Le hizo daño? Dígame, ¿sí o no?

—No puedo darle ni un sí ni un no —dijo Kaplan—. Pero puedo ofrecerle un ejemplo. Cada domingo voy a remar a Prospect Park.

—¿Y bien? —dijo Goldstein.

—Pues bien —prosiguió Kaplan—, nuestro dentista acabó conmigo en diciembre. Ahora estamos en junio y es domingo, y, como de costumbre, estoy en mi barca en el lago de Prospect Park. De repente, uno de los remos cae al agua y, cuando estoy a punto de agarrarlo, se me enganchan las pelotas en el tolete. Puede usted creerme, señor Goldstein, ¡era la primera vez en seis meses que no me dolían las muelas!

Eso es la teoría de la relatividad.

Remembranza

Piensa con detenimiento en la palabra «remembranza». Su verdadero significado es volver a formar parte de un todo. Volver a ser miembro de la familia que constituye la existencia es «re-membrar». Significa que aprendes de pronto el lenguaje que habías olvidado. Es como cuando te olvidas de un nombre: ves a alguien por la calle y le reconoces, crees saber quién es, pero no consigues acordarte de su nombre. Lo has olvidado, aunque tienes muy claro que lo conociste anteriormente. Piensas: «Tengo su nombre en la punta de la lengua». Pero, si lo tienes en la punta de la lengua, ¿cómo es que no sale? Estás absolutamente convencido, tienes el nombre en la punta de la lengua. Haces un esfuerzo; pero cuanto más te esfuerzas, más difícil resulta, porque cuando te esfuerzas mucho por algo, te pones tenso y te cierras. Tu conciencia se vuelve cada vez más estrecha y, en semejante estado de tensión y ansiedad, resulta más difícil recordar.

Luego, viendo que es imposible, te olvidas del asunto. Lo olvidas completamente. Te pones a escuchar música o sales al jardín y te sientas bajo un árbol o haces cualquier otra cosa, como tomar té o hablar con alguien... y súbitamente, sin saber de dónde, aparece el nombre.

Ese es el secreto de la iluminación: se produce cuando estás relajado, en un estado de profundo reposo. Rendirse significa relajarse; el ego significa tensión: llevar a cuestas, innecesariamente, una carga de ansiedad.

Renunciación

Hay insensatos que renuncian al mundo en busca de silencio. El mundo no les molesta, lo que les molesta es la mente; pero no renuncian a la mente. Cuando un hindú se hace monje, no deja de ser hindú. ¿Te das cuenta del disparate? ¡Ha renunciado a la sociedad hindú, pero conserva la idea de que sigue siendo hindú! Si has renunciado a la sociedad hindú, que fue la que te dio la idea de que eras hindú, ¿cómo puedes conservarla? Uno se hace monje cristiano, y sigue siendo cristiano, o católico, o protestante... la mente es muy estúpida. Si piensas en tales estupideces te quedarás asombrado. ¿Cómos puedes ser católico si has renunciado al mundo? Pero la gente renuncia al mundo y no renuncia a la mente, ¡y la mente es un subproducto del mundo!

Yo no predico que renuncies al mundo, sino que renuncies a la mente. Eso es lo que significa este hermosísimo proverbio zen:

Sentado en silencio sin hacer nada
la primavera llega y la hierba crece por sí sola.

Todo lo que se necesita por tu parte es que estés completamente en silencio. Y ese es el significado del término *upanishad*: siéntate en silencio, sin hacer nada, al lado del maestro, es decir, la primavera, y deja que esta te posea y te arrastre consigo como una marea.

Tu ser interior no es algo que pueda ser desarrollado; es perfecto de antemano. No es necesario desarrollarlo espiritualmente, sino tan solo descubrirlo. Y empiezas a descubrirlo cuando el silencio se apodera de ti. Lo que te impide descubrirlo es el ruido y el polvo que genera la mente.

Represión

Represión es llevar una vida que nunca quisiste llevar.

Represión es hacer cosas que nunca deseaste hacer.

Represión es ser quien no eres.

Represión es una forma de destruirte a ti mismo.

Represión es suicidio; muy lento, desde luego, pero seguro; un envenenamiento lento.

La expresión es vida; la represión es suicidio.

Resolución

La mente siempre es indecisa. La indecisión es una de las características fundamentales de la mente. En el momento en que surge en ti la resolución, la mente desaparece. Ser decidido es ir más allá de la mente; permanecer indeciso, vacilante y dividido, es vivir en la mente.

Resolución significa totalidad, compromiso, implicación y un cuanto volcado en algo, en algo que todavía no distingues claramente. Resolución es correr un riesgo, pero la mente es cobarde: evita los riesgos y busca seguridad. La resolución es una de las maneras de trascender el sufrimiento y la esquizofrenia.

Generalmente, el hombre es una multitud; está escindido por mil y un deseos. Resolución es cuando todos esos deseos confluyen en un único depósito de energía.

Respiración

La respiración es una de esas cosas que conviene cuidar porque es una de las más importantes. Si no respiras plenamente, no puedes vivir plenamente, pues casi siempre estarás reteniendo algo; incluso en el amor. Hasta cuando hables te estarás conteniendo, por lo que no te comunicarás plenamente; siempre habrá algo que quedará incompleto.

Cuando la respiración es perfecta, todo lo demás se armoniza con ella. La respiración es vida, pero la gente lo ignora: no les preocupa lo más mínimo y no le prestan atención, pero cualquier posible cambio tendrá que pasar por un cambio de tu respiración.

Si durante años has respirado mal —respiración superficial—, tu musculatura se pone rígida y, con el tiempo, ya no obedece a tu voluntad. Es como cuando alguien se ha pasado muchos años inmóvil: las piernas se entumecen, la musculatura se encoge y la sangre deja de fluir. Un día, de repente, esa persona decide ir a dar un largo paseo —es un hermoso atardecer—, pero no puede moverse; no basta con que lo piense para que ocurra. Ahora tendrá que hacer muchos esfuerzos para devolver la vida a esas piernas entumecidas.

El aparato respiratorio tiene cierta musculatura a su alrededor, y si has estado respirando mal —como casi todo el mundo—, esa musculatura se habrá puesto rígida. Ahora te costará muchos años cambiarla con tu propio esfuerzo y supondrá una pérdida de tiempo innecesaria.

Mediante masaje profundo, especialmente el *rolfing*, tales músculos se relajan y puedes volver a empezar. Pero después del *rolfing*, una vez que hayas empezado a respirar bien, no caigas de nuevo en los viejos hábitos.

Todo el mundo respira mal porque toda la sociedad está basada en condiciones, nociones y actitudes muy equivocadas. Por ejemplo: un niño pequeño está haciendo pucheros y su madre le dice que no llore. ¿Qué hará el niño?, pues nota que está a punto de llorar y su madre le dice que no llore. Contendrá la respiración porque es la única manera de pararlo. Si contienes la respiración, se para todo: el llanto, las lágrimas, todo. Luego, con el tiempo, esto se convierte en una costumbre: no te enfades, no llores, no hagas esto, no hagas lo otro...

El niño aprende que si respira poco profundamente, puede controlarse. Si respira perfecta y profundamente, como respira cualquier niño al nacer, se vuelve salvaje. Por eso se anquilosa a sí mismo.

Responsabilidad

Cada uno recoge exclusivamente lo que él mismo ha sembrado. Adquirir conciencia de ello es el momento más importante de la vida, pues señala el inicio de la transformación y el comienzo de una nueva vida. Asume toda la responsabilidad de lo que eres y el lugar en que te encuentras. Toda la responsabilidad es tuya; no culpes a nadie ni busques excusas en ninguna parte. Eso es muy fácil, y la estrategia del ego consiste en buscar siempre las causas en alguna otra parte, pues de ese modo no hay necesidad de cambiar. ¿Qué puedes hacer tú? La sociedad es mala, la estructura social es mala, la ideología política es mala, el gobierno es malo y la estructura económica es mala; todo es malo excepto tú. Tú eres una bellísima persona perdida entre tantas cosas malas; ¿qué puedes hacer? No tienes más remedio que sufrir y aprender a tolerarlas.

Eso es lo que viene haciendo la gente desde hace siglos, aprender tolerancia. Yo no predico tolerancia; predico transformación.

Respuesta

¿Qué es respuesta? Respuesta es la experiencia no programada del momento. Cuando contemplas una flor, la contemplas de verdad; sin ideas que empañen tu mirada. Contemplas esa flor, ¡su *esidad*!, prescindiendo de todo conocimiento. El corazón responde; la mente reacciona. La responsabilidad incumbe al corazón. Puedes no decir nada; en realidad, no hace falta que digas: «Es bonita».

He oído decir que...

Lao-tse solía dar un paseo por la mañana. Un vecino solicitó acompañarle. Lao-tse le dijo:

—Pero recuerda, no seas parlanchín. Puedes acompañarme, pero no seas parlanchín.

El hombre tuvo ganas muchas veces de decir algo, pero viendo a Lao-tse y conociéndole, se contuvo. Pero cuando empezó a salir el sol y todo se puso tan hermoso, la tentación fue tan grande que se olvidó de todo lo que le dijera Lao-tse. Exclamó:

—¡Mira... qué mañana tan hermosa!

Y Lao-tse replicó:

—De modo que te has vuelto parlanchín. ¡Eres demasiado locuaz! Yo estoy aquí, tú estás aquí y el sol está ahí, elevándose; ¿qué sentido tiene decirme que el sol es hermoso? ¿Acaso no puedo verlo? ¿Acaso soy ciego? ¿Qué sentido tiene decirlo? Yo también estoy aquí.

De hecho, el zoquete que había dicho «la mañana es hermosa» no estaba allí. No hacía más que repetir; era una reacción. Puede que cuando respondas no necesites palabras, o puede que sí. Dependerá de la situación, pero no son indispensables; puede haberlas o no haberlas. La respuesta es del corazón; la respuesta es un sentimiento y no un pensamiento. Al ver una rosa te emocionas y algo empieza a danzar dentro de ti; algo se remueve en el núcleo más profundo de tu ser; algo empieza a abrirse en tu interior. La flor externa desafía a la flor interna y la flor interna responde: es la responsabilidad del corazón. Y si no te distraes con trivialidades, dispondrás de la energía suficiente, de energía en abundancia, para esa danza interior del corazón. Cuando la energía se disipa en pensamientos, los sentimientos se mueren de inanición. Los pensamientos son parásitos: se alimentan de la energía que en realidad está destinada a los sentimientos; la explotan.

Los pensamientos son como sanguijuelas para tu ser: te absorben la energía. Te conviertes en una vasija llena de agujeros; no puedes conservar nada en tu interior y te quedas depauperado. Cuando no hay pensamientos, tu energía se acumula en tu interior y su nivel asciende cada vez más hasta alcanzar una especie de plenitud. En ese estado de plenitud el corazón responde.

Resurrección

Si no tienes miedo a la muerte, ¿por qué te preocupas de la resurrección? Es por miedo. De hecho, si se demostrase irrefutablemente que no hubo resurrección en la vida de Jesús, el noventa y nueve por ciento de los cristianos dejarían de serlo, pues ¿qué objeto tendría? Se habían colgado de aquella persona pensando que conocía el secreto de la resurrección, que de algún modo les impartiría sus secretos y sus claves. Y aunque no les desvelase la técnica, al menos podría hacer algún milagro por ellos; podría salvarlos. Todo por miedo a la muerte.

Si se demostrase fehacientemente que Jesús no hizo curaciones milagrosas, encontrarías pocos cristianos en el mundo; desaparecerían. Jesús no les interesa, lo único que les interesa es saber cómo protegerse de la enfermedad y, en definitiva, de la muerte.

Antes que pensar en la resurrección y en curaciones milagrosas, profundiza en tu interior y analiza tu miedo a la muerte. No hay resurrección; pero si profundizas en tu miedo a la muerte, este se desvanece y, con el miedo a la muerte, la muerte también desaparece. Y descubres que eres eterno. No hay resurrección.

Retiro

Retiro significa lo siguiente: hoy ya te has ganado el pan, así que puedes retirarte.

Pero no sabes cómo retirarte; sigues ganándote el pan incluso en sueños. Te acuestas haciendo planes para mañana, pero nadie sabe si mañana llegará o no llegará. En realidad no llega nunca; siempre es hoy. Haces planes para el futuro sin contar con que la muerte destruirá cualquier futuro. Sé juicioso, quédate en el presente, vívelo tan plenamente como puedas y no conocerás la muerte, pues el hombre que no se preocupa por el futuro no conoce la muerte; se vuelve inmortal. La muerte es mañana; la vida es hoy. La muerte está en el futuro, mientras que la vida siempre está en el presente. Ese es el significado de retirarse. Si me pides que te traduzca la palabra «retiro», la llamaré *sannyas*. No tienes que retirarte al final de tu vida, sino cada día y a cada instante. Si disfrutas de un instante, eso es retiro; es gracias al retiro: es *sannyas*.

Cuando vuelvas a casa después de la oficina, deja la oficina en la oficina. No te la lleves en la cabeza o de lo contrario tendrás jaqueca. ¡Es inevitable! ¡Llevar en la cabeza algo tan grande como la oficina! ¡Con lo que pesa! Todo el mercado en tu cabeza, ¡menuda carga!

Retirarse cada día, retirarse a cada instante... La propia palabra «retiro» no nos resulta agradable, nos produce una sensación de vejez e incapacidad. Uno se retira allá por los sesenta y cinco, cuando se va aproximando la muerte. No, la palabra «retiro» es muy hermosa; es el significado de *sannyas*. Retiro significa descanso: has hecho tu trabajo; ahora, retírate y disfrútalo. El significado de la palabra «retiro» es que no aplaces el placer. Disfruta aquí y ahora.

Revolución

La revolución solo es posible en el alma individual. La revolución social es un seudofenómeno, pues la sociedad por sí misma no tiene alma. No puede haber ninguna revolución política, social ni económica. La única revolución posible es la del espíritu, y es individual. Si millones de individuos cambian, la sociedad cambiará en consecuencia; pero no viceversa. No puedes cambiar primero la sociedad y esperar que después cambien los individuos.

La única verdadera revolución es asumir la responsabilidad de tu vida y empezar a cambiarla. El cambio será lento; solo a medida que pase el tiempo te irás adentrando en el mundo de la luz y la cristalización, y cuando hayas cristalizado sabrás lo que es la verdadera revolución. Luego comparte tu revolución con los demás; tiene que ser de esa forma, de corazón a corazón.

Riesgo

El hombre de negocios tiene una máxima que dice: «Nunca dejes escapar medio pan en mano por un pan entero en un futuro imaginario. Nunca pierdas lo que tienes por lo que no tienes». Esa es la máxima del hombre de negocios: su mentalidad.

El ladrón sigue fielmente otra máxima; dice: «Juégate todo lo que tienes por algo que no tienes». Se juega lo real para lograr su sueño. No es más que un «quizá». Arriesga todas sus seguridades por algo muy inseguro. En eso consiste el valor.

Así pues, sé un ladrón, un jugador, antes que un hombre de negocios, pues solo puedes descubrir lo desconocido si estás dispuesto a prescindir de lo conocido. Cuando lo conocido se retira, penetra en ti lo desconocido. Solo cuando has perdido toda seguridad permites que entre en ti lo desconocido.

Risa

La risa total es un fenómeno infrecuente. Cuando cada una de las células de tu cuerpo ríe, cuando cada una de las fibras de tu ser vibra de contento, se produce una gran relajación. Hay unas pocas actividades que son inmensamente valiosas, y la risa es una de ellas. El canto y la danza son de la misma categoría, pero la risa es la más rápida.

La risa es vida, es amor y es luz. La risa en su forma más pura es una danza de todas tus energías. cuando la risa es realmente profunda, la mente desaparece. No forma parte ni de la mente ni del corazón; la verdadera risa nace en tu núcleo más profundo, desde donde expande sus ondas en dirección a la circunferencia. Igual que cuando tiras una piedra a un lago tranquilo se forman ondas que empiezan a desplazarse hacia la orilla, la verdadera risa brota del centro y se extiende hacia tu circunferencia. ¡Es muy parecida a un terremoto! Cada célula y cada fibra de tu cuerpo danzan al compás.

Rumores

La gente se cree los rumores con mucha facilidad. Si alguien te cuenta algo desagradable y deshonroso de otra persona, te lo crees inmediatamente. Pero si alguien la ensalza, no le crees y pides pruebas. De los comentarios y rumores infamantes nunca pides pruebas. Te los crees complacido por la sencilla razón de que quieres creer que «todo el mundo es mucho peor que tú». Es la única manera de que te sientas bien; un poco a gusto contigo mismo.

Rutina

La gente tiene costumbres fijas. Incluso cuando hace el amor, lo hace siempre en la misma postura: «la postura del misionero». Descubre nuevas formas de sentir.

Cada experiencia debe ser preparada con gran sensibilidad. Cada vez que hagas el amor con una mujer, o un hombre, conviértelo en una gran celebración; pon a trabajar tu creatividad. Unas veces ponte a bailar antes de hacer el amor y otras a rezar, sal a correr por el bosque o no hagas nada, y cada experiencia aumentará tu sensibilidad, de modo que el amor no se convertirá nunca en algo monótono y aburrido.

Busca nuevas formas de explorar al otro. No te quedes atrapado en las rutinas. Todas las rutinas son contrarias a la vida: las rutinas están al servicio de la muerte. A veces basta con un pequeño cambio para que salgas enormemente beneficiado. Siempre comes sentado a la mesa; de vez en cuando sal al jardín y siéntate a comer en el césped. Te quedarás tremendamente sorprendido: es una experiencia completamente diferente. El olor de la hierba recién cortada, los pájaros cantando y saltando alrededor, el aire fresco, los rayos del sol y la sensación de la hierba húmeda debajo de ti; no puede ser la misma experiencia que cuando estás sentado en una silla y comes en una mesa. Es una experiencia completamente distinta: todos los ingredientes son distintos.

De vez en cuando, prueba a comer desnudo; te quedarás boquiabierto. Apenas un pequeño cambio, solo has de desnudarte, y tendrás una experiencia completamente distinta porque has introducido algo nuevo. Si sueles comer con cuchara y tenedor, intenta comer alguna vez con las manos y tendrás una experiencia distinta; el tacto te aportará mayor proximidad a la comida. Una cuchara es una cosa muerta; si comes con cuchara y tenedor, te alejas demasiado. Es el miedo a tocar cualquier cosa, incluso la comida. La comida tiene tantas sensaciones como sabores.

En Occidente se han realizado muchos experimentos relacionados con el hecho de que cada vez que disfrutamos de algo hay muchas cosas que contribuyen a la experiencia y de las cuales no somos conscientes. Por ejemplo: cierra los ojos y la nariz y cómete una cebolla. Pídele a alguien que te la dé sin decirte si lo que te da es una cebolla o una manzana. Pero con la nariz completamente tapada y los ojos cerrados y vendados te costará mucho distinguir la diferencia. No serás capaz de decidir si es una cebolla o una manzana, pues el sabor no es solo el gusto; el cincuenta por ciento procede de la nariz y, una parte importante, de los ojos. No se trata solo del gusto; contribuyen todos los sentidos. Si comes con las manos, también contribuye el tacto. Será más sabroso, más humano y más natural.

Busca nuevas formas en todo. Haz de ello una costumbre; una disciplina. Si consigues descubrir nuevas formas cada día, tu vida nunca dejará de ser una aventura emocionante. Nunca te aburrirás.

Sacerdote

El sacerdote siempre tiene un baluarte, pues el sacerdocio es la institución más antigua del mundo. Dicen que la profesión más antigua del mundo es la de prostituta, pero no estoy de acuerdo. La profesión más antigua del mundo es la de sacerdote, pues sin el sacerdote, ¿quién habría creado a la prostituta? ¿Cómo habría surgido la prostituta? Fue gracias al sacerdote. El sacerdote es la fuente de todo tipo de instituciones infames.

Sacrificio

Si los padres se sacrifican por sus hijos, tarde o temprano, cuando sean viejos, pedirán a sus hijos que se sacrifiquen por ellos. Les dirán: «Como nos hemos sacrificado mucho por ti, ahora te toca a ti sacrificarte por nosotros».

El país pide sacrificio a la gente que habita en él, la Iglesia pide sacrificio y todo el mundo pide sacrificio. No tienes más que mirar a tu alrededor: ahí están todos esperando, pidiendo sacrificio y predicando que el sacrificio es moral.

¡Sacrificarse es inmoral! Es inmoral aunque te sacrifiques por el país, la religión o los hijos. Y es inmoral porque no te permite vivir tu vida. Acabas triste y frustrado y, a cambio, empiezas a coaccionar a los demás para que se sacrifiquen por ti, de modo que la vida de todo el mundo se malogra y se paraliza.

Yo predico una especie de amor propio. No has sido creado para sacrificarte por nadie ni para servir a los demás. Los demás te han enseñado eso porque quieren que les sirvas y te sacrifiques por ellos. Y como quieren que les sirvas, tienen que servirte; como quieren que te sacrifiques por ellos, tienen que sacrificarse por ti. Así es que continuamente estamos gritándonos los unos a los otros en demanda de sacrificio.

Hay que renunciar a la idea misma de sacrificio. Has sido creado, igual que los demás, para vivir y celebrar.

Sagrado

No hay nada en el mundo más sagrado que las lágrimas de amor y alegría. Esas lágrimas, tan puras, no son de este mundo. Aun siendo parte del cuerpo, expresan algo que no lo es.

Salud

He aquí una definición de salud: si no sientes el cuerpo, estás sano; y si lo sientes, estás enfermo, pues solo se siente el dolor. Siempre que hay algún dolor, lo sientes. El dolor es necesario para sentir el cuerpo y para sentirte a ti mismo. Además, el dolor produce el ego: el sufrimiento, la angustia y la ansiedad producen el ego.

De modo que, si eres egoísta, recuerda que es un indicio de que has perdido la armonía interior. Y a menos que recuperes la armonía interior, no puedes influir directamente sobre el ego. Aunque te pongas a hacer algo expresamente para el ego, no pasará nada. Por el contrario, puede perturbarte todavía más. Todas las religiones lo dicen: renuncia al ego. Quieren decir que seas armonioso. Su insistencia en disolver el ego responde a su empeño en disolver el trastorno: conviértete en un ritmo; en un silencio interior. Insisten por mor de la salud.

El término sánscrito para salud es muy hermoso: el término es *swastha*, que significa adaptarse a su ser; cuando te adaptas a tu ser no hay ego. Cuando eres uno, estás sano; cuando estás fragmentado, dividido o desgarrado, estás enfermo. Estás sano cuando tienes sensación de unidad, de que todas las escisiones se han desvanecido.

Salvación

Los cristianos siguen afirmando que Jesús es la salvación; pero eso es insensato, ya que si Jesús fuese la salvación, ¿por qué sigue habiendo tanto sufrimiento en el mundo? ¡Jesús se habría manifestado! Habría solucionado los problemas de todo el mundo. Pero no ha solucionado los problemas de nadie, ni siquiera los de los cristianos; ¡no puede! Nadie puede hacer eso, y es bueno que nadie pueda hacerlo, pues si otros pueden hacerlo, también pueden deshacerlo. La libertad que otros puedan concederte no será una gran libertad, sino otra forma de esclavitud.

La libertad hay que ganársela con el propio esfuerzo. Nadie puede otorgártela; de ahí que nadie pueda quitártela. Es absolutamente tuya.

Santos

Todos vuestros santos son desgraciados; llevan el sufrimiento profundamente grabado en el rostro y la mirada. Como son desgraciados, están en contra de cualquier tipo de placer. Condenan cualquier placer como hedonismo; condenan como pecado toda posibilidad de placer. Puesto que son desgraciados, les gustaría que todo el mundo lo fuese. De hecho, solo se les puede considerar santos en un mundo desgraciado. En un mundo feliz tendrían que ser hospitalizados y recibir tratamiento mental. Son patológicos.

He conocido a muchos santos y he estudiado la vida de vuestros santos del pasado. Noventa y nueve de cada cien eran simples anormales: neuróticos e incluso psicópatas; pero eran respetados, y no olvides que lo eran por su sufrimiento. Cuantos más sufrimientos padecían, más respetados eran. Ha habido santos que solían flagelarse cada mañana, y la gente se congregaba para presenciar tamañas austeridad, ascetismo y penitencia; y el más grande era aquel que tuviese el cuerpo cubierto de llagas. ¡Y ésos eran considerados santos!

Ha habido santos que se han destruido los ojos por considerarlos responsables de que uno descubra la belleza, que es la antesala de la lujuria. Y eran respetados porque se habían destruido los ojos. Dios les había dado los ojos para contemplar la belleza de la existencia; pero ellos se quedaron ciegos por propia voluntad.

Ha habido santos que se cortaron los genitales. Y fueron muy respetados, tremendamente respetados, por la sencilla razón de que habían sido autodestructivos; violentos consigo mismos. Esa gente estaba enferma psicológicamente.

Satisfacción

Existe una gran diferencia entre satisfacción y contento; pero no solo son diferentes, sino que en realidad son opuestos.

La satisfacción es «pseudo». No es más que un esfuerzo para ocultar las heridas. Las heridas no están curadas, siguen ahí; aunque al menos están ocultas. Pero siguen creciendo y acumulando pus, y pueden volverse cancerosas.

El contento son las heridas curadas: estás sano. Es auténtico. La satisfacción es solo un consuelo. Como no podemos crear felicidad, somos desgraciados, así que inventamos muchos métodos para consolarnos. El contento no es un consuelo, sino la propia felicidad.

Una vez que la felicidad se pone en marcha, el contento la sigue como una sombra. Por eso no predico el contento, sino la felicidad. Las otras religiones han predicado el contento durante siglos; pero si tratas de contentarte, solo obtendrás satisfacción, es decir, un consuelo, una moneda falsa. Por eso ha aparecido esta seudohumanidad.

Yo empiezo por la felicidad. El antiguo planteamiento religioso consistía en empezar por el contento, y, como consta en muchos libros sagrados del mundo, decían que la persona contenta es feliz. Yo afirmo que lo cierto es justamente lo contrario: la persona feliz está contenta. Y si alguien no es feliz, su contento es falso.

Así que empieza por ser feliz.

Secretos

Todo lo hermoso es interior, y lo interior supone intimidad. ¿Has observado a las mujeres cuando hacen el amor? Siempre cierran los ojos. Ellas saben algo. El hombre hace el amor con los ojos abiertos, pues al mismo tiempo es un mirón. No está totalmente por lo que hace; no se implica del todo. No deja de ser un *voyeur*, como si fuese otro el que hiciese el amor y él estuviese observando, como si el acto sexual tuviese lugar en una pantalla de cine o de televisión. Pero la mujer sabe más porque está en sutil armonía con lo interior. Siempre cierra los ojos, y el amor cobra una fragancia completamente diferente.

Así como la semilla requiere oscuridad e intimidad en el seno de la tierra, todas las relaciones que son íntimas y profundas se mantienen ocultas. Requieren intimidad: un lugar donde solo existan dos. Y llega un momento en que incluso los dos se funden en uno.

Dos amantes en profunda armonía acaban fusionándose. Solo existe uno. Están juntos y respiran juntos; existe una unión. Eso no sería posible si hubiese mirones. Jamás serían capaces de entregarse si otros estuviesen observando. Las miradas de los otros servirían de barreras. Así, pues, todo lo que es hermoso y profundo tiene lugar en la oscuridad.

No lo olvides, y ten siempre presente que sería una tontería por tu parte hacer que tu vida fuese completamente pública. Sería como ir con los bolsillos vueltos del revés. Ese sería tu aspecto; como bolsillos vueltos del revés. No hay nada de malo en ser extravertido, pero recuerda que solo es una parte de la vida. No hay que confundirla con el todo.

No digo que te muevas siempre en la oscuridad. La luz tiene sus propias cualidades y su propia razón de ser. Si la semilla se queda en la oscuridad para siempre y no sale a recibir la luz del sol de la mañana, es que está muerta. Primero tiene que sumirse en la oscuridad para brotar, reunir fuerzas, adquirir vitalidad y renacer; pero luego tiene que salir y hacer frente al mundo y a la luz y a la tormenta y a las lluvias. Tiene que aceptar el desafío del exterior.

Pero solo puedes aceptar ese desafío si estás profundamente arraigado en tu interior. No digo que os evadáis; no digo que cerréis los ojos y os desenvolváis por dentro sin salir nunca al exterior. Lo único que digo es que os volváis hacia dentro para salir cargados de energía, de amor y de compasión. Vuélvete hacia dentro, de modo que, cuando salgas de nuevo, no seas un mendigo, sino un rey. Vuélvete hacia dentro de modo que al salir tengas algo que compartir: las flores y las hojas. Vuélvete hacia dentro para que al salir seas más rico, y no más pobre. Y cuando te sientas exhausto, recuerda siempre que la fuente de energía se encuentra en tu interior. Cierra los ojos y entra.

Establece relaciones externas, pero también relaciones internas. Las relaciones externas son inevitables, por supuesto, ya que estás en el mundo y en él hay relaciones comerciales; pero no deberían ser las únicas. Tienen su papel en la obra, pero ha de haber algo completamente íntimo y secreto, algo que puedas considerar tuyo propio...

La vida surge de esa fuente interior y se difunde en el espacio exterior. Tiene que haber un equilibrio; siempre predico el equilibrio. Por eso no diré nunca que tu vida tenga que ser un libro abierto; de ningún modo. Algunos capítulos abiertos, de acuerdo, pero también algunos capítulos completamente cerrados, en el más profundo misterio. Si solo eres un libro abierto, serás una prostituta; siempre aguardando desnuda en la plaza del mercado, con solo la radio puesta. No, eso no funcionaría.

Si eres un libro abierto, serás como un día sin noche o un verano sin invierno. ¿Dónde buscarás entonces reposo, equilibrio y refugio? ¿Adónde irás cuando el mundo es demasiado para ti? ¿Adónde irás a rezar y a meditar? No, mitad y mitad es lo perfecto. Deja abierta la mitad del libro, abierta y al acceso de todo el mundo; pero deja que la otra mitad de tu libro sea tan secreta que solo tengan acceso unos pocos invitados.

Solo en contadas ocasiones permites que alguien entre en tu templo. Así es como debe ser. Si la multitud entra y sale, el templo deja de ser un templo. Puede ser la sala de espera de un aeropuerto, pero no un templo. Solo raras veces, muy raras veces, permites que alguien entre en tu ser. En eso consiste el amor.

Sencillez

Sencillez es vivir sin ideales. Los ideales generan complejidad; los ideales generan división en ti y por consiguiente complejidad. En el momento en que te propones ser otro, te vuelves complejo. Sencillez es estar contento con lo que eres. El futuro comporta complejidad, luego eres sencillo cuando estás plenamente en el presente.

Sencillez no significa llevar una vida de pobreza. Eso es completamente estúpido porque una persona que se impone una vida de pobreza no es sencilla: es un hipócrita. Que tenga necesidad de imponerse una vida de pobreza significa que, en el fondo, lo que ansía es precisamente lo contrario; ¿por qué si no tendría necesidad de imponérsela? Si te impones un determinado carácter es porque eres precisamente lo contrario.

Sencillez significa ser solamente tú mismo, seas quien seas, con inmensa aceptación y sin ideales ni metas. Todos los ideales son una porquería; deshazte de ellos.

Sensaciones

Vivimos para las sensaciones; anhelamos sensaciones. No paramos de buscar sensaciones cada vez más nuevas; toda nuestra vida es un afán por obtener nuevas sensaciones. Pero ¿qué es lo que ocurre? Cuantas más sensaciones buscas, más insensible te vuelves. Se pierde la sensibilidad.

Parece paradójico: con las sensaciones se pierde la sensibilidad. Luego pides más sensaciones y lo que hace ese «más» es arruinar tu sensibilidad todavía más. Después vuelves a pedir más, y al final llega un momento en que todos los sentidos se embotan y se mueren. Nunca antes el hombre había estado tan embotado y muerto como hoy. Antes era más sensible porque no había tantas posibilidades de colmar tantas sensaciones. Ahora, en cambio, la ciencia, el progreso, la civilización y la educación han creado un sinnúmero de oportunidades para adentrarnos más y más en el mundo de la sensación. Al final te conviertes en una persona muerta, ya que pierdes la sensibilidad. Si vas probando comidas de sabores e ingredientes cada vez más fuertes, perderás el gusto. Si viajas por todo el mundo y no paras de ver cosas cada vez más maravillosas, acabarás ciego; perderás la sensibilidad de tus ojos.

No busques la sensación, sino la sensibilidad; vuélvete más sensible. Son dos cosas distintas. Si buscas sensaciones estarás buscando objetos; no harás otra cosa que acumular objetos. Pero si buscas sensibilidad tendrás que orientar tu labor hacia los sentidos y no hacia los objetos. No se trata de acumular objetos, sino de potenciar tus sentimientos, tu corazón, tus ojos, tus oídos o tu nariz. Debes potenciar los sentidos de tal modo que sean capaces de percibir lo sutil.

Sensualidad

Entra más en tu cuerpo. Aviva tus sentidos: mira, saborea, escucha, toca y huele amorosamente. Haz que tus sentidos trabajen cada vez más, y, súbitamente, descubrirás que la energía que hasta ahora se concentraba en exceso en la cabeza se reparte equitativamente por todo el cuerpo.

La cabeza es muy dictatorial. Se lleva energía de todas partes y la acapara. Ha matado a los sentidos. La cabeza se queda con el ochenta por ciento de la energía y solo deja el veinte por ciento para el resto del cuerpo. Naturalmente, todo el cuerpo sufre, y cuando sufre todo el cuerpo, sufres tú, pues solo puedes ser feliz cuando funcionas como un todo, como una unidad orgánica en la que cada parte del cuerpo y del ser recibe su parte alícuota; ni más ni menos. Entonces tienes un ritmo; una armonía.

Armonía, felicidad y salud forman parte de un mismo fenómeno: el de la unidad. Si eres uno, eres feliz, saludable y armonioso.

La cabeza está provocando un trastorno: la gente ha perdido muchas cosas. La gente no huele: ha perdido la capacidad de oler; ha perdido la capacidad de saborear; solo puede oír ciertas cosas: ha perdido el oído, y apenas sabe lo que es el tacto. La piel se ha marchitado: ha perdido la tersura y la receptividad. De modo que la cabeza medra como Adolf Hitler: aplastando al resto del cuerpo. La cabeza es cada vez más grande, lo cual es muy ridículo. El hombre es casi una caricatura: una cabeza muy grande de la que cuelgan unos miembros pequeñitos.

Así que recupera los sentidos. Haz algo con las manos, con la tierra, con los árboles, con las rocas, con cuerpos, con gente; algo que no requiera pensar mucho ni comporte demasiada intelectualización, y diviértete. Poco a poco tu cabeza se irá aligerando. También será bueno para la cabeza, pues cuando la cabeza está demasiado cargada, piensa; pero no puede pensar. ¿Cómo puede pensar una mente preocupada? Para pensar hace falta claridad; se necesita una mente que no esté tensa.

Parece una paradoja, pero para pensar hay que tener la mente en blanco. Entonces puedes pensar fácil, directa e intensamente. No tienes más que ponerle un problema delante para que tu mente en blanco empiece a resolverlo. Luego te asalta una intuición. No es inquietud, sino mera percepción. Cuando tu mente está demasiado cargada de pensamientos, piensas mucho pero en balde. No sirve para nada; no tienes nada en la cabeza. No haces más que dar vueltas y más vueltas; haces mucho ruido, pero el resultado es nulo.

De modo que distribuir la energía entre todos los sentidos no va en contra de la cabeza, sino a su favor, porque si la cabeza está equilibrada, en el lugar que le corresponde, funciona mejor; de lo contrario se atasca, como cuando hay mucho tráfico: como si fuese hora punta las veinticuatro horas del día.

Sentido

No hay ningún sentido. De hecho, el placer es posible porque no tiene sentido. La alegría, como la danza, solo son posibles porque no tienen sentido. Escucha a los pájaros, ¿crees que tiene algún sentido? ¡No tiene ningún sentido!, ¿por qué habría de tenerlo? Fíjate en los árboles, las flores o las estrellas, ¿tienen algún sentido? ¿Y por qué habrían de tenerlo?

Y los niños corriendo excitadísimos de aquí para allá, ¿crees que tienen algún sentido?, ¿crees que han encontrado algún tesoro?, ¿crees acaso que han encontrado diamantes? Nada de eso, tal vez solo se trate de unas piedras de colores o de una mariposa muerta, o bien que han recogido unas hojas secas y unas conchas en la playa... pero se sienten inmensamente felices.

La dicha no tiene por qué basarse en el sentido. En realidad, el concepto mismo de sentido destruye la dicha. En cuanto empiezas a buscar el sentido, te vuelves un calculador y te conviertes en una mente. Luego te metes en un tremendo lío, pues cada cosa te plantea una nueva pregunta.

Sentido interno

Había un muchacho que se rascaba continuamente la cabeza. Un día, su padre se lo quedó mirando y le dijo:

—Hijo mío, ¿por qué te rascas siempre la cabeza?

—Bueno —respondió el muchacho—, supongo que porque soy el único que sabe que me pica.

Ese es el sentido interno. Solo lo sabes tú. Nadie más puede saberlo.

No se puede observar desde el exterior. Si tienes dolor de cabeza, solo lo sabes tú; pero no puedes probarlo. Si eres feliz, solo lo sabes tú; pero no puedes demostrarlo. No puedes ponerlo encima de la mesa para que todo el mundo lo examine, lo diseque y lo analice.

De hecho, el sentido interno es tan interno que ni siquiera puedes demostrar que exista. Por eso la ciencia no para de desmentirlo; pero desmentirlo es inhumano. Hasta el científico sabe que, cuando ama, tiene una sensación interna. ¡Algo hay ahí! Y no es ni una cosa ni un objeto, por lo que no es posible mostrárselo a los demás. Pero sigue ahí.

El sentido interno tiene su propia utilidad; pero a causa de la formación científica, la gente ha perdido la confianza en su sentido interno. Depende de los demás. Depende de tal modo que si alguien te dice: «Se te ve muy feliz», empiezas a creer que eres feliz. Si veinte personas se ponen de acuerdo para hacerte desdichado, te harán desdichado. Solo tienen que repetírtelo a lo largo del día cada vez que se crucen contigo; no tienen más que decirte: «Se te ve muy desdichado y muy triste. ¿Qué te pasa? ¿Acaso se te ha muerto alguien?», para que empieces a recelar: si tanta gente dice que eres desdichado, es que debes de serlo.

Dependes de las opiniones de los demás. Dependes tanto de las opiniones de la gente que has perdido hasta la noción de sentido interno. Hay que redescubrir el sentido interno, pues todo lo que es bueno y hermoso, todo aquello que es divino, solo puede ser percibido por el sentido interno.

Sentimiento

Piensa menos y siente más; intelectualiza menos e intuye más. El pensamiento es un proceso muy engañoso, pues te hace creer que estás haciendo grandes cosas cuando lo único que haces son castillos en el aire. Los pensamientos no son otra cosa que castillos en el aire.

Los sentimientos son más materiales, más sustanciales, y tienen la capacidad de transformarte. Pensar en el amor no te servirá de mucho, pero sentir amor te transformará inevitablemente. El pensamiento es muy apreciado por el ego, pues el ego se nutre de ficciones. El ego no puede digerir ninguna realidad, y el pensamiento es un proceso ficticio. Pasa de la mente al corazón, del pensamiento al sentimiento y de la lógica al amor.

Seriedad

Los que se toman la vida en serio acaban enfermos, pues la vida, de principio a fin, no es un fenómeno serio sino pura diversión. Es una canción que hay que cantar, una danza que hay que bailar y un amor que hay que vivir, pero con total alegría. En el momento en que te pones serio, te quedas bloqueado; el flujo se interrumpe y quedas desconectado de la energía universal. Cuando estás serio no puedes bailar, pues la seriedad es básicamente tristeza. La seriedad es al mismo tiempo cálculo y negocio, pues uno siempre busca el motivo: ¿Por qué? Uno siempre se pregunta: «¿Por qué lo hago? ¿Qué voy a ganar con ello? ¿Cuál será el beneficio?». Se trata de actitudes serias, buenas para el mercado, pero absolutamente equivocadas cuando se trata de volverse hacia dentro. Cuanto más hacia dentro te vuelves, más divertida te parece la vida; tremendamente divertida. Lo único que necesitas es un cierto sentido del humor y la diversión.

En el pasado las cosas eran muy distintas. Los santos han sido muy tristes y muy serios, como si la vida fuese una carga, una carga muy pesada, y ellos transportasen montañas sobre sus cabezas. No eran libres como los niños que juegan sin motivo alguno, que juegan solo por jugar, por el mero placer del juego... y sin esperar nada a cambio.

Déjame lanzarte un mensaje: deja que sea la alegría el color que impregne todo tu ser; déjala que vibre a través de cada fibra y cada célula de tu ser. Y cuando estés serio, abandona inmediatamente la seriedad. No permitas que se quede mucho tiempo contigo, pues, cuanto más tiempo se quede, más profundas serán sus raíces. ¡Abandónala inmediatamente! Las raíces deben ir en una dirección completamente distinta; en dirección a la alegría.

Servicio

Hay millones de misioneros cristianos sirviendo a los pobres por razones equivocadas. Su motivo para servir a los pobres es que ese es el camino para alcanzar el cielo. ¡Eso no es servicio, sino codicia! Por fuera son buenas personas: gente simpática y muy servicial que hace buenas obras siempre que puede; pero en lo más profundo, su deseo es pura codicia, una codicia proyectada hacia el más allá. Son muy codiciosos, mucho más que la gente corriente, porque la gente corriente se contenta con un poco de dinero, una buena casa, un jardín, un coche y esto y lo de más allá; les basta con un poco de prestigio y de poder y con llegar a primer ministro o presidente para ser completamente felices, para estar satisfechos. Pero esa gente no se conforma con cosas tan nimias, mundanas y transitorias; ellos repudian todo eso. Quieren la paz y la felicidad eternas; aspiran a la eterna compañía de Dios.

Pero encontrarán mucha competencia, ya que Dios debe de estar rodeado de una gran multitud de santos. ¿Quién conseguirá estar al lado de Dios? En realidad, eso fue lo que los discípulos preguntaron a Jesús; esa era la pregunta que predominaba en sus mentes la noche antes de separarse.

Siempre me compadezco de Jesús. Por lo que se refiere a los discípulos, no fue tan afortunado como Buda, Mahavira o Lao-tse. ¡Le tocó un lote muy malo!

Jesús va a ser crucificado al día siguiente. Les ha dicho que es la última noche y vaticinado que van a prenderle. ¿Y sabéis lo que preguntan? No les preocupa lo más mínimo la crucifixión de Jesús: cómo protegerle, cómo salvarle o si pueden hacer algo; eso no les preocupa. Le preguntan: «Señor, mañana nos abandonarás. Acláranos solo una cosa antes de partir. Por supuesto, sabemos que en el cielo estarás a la diestra de Dios; pero ¿quién estará a tu lado? ¿Cuál de nosotros tendrá la dicha de estar junto a ti?».

¡Eso es pura codicia! Es política espiritual, y es más peligrosa que la política común porque esta es tosca y la puedes descubrir inmediatamente cuando la tienes delante, pero ese otro tipo de política es muy sutil y difícil de detectar.

Sexo

El sexo debería ser más divertido que el serio asunto en que se lo ha convertido en el pasado. Debería ser como un juego: dos personas que juegan con sus respectivas energías corporales. Si ambas son felices, no le incumbe a nadie más. No hacen daño a nadie; simplemente disfrutan mutuamente de sus energías. Es la danza de dos energías entrelazadas, y la sociedad no ha de inmiscuirse para nada. La sociedad solo debe intervenir si alguien interfiere en la vida de alguien, si abusa o se aprovecha de alguien, o si es violento o viola la vida de alguien. De lo contrario no hay ningún problema; no hay que preocuparse por nada.

El futuro tendrá una visión del sexo completamente diferente. Será más amable, alegre y divertido; será más un juego que el serio asunto que ha venido siendo en el pasado. Ha destruido la vida de las personas, ¡las ha agobiado inútilmente! Ha provocado tanta envidia, posesión y dominación, tantas riñas, peleas y reproches sin ningún motivo...

La sexualidad es un simple fenómeno biológico. No hay que darle tanta importancia. Su única importancia estriba en que la energía puede trasladarse a niveles superiores; puede ser cada vez más espiritual. Y la manera de volverla más espiritual es hacer del sexo un asunto menos serio.

Sexualidad

Si uno medita sobre su propia sexualidad empieza a comprender los grandes secretos de la vida; están ocultos en ella. El sexo tiene la clave, pero no solo es la clave para reproducir hijos, sino también la clave para recrearte de nuevo. No es solo reproducción, sino auténtica recreación.

El término «recreación» ha perdido parte de su significado original. Actualmente, «recreación» significa disfrutar de un día de fiesta, divertirse o jugar. Pero lo cierto es que cada vez que juegas o estás de fiesta, algo se crea en ti; no es solo entretenimiento sino verdadera re-creación. Algo que ha muerto a causa del trabajo o la rutina cotidiana, vuelve a nacer. Y el sexo se ha convertido en la actividad más recreativa de la vida de las personas. Es un entretenimiento, pero a un nivel superior, no es solo diversión sino verdadera re-creación. Encierra grandes secretos, y el primero de ellos es que, si meditas, descubrirás que el placer se produce porque el sexo desaparece. Cada vez que te encuentras en ese momento de placer —medita sobre ello—, el tiempo y la mente también desaparecen. Tales son, precisamente, las cualidades de la meditación.

Mi propia observación es que el primer atisbo de meditación tuvo que llegar a través del sexo; no hay otra manera. La meditación debe de haber entrado en la vida a través del sexo, pues a condición de que lo comprendas, profundices en él y no lo utilices exclusivamente como una droga, es el fenómeno más meditativo. Y poco a poco, a medida que aumenta la comprensión, va desapareciendo el anhelo, hasta que llega un día de gran liberación en que el sexo deja de obsesionarte. Luego te quedas tranquilo, callado y completamente ensimismado. La necesidad del otro ha desaparecido. Todavía puedes hacer el amor si lo deseas, pero ya no lo necesitas. Será una forma de compartir.

Significación

En los diccionarios: «significación» y «significado» son sinónimos, pero en la existencia no son sinónimos sino antónimos. El significado es mental, mientras que la significación es un fenómeno natural. No puede ser demostrado; solo puede ser sentido, ya que es algo del corazón. Cuando sientes que una rosa es bella, no es asunto del cerebro, por eso no puedes demostrarlo. Cuando dices: «Esa mujer es bella» o «ese hombre es bello», no puedes demostrarlo. Al no poder demostrarlo, no corresponde a la mente; es un sentimiento: tu corazón empieza a latir más deprisa...

Cuando tu corazón se emociona, es una dimensión completamente distinta; es la dimensión de la significación.

La mente es la cosa más impotente del mundo. Puede hacer máquinas, crear tecnología y hacer muchas obras científicas; pero es incapaz de crear poesía, amor o de darte una significación. No es ese el cometido de la mente, para eso tienes un centro completamente distinto: el corazón y la apertura del corazón. Cuando el loto del corazón se abre, toda la vida es significativa.

Silencio

Hay dos clases de silencio: uno es el que cultivas y el otro el que sobreviene. Tu silencio cultivado no es más que ruido reprimido. Puedes sentarte en silencio y permanecer así mucho tiempo, y si prolongas esa práctica durante meses y años seguidos, poco a poco irás siendo capaz de reprimir el bullicio interior. Pero seguirás sentado en un volcán que puede entrar en erupción en cualquier momento y con el menor pretexto. Ese silencio no es verdadero; solo es silencio impuesto.

Eso es lo que ocurre en todo el mundo. La gente que intenta meditar, que trata de permanecer en silencio, lo único que hace es imponérselo. Puedes imponértelo, puedes envolverte en una capa de silencio; pero eso no es más que engañarte a ti mismo. Esa capa no te servirá de nada.

El silencio tiene que surgir de tu propio ser. No se puede imponer al interior desde el exterior, sino que, por el contrario, tiene que brotar del interior hacia el exterior, extenderse desde el centro hacia la circunferencia. Entonces se trata de un fenómeno completamente diferente.

Soborno

Los sacerdotes han ido diciendo a la gente: «Rezad a Dios, alabad al Señor y seréis perdonados». ¿Qué es, por tanto, la alabanza? ¡Una forma de soborno!

Por eso en un país como la India, donde la gente lleva siglos rezando a Dios, el soborno es algo natural. Nadie cree que sea incorrecto, ¡es algo religioso! Si incluso Dios es sobornable, ¿por qué no un pobre policía? Si incluso Dios puede ser sobornado y persuadido de hacer cosas a favor tuyo, ¿por qué no un pobre magistrado? Y si Dios no se equivoca, ¿por qué hay que suponer que se equivoca el magistrado? En Oriente el soborno no se considera incorrecto; ese es un concepto exclusivamente occidental. En Oriente es una cosa natural; siempre se ha hecho.

Los sacerdotes no dejan de ser agentes entre tú y Dios: se dejan sobornar por ti y suplican a Dios en tu nombre. En asuntos como el soborno, los agentes son necesarios, por supuesto, porque si tuvieses que sobornar directamente, no te atreverías. La persona podría sentirse incómoda y ofendida; podrías ofender su sentido de la dignidad. Podría sentirse herida y pensar: «¿Quién te has creído que soy? ¿Acaso piensas que puedes comprarme?». Por otra parte, aun queriendo aceptarlo, podría decir que no; podría rechazarlo y decir: «Jamás acepto sobornos». El sentido de su ego piadoso podría tomar posesión de su ser. Hace falta un agente, un intermediario que conozca a ambas partes, de modo que no tengas que enfrentarte directamente a la persona. Los agentes son necesarios en todas partes.

Los sacerdotes han sido agentes entre el hombre y Dios. «¿Has pecado?, no te preocupes —dicen los sacerdotes—. No tienes más que darme el soborno correspondiente y serás perdonado, pues Dios es muy compasivo.» Claro que, si no te avienes a sobornar, no te queda más remedio que sufrir.

Sobres

Una vieja solterona falleció y sus dos viejas amigas acudieron a un cincelador para encargarle una lápida.

—¿Y qué mensaje les gustaría poner en la lápida? —preguntó el cincelador.

—Bueno —dijo una de las solteronas—, en realidad es muy simple. Nos gustaría: «Llegó virgen, vivió virgen y murió virgen».

—Sepan, señoritas —replicó el cincelador—, que podrían ahorrarse mucho dinero poniendo simplemente: «Devuelta sin abrir».

La mayoría de las personas vuelve sin abrir; pero nadie es responsable salvo ellas mismas.

Sociedad

Tal como están las cosas, la burocracia tiene que existir porque la gente es completamente irresponsable. No se puede prescindir de un día para otro de la burocracia, los tribunales, la ley y la policía. No es posible porque no podrías vivir un solo instante. Es un mal necesario. No tienes más que aprender a vivir con personas que no están alerta, que en seguida se duermen y empiezan a roncar. Tal vez eso te moleste, pero no se puede hacer nada al respecto.

Lo que puedes hacer, como máximo, es no imponer el mismo comportamiento estúpido que la sociedad te ha impuesto a ti. No se lo impongas a nadie. Puede que algún día tengas esposa e hijos; pero no se lo impongas, ni siquiera a tus amigos. Eso es todo lo que puedes hacer. Por lo demás, has de vivir en sociedad y seguir las reglas.

El hombre nace y vive en sociedad: es un animal social. Naciste del romance entre dos personas. La sociedad ya existía incluso antes de que nacieras; tanto tu padre como tu madre siguieron determinadas reglas: que si maridos y esposas y esto y lo otro. Gracias a que seguían ciertas reglas, te educaron; de otro modo te habrían tirado al río. ¿Para qué molestarse? ¿Quién eres tú? ¿Por qué habías de alterar su vida y convertirte en una carga para ellos? Siguieron la regla de que hay que ocuparse de los hijos.

Así, pues, si quieres jugar a un juego tienes que entenderlo; tienes que seguir las reglas. Si no quieres seguir las reglas, no juegues. Es bien sencillo, y te evitarás problemas innecesarios, ya que, si no tienes pasaporte, la policía te detendrá; si no tienes los papeles en regla serás expulsado del país. ¿Qué libertad te está brindando? Destruirá toda tu libertad, de modo que no lo hagas.

Hay reglas estúpidas, pero así son las cosas. Tenemos una vida tan corta que no podemos aspirar a cambiar toda la sociedad, por lo cual más vale ser prudente y limitarse a seguir las reglas. Serás más libre cuanto más sigas las reglas; si las sigues escrupulosamente, serás completamente libre. En cuanto violas una regla, estás atrapado.

Por eso el hombre sensato siempre sigue las reglas. Cuando estés en Roma, sé un romano y sigue las reglas, pues entonces estarás adaptado y nadie te creará ningún problema. Pueden crearte problemas porque tienen la capacidad de creártelos. Tú eres un individuo minúsculo: ¿qué puedes hacer? No tiene sentido luchar, ya que te enfrentas con un muro de ladrillo. Te romperás la cabeza.

Ahí es donde se equivocan los anarquistas. Su percepción de que tales reglas son falsas es correcta, pero no comprenden que son necesarias. Cuanto mayor sea el grupo, más reglas se necesitan. Cuando estás solo no hace falta ninguna; si sois dos, basta con algunas reglas; si tres, algunas más, y más aún cuando sois cuatro. Y el mundo se está poblando a tal velocidad que cada vez se necesitarán más reglas. De lo contrario sería el caos y la locura.

De modo que no te limites a condenar las cosas; trata de comprenderlas. Hay muchos males necesarios, pero son indispensables. La opción no es entre lo bueno y lo malo. En la vida real la opción es siempre entre el mal mayor y el mal menor, entre un gran error y un error más pequeño. La opción no es entre el bien y el mal, de otro modo habría sido muy fácil. La opción es la del mal menor.

Hay una posibilidad, pero solo es una posibilidad; no llegará a producirse a no ser que en un tiempo futuro exista una sociedad de personas iluminadas. En tal caso no habrá reglas porque todos serán totalmente responsables. Pero ni siquiera puedes soñar con ello: es una utopía. La palabra «utopía» es bonita, significa «lo que no pasa nunca». La misma palabra indica que «no pasa nunca»; no es más que un sueño.

Sofista

Sophos es una hermosa palabra: «el sabio». Pero recuerda, sabio no significa santo. El santo está en contra del pecador; es su opuesto. Un santo es uno que no es un pecador; que ha preferido la virtud al vicio. El pecador es uno que ha preferido el vicio a la virtud. Son polaridades, como positivo y negativo. El santo no puede existir sin el pecador ni el pecador sin el santo: están asociados; no pueden por menos que coexistir. Un mundo sin santos sería también un mundo sin pecadores. Si realmente quieres que los pecadores desaparezcan del mundo, haz que desaparezcan primero los santos, pues acto seguido no quedará ni un solo pecador.

El sabio es un fenómeno tremendamente hermoso a causa de su unidad. El sabio es un círculo perfecto; lo contiene todo y no desecha nada. Ese era el concepto de *sophos*; era una buena palabra, pero perdió su reputación.

La perdió porque es al mismo tiempo una palabra peligrosa: puede ser manipulada fácilmente por personas taimadas. Como el sabio es uno, es ambas cosas, y el pecador puede valerse de ello. Puede decir: «Soy ambas cosas. Sea lo que sea, no tengo alternativa». Lo que hace es fingir ser un sabio. Puede decir: «Como eso es así, en este momento soy de esta manera. Es lo que hay, ¿qué puedo hacer? He renunciado a escoger y he aceptado la vida en su totalidad».

Ahora bien, el sabio es un fenómeno completamente diferente del taimado. El taimado se sirvió de la palabra y esta quedó asociada a su mente taimada. Acabó siendo un camuflaje para hacer lo que le viniese en gana. En el fondo puede escoger, pero finge externamente que no tiene elección y que su conciencia no le permite otra opción. Se trata de una astucia muy sutil.

De modo que el término *sophos* se cayó del pedestal y se convirtió en «sofista». El término «sofista» es infame; significa farsante. Significa uno que pretende ser sabio y no lo es, que pretende ser sabio y ni siquiera es un santo. Simplemente es un pecador; pero ha encontrado una magnífica justificación para no dejar de serlo.

Soledad

Recuerda que, a pesar de lo que digan los diccionarios, la solitud (sentirse solitario) y la soledad no son sinónimos. No es una cuestión de lenguaje; es algo existencial. Sentirse solitario es negativo, te falta algo; la soledad es positiva, has encontrado algo.

El ignorante busca al otro porque lo necesita: es menesteroso y codicioso. Se agarra al otro y se aferra a él, pues siempre tiene miedo de que el otro le abandone. Los maridos tienen miedo, las esposas tienen miedo, los padres tienen miedo, los hijos tienen miedo y todo el mundo tiene miedo. Incluso los llamados maestros religiosos tienen miedo de que sus discípulos les abandonen, por eso tienen que ceder y transigir ellos.

Sentirse solitario es una herida y la soledad es como una flor. Sentirse solitario es enfermizo —Sören Kierkegaard la llamó «enfermedad que lleva a la muerte»—, y soledad es vida, vida en abundancia; es salud. Mi propia experiencia es que no hay mayor placer que estar solo; el placer del amor es secundario, y solo es posible cundo has conocido el placer de estar solo, pues solo entonces tienes algo que compartir. De lo contrario, dos mendigos que se encuentran y se aferran el uno al otro no pueden ser felices. Se harán sufrir mutuamente porque cada uno esperará, en vano, que el otro le satisfaga.

Soltería

Oí hablar de un hombre que se pasó toda la vida buscando una mujer perfecta; pero al final tuvo que morir soltero. Cuando se estaba muriendo, alguien le preguntó:

—¿Cómo es que, habiendo estado toda tu vida buscando una esposa perfecta, no hayas encontrado ni una sola que lo fuera?

—¿Quién te ha dicho que no la haya encontrado? —replicó él—, me he cruzado muchas veces con una mujer perfecta.

—¿Y qué pasó? —preguntó acto seguido el interrogador—, ¿por qué no te casaste con ella?

—¡Porque ella también iba buscando un hombre perfecto! —respondió él.

Sonido

Los místicos han descubierto —se trata de uno de los descubrimientos más antiguos, de hace al menos diez mil años— que la vida, que toda la existencia, se compone de sonido, de sutiles vibraciones del sonido.

La física moderna ha llegado a la misma conclusión por un camino muy distinto, y como los caminos son distintos, sus definiciones son un poco diferentes. Pero cualquiera con un poco de perspicacia, capaz de pensar de las dos maneras —mística y científicamente—, puede apreciar la relación y darse cuenta de que están hablando de lo mismo en distintos lenguajes, en distintas jergas.

La física moderna afirma que el mundo, la existencia, se compone de electricidad. Toda la existencia no es sino vibración eléctrica. Si preguntas qué es el sonido, te dirán que solo es un determinado tipo de vibración de la energía eléctrica. Y si preguntas a los místicos qué es la electricidad, te dirán que es una determinada forma de vibración sonora; así pues, todo queda aclarado.

Los místicos descubrieron primero el sonido, por eso definen la electricidad a través del sonido. En Oriente hay una cierta melodía llamada *deepak raga* o melodía de la luz. Cuentan que ha habido cantantes... Y al parecer se trata de un hecho histórico; no de mitología, ya que consta en muchos documentos, algunos de los cuales muy recientes: de hace solo quinientos años.

En la corte del gran emperador Akbar había un músico, Tansen, que era experto en esa melodía. Se trata de cierta música que hacía que las lámparas apagadas se encendiesen. El músico simplemente tocaba el *sitar*, rodeado de lámparas apagadas, y de repente empezaban a encenderse una tras otra. Eso es posible porque el sonido puede agitar el aire de tal manera que produzca calor. Se trata de un fenómeno conocido: el sonido puede producir calor. Si puede producir calor, puede producir fuego, y si puede producir fuego, puede producir electricidad y viceversa.

Los místicos y los físicos han llegado al mismo destino desde distintos ángulos.

Sorpresa

¡Lo más sorprendente de la vida es que nadie parece sorprendido! La gente da la vida por descontada. En cambio todo es un misterio; ¡todo es sencillamente asombroso! Es un milagro que la semilla se convierta en un árbol y que cuando el sol sale por la mañana, los pájaros empiecen a cantar. ¡Es un milagro! Pero lo más sorprendente de la vida es que te encuentres con milagros a cada instante y aun así no parezcas sorprendido.

Los únicos que no lo dan por descontado son los niños, por eso están dotados de belleza, elegancia e inocencia. Viven siempre en el asombro; todo les provoca admiración. Observa a los niños mientras recogen piedras o conchas de la orilla del mar... con qué alegría corren a recogerlas —no son más que piedras de colores, pero como si fueran grandes diamantes—. Mira sus ojos cuando recogen flores; flores silvestres... o fíjate en ellos cuando persiguen a las mariposas. Cada fibra de su ser y cada célula de su cuerpo están perplejas. Y esa es la principal cualidad que hace que la vida merezca ser vivida.

La persona que pierde la cualidad de sorprenderse está muerta. En el momento en que muere tu sorpresa, tu capacidad de asombrarte, estás muerto. En el momento en que no eres capaz de sentir admiración te has vuelto impotente.

Nacer con el don de la risa y la sensación de que el mundo está loco es la cualidad que hace la vida digna de ser vivida, y no solo vivida, sino danzada y celebrada.

Recupera la capacidad de sorpresa que tenías en tu infancia; vuelve a mirarlo todo con aquellos ojos inocentes.

Sueños

En el momento en que adquieres conciencia de tus sueños, estos se desvanecen; no pueden existir ni un solo instante más. Solo pueden existir cuando estás completamente inconsciente; es condición sine qua non para su existencia.

Un buda jamás sueña; no puede soñar. Aunque quiera soñar, no puede. Los sueños simplemente desaparecen de su existencia porque incluso cuando duerme de noche, su centro más profundo permanece despierto. Se mantiene un rescoldo de conciencia y está al corriente de lo que pasa. Sabe que su cuerpo está dormido, pero está tan imbuido de su condición de testigo que se mantiene alerta no solo de día, sino también de noche. Por consiguiente los sueños desaparecen.

Sueñas tanto si estás dormido como si no. Da lo mismo que sueñes con los ojos abiertos o cerrados. Sueñas tanto de día como de noche; hay sueños nocturnos y sueños diurnos. Lo único que haces es ir pasando de un sueño a otro, de una clase de sueños a otra clase de sueños.

Presta atención... Estas soñando por la noche y, bruscamente, el sueño se interrumpe y estás horrorizado. Eso también es un sueño. Ahora sueñas con el horror, la vulnerabilidad y el miedo. Luego te duermes de nuevo y empiezas a soñar. Por la mañana abres los ojos y te pones a soñar con los ojos abiertos. Los sueños se suceden ininterrumpidamente. Tu mente está hecha de sueños. Tu mente se compone de sueños.

Recuerda a aquel que está presenciando los sueños; fíjate en el testigo. No prestes mucha atención a los sueños.

Sufrimiento

El crecimiento en sí mismo no comporta ningún sufrimiento; el sufrimiento lo produce tu resistencia a crecer. El sufrimiento lo provocas tú porque te resistes continuamente y no permites que el crecimiento se produzca. Tienes miedo de abandonarte completamente; lo aceptas a regañadientes. De ahí viene el sufrimiento, pues acabas dividido, desgarrado. Una parte de ti colabora mientras la otra se opone y se resiste. Ese conflicto interno te produce sufrimiento.

Deja a un lado esa idea, compartida por mucha gente, de que si quieres crecer tienes que sufrir. Es pura insensatez. Si colaboras plenamente no hay ningún sufrimiento. Si te dejas llevar, en lugar de sufrir te divertirás. Cada momento será un momento de bendición y felicidad.

Supervivencia

La vida es algo más que sobrevivir, pero millones de personas han decidido no vivir sino solo sobrevivir. Parece como si el único valor de su vida fuese sobrevivir, sobrevivir por mucho tiempo. La supervivencia se ha convertido en su dios, con lo cual han dejado pasar todas las oportunidades que les brinda la vida, pues cuando el objetivo es la supervivencia, le tienes miedo a la vida. La vida es peligrosa y hay que arriesgar la supervivencia una y otra vez; no hay otra manera de vivir.

Si llegas a preocuparte tanto por la supervivencia que te obsesionas, tratas de estar seguro y protegido; pero estar seguro y protegido es estar muerto. Pierdes la vivacidad y solo vives superficialmente, sin profundidad ni grandeza. La vida es insulsa, monótona y aburrida. No hay aventura ni exploración, ni sorpresas ni misterios, por lo que nunca descubres nada. Permaneces cerrado a la existencia y la existencia cerrada a ti. Nunca os encontráis; no hay comunión.

Ser iniciado en el *sannyas* significa que a partir de ese momento el objetivo no es la supervivencia sino la vida; no es la seguridad sino la vida. Significa que vivir intensa y plenamente, aunque solo sea por un instante, es más valioso que sobrevivir durante cien años. Eso no es vivir, es vegetar.

Así pues, un hombre de verdad no conoce otro objetivo que la propia vida. Su objetivo es vivir plenamente; vivir cada momento intensa, apasionada y calurosamente: ese es su objetivo. Cada momento se vuelve precioso, como un regalo, y solo si eres consciente de esos regalos puedes estar agradecido a Dios y puede brotar de ti la oración.

Considero la supervivencia una de las mayores calamidades, tanto el concepto de supervivencia como la obsesión y el apego que genera. No sirve para nada; el propio concepto carece de significado. No estamos aquí únicamente para sobrevivir y vivir muchos años; cien o ciento veinte años. Estamos aquí para vivir y descubrir la vida en sus múltiples dimensiones, en toda su riqueza y diversidad. Cuando un hombre vive en diversas dimensiones y explora todas las posibilidades a su alcance, nunca se encoge ante un desafío, sino que sigue adelante, sale a su encuentro, le da la bienvenida y se pone a la altura de las circunstancias, de modo que su vida se inflama y resplandece. La vida despierta a la primavera y, a partir de entonces, la primavera te seguirá a todas partes; se convertirá en tu propio clima y en tu medio ambiente.

Tabúes

Solo ha habido dos tabúes en el mundo: el sexo y la muerte. Es muy curioso que el sexo y la muerte hayan sido los dos tabúes de los que no se podía hablar; que convenía evitar. Ambos están estrechamente relacionados. El sexo representa la vida porque toda la vida tiene su origen en el sexo, y la muerte representa el final. Y ambos han sido tabú: no hables del sexo ni de la muerte.

En el mundo solo ha habido dos tipos de culturas. Una categoría comprende las culturas para las que el sexo es tabú. Pueden hablar de la muerte y, de hecho, hablan mucho de la muerte, como por ejemplo en la India. Si escuchas a los *mahatmas*, los santos, te darás cuenta de ello. Ninguno habla del sexo, todos hablan de la muerte para asustarte, para inspirarte miedo, porque a través del miedo puedes ser esclavizado y obligado a ser religioso y a inclinarte ante cualquier estúpida idea de Dios o cualquier estúpido ídolo de Dios...

En una sociedad como la india, la muerte no es tabú. Los textos sagrados de la India están llenos de minuciosas descripciones de la muerte; describen con placer lo desagradable que resulta la muerte. Describen tu cuerpo de maneras tan desagradables y repugnantes que te quedarías sorprendido: ¿por qué están tan interesados y tan obsesionados por todo lo que es desagradable y repugnante? Por la sencilla razón de que quieren que le tengas miedo a la vida, que te vuelvas antagónico a la vida, negativo ante la vida. Destruyen tu amor por la vida y tu afirmación de la vida hablándote de la muerte, pintándola tan grande y oscura como pueden y describiéndola con sus matices más siniestros.

Pero también hay otras sociedades... La cristiandad, por ejemplo, ha sido durante siglos una sociedad, una cultura, contraria al sexo; el tabú es el sexo: «No hables de sexo». De ahí la idea —completamente insensata— de que Jesús nació de una madre virgen. Tienen que crear esa ficción porque, de lo contrario, ¿cómo es posible que Jesús, un dechado de pureza, pudiera salir de la sexualidad? ¿Tanta pureza saliendo de tanta impureza? ¡Imposible; ilógico! ¿Una flor de loto saliendo del fango? ¡Imposible! Si bien, en realidad, todas las flores de loto salen del fango.

Jesús nació de manera tan natural como tú, ¡no es ningún monstruo! No es anormal. Y toda esa necedad acerca del Espíritu Santo, de que el Espíritu Santo dejó embarazada a María... El sexo es tabú para la cristiandad: «¡No hables de sexo!».

Ahora bien, desde Sigmund Freud, el primer tabú ha sido quebrantado; el sexo ya no es tabú. Hemos cambiado un tabú por otro; ahora de lo que no se puede hablar es de la muerte. Es como si el hombre necesitase uno u otro tabú. La sociedad victoriana era una sociedad basada en el tabú del sexo. Actualmente, la sociedad moderna, la sociedad occidental, se basa en el tabú de la muerte. No hables para nada de la muerte y olvídate de todo lo relacionado con la muerte, como si no tuviera que pasar, al menos a ti; de momento no te ha pasado, así que ¿por qué preocuparse? Olvídate de todo eso.

En la actualidad, cuando un hombre muere en Occidente, hay expertos para acicalarlo. Nunca había tenido tan buen aspecto como después de muerto: ¡pintado y con las mejillas tan sonrosadas como si acabase de regresar de unas vacaciones de tres meses en Florida!, y tan saludable como si hubiese estado haciendo ejercicio y ahora practicase *savasana* —la postura del muerto—, pero no estuviese muerto de verdad. Tiene que causar la impresión de que no está muerto. Hasta en la lápida se puede leer: «No ha muerto; solo está dormido». Cuando alguien se muere, nadie dice directamente que está muerto. En la lengua que sea, decimos: «Se ha ido con Dios»; «Dios se ha encariñado con él»; «Dios le ha escogido»; «Dios le ha llamado»; «se ha ido al otro mundo», o «se ha convertido en un ángel».

Cuando un hombre muere, nadie habla mal de él, nadie dice nada en contra suya. De repente se convierte en un santo, en una gran persona. Nadie podrá reemplazarle, nadie podrá colmar el vacío que ha dejado. Era tan imprescindible que el mundo le echará de menos. Pero nadie se dio cuenta mientras vivía. Solo son trucos: trucos para mantener la muerte a distancia; para cerrar las puertas y olvidarlo todo sobre la muerte.

La verdadera humanidad no tiene tabúes; ni en relación con el sexo ni con la muerte. La vida hay que vivirla totalmente, y la muerte forma parte de la vida. Hay que vivir y morir totalmente.

Tacto

Cuando alguien toma tu mano en la suya con sumo cariño y delicadeza, ¿te has fijado en lo que ocurre? Tu mano se reaviva inmediatamente; toda tu conciencia se concentra en tu mano. Hace apenas un instante, ni siquiera eras consciente de la mano, pero ahora que alguien te la ha tomado con mucho cariño, te has vuelto consciente de ella. ¡Palpita rebosante de vida!, late por algo que hace solo un momento no estaba allí. Hace solo un momento eras completamente inconsciente de tu mano; pero ahora la tienes muy presente. Todo tu cuerpo ha desaparecido; solo queda la mano.

Cuando alguien te abraza, todo tu cuerpo se reaviva. Pobres de los que nunca han sido abrazados, pues viven dentro de un cadáver. Nadie ha reavivado su cuerpo, de ahí que ansíen tanto que alguien los toque y les transmita un poco de calor.

La gente vive guardando las distancias. Incluso cuando están unos junto a otros, guardan una cierta distancia. El cuerpo solo se aviva en contacto con el amor, y el alma cuando es el amor lo que la impulsa. Solo alcanzamos nuestra máxima expresión en los momentos de amor.

Templos

No hay ningún templo en el exterior. Uno ha de convertirse en un templo, y la única manera de hacerlo es crear en tu interior una enorme gratitud por todo lo que te ha sucedido y todo lo que te está sucediendo, que es incalculable, inmensurable. Pero no hay duda de que para eso hay que ser muy valiente, pues la multitud no hace más que quejarse; siempre pide más. Se necesitan agallas para decir: «No pido más, pues, de hecho, todo lo que he recibido es más de lo que en principio podía esperar»; pero en ese preciso instante empieza a producirse la transformación. Tu vida se armoniza cada vez más con la existencia y cada vez se parece más a una danza.

Tensión

He aquí un bello relato de la vida de Buda:

Un gran príncipe recibió la iniciación y se convirtió en discípulo de Buda. Su vida había transcurrido entre toda clase de lujos; llegó a ser un gran sitarista y su nombre era conocido en todo el país como el de un gran músico. Pero quedó impresionado por la música interior de Buda; tal vez su percepción de la música le ayudó a comprender a Buda.

La primera vez que le oyó fue cuando Buda visitó su capital; se enamoró a primera vista y renunció a su reino. Incluso Buda le pidió que no hiciese algo tan importante de manera tan impulsiva.

—Espera y piénsalo. Me quedaré aquí cuatro meses —le dijo, pues Buda no solía viajar durante toda la estación de las lluvias y permanecía en un mismo lugar—, así que no tengas prisa; estaré aquí. Piensa en ello. Espera cuatro meses y después podrás abrazar el *sannyas* y convertirte en iniciado.

Pero el joven replicó:

—La decisión ya ha sido tomada; no hay que darle más vueltas. ¡Ahora o nunca! ¿Quién sabe qué pasará mañana? Además, tú siempre has dicho: «Vive el presente»: ¿por qué me dices ahora que espere cuatro meses? Puedo morir yo, puedes morir tú o puede ocurrir cualquier cosa. ¿Quién sabe lo que nos depara el futuro? ¡No pienso esperar ni un solo día más!

Tanta fue su insistencia que Buda tuvo que acceder, y le inició. Buda no estaba muy seguro de que fuese capaz de soportar una vida de mendigo. Buda lo sabía por propia experiencia: él también había sido una vez un gran príncipe. Sabía tanto lo que es vivir en el lujo, confortablemente, como lo que significa ser un mendigo de la calle. Era un asunto arduo y complejo, pero Buda se había tomado su tiempo. Tardó seis años en alcanzar la iluminación, así que fue acostumbrándose poco a poco a vivir sin abrigo, a veces sin comida, y sin amigos: solo enemigos por todas partes sin ningún motivo, pues él no hacía daño a nadie. Pero la gente es tan estúpida y vive inmersa en tales mentiras, que cada vez que ve a un hombre honrado se siente herida sin más ni más; se siente agredida e insultada.

Buda sabía que todo aquello sería excesivo para el joven. Se compadeció de él, pero le inició. Pero tanto él como los otros *sannyasins* se quedaron sorprendidos, pues lo que hizo aquel hombre fue simplemente pasarse al otro extremo. Todos los monjes budistas suelen comer una vez al día; pero aquel nuevo monje, el ex príncipe, empezó a comer solo una vez cada dos días. Todos los monjes budistas suelen dormir bajo los árboles; pero él dormía al aire libre. Los monjes solían andar por los caminos; pero él lo hacía por las orillas donde hay espinas y piedras. Era un hombre hermoso; pero al cabo de unos meses su cuerpo se oscureció. Era muy saludable; pero cayó enfermo, se quedó delgado y enjuto y se le llagaron los pies.

Muchos *sannyasins* fueron a ver a Buda y le dijeron:

—Tenemos que hacer algo: ese hombre se ha ido al extremo opuesto; ¡se está torturando! Se ha vuelto autodestructivo.

Una noche, Buda se acercó a él y le dijo:

—Shrona —Shrona era su nombre—, ¿puedo hacerte una pregunta?

—Por supuesto que puedes hacerme una pregunta, mi Señor —dijo él—. Soy tu discípulo y estoy aquí para contarte todo aquello que quieras saber de mí.

—He oído decir que cuando eras príncipe también eras un gran músico, que solías tocar el *sitar* —dijo Buda.

—Sí, pero ya se acabó —dijo él—. Me he olvidado completamente de eso. Aunque es cierto, solía tocar el *sitar*. Era mi entretenimiento; mi único pasatiempo. Solía practicar al menos ocho horas diarias y gracias a eso llegué a ser famoso en todo el país.

—Tengo que hacerte una pregunta —prosiguió Buda—. ¿Qué ocurre cuando las cuerdas del *sitar* están demasiado tensas?

—¿Qué ocurre? ¡Es muy sencillo! —respondió él—. No puedes tocar con ellas: se romperían.

—Otra pregunta —dijo Buda—, ¿qué ocurrirá si están demasiado flojas?

—También es sencillo —respondió Shrona—. Si están demasiado flojas no se podrá obtener música de ellas porque faltará tensión.

—Eres una persona inteligente —dijo Buda—. Tengo algo más que decirte. Recuerda que la vida también es un instrumento musical que necesita una cierta tensión y nada más que esa tensión. Si hay menos, la vida es demasiado floja y no produce música; pero si la tensión es excesiva, empiezas a derrumbarte y a volverte loco. No lo olvides. Primero llevaste una vida muy floja y te perdiste la música interior; pero la vida que llevas ahora es muy rígida, rigidísima, y te sigues perdiendo la música. ¿Acaso no hay ninguna manera de ajustar las cuerdas del *sitar* de tal modo que estén exactamente en el medio, ni tensas ni flojas, sino con el grado de tensión adecuado para que brote la música?

—Sí, hay una manera —respondió él.

—En eso consiste mi enseñanza —concluyó Buda—: en situarse en el centro exacto entre dos polos. La tensión no debe desaparecer del todo o de lo contrario estarás muerto, ni debe ser excesiva porque te volverás loco.

Y eso es lo que ha pasado en todo el mundo. Oriente se ha vuelto muy flojo, y por eso hay hambre y muerte; Occidente se ha vuelto muy rígido, y por eso hay locura y neurosis. Occidente se hunde bajo su propio peso, mientras que Oriente se ha vuelto perezoso y sucio a causa de su debilidad.

Se necesita una cierta tensión, pues hay un estado de tensión que es al mismo tiempo un estado de equilibrio.

Tentación

¿Dónde están las tentaciones? ¡La vida es tan sencilla...! Pero puedes calificar cosas de tentaciones y se convertirán en tentaciones.

Por ejemplo: yo nací en una familia jaina... No probé el humilde tomate hasta los dieciocho años, pues los jainas son absolutamente vegetarianos y el humilde tomate tiene el color de la carne. ¡Solo por el color!

Cuando tenía dieciocho años me fui de excursión con algunos amigos hindúes. Yo era el único jaina y todos los demás eran hindúes. Hasta entonces tampoco había comido por la noche, pues los jainas no comen por la noche; constituye un grave pecado, pues por la noche podría caer algún mosquito en la comida o arrastrarse algún insecto hasta ella y podrías comerte algo vivo sin darte cuenta. Eso te arrastraría al infierno.

Así pues, a los dieciocho años aún no había comido por la noche ni había probado los tomates. Eran grandes tentaciones. Había visto tomates en el mercado y realmente eran tentadores, allí esperando tan meditabundos, tan centrados y tan sensatos. Las patatas tampoco estaban permitidas en las familias jainas porque crecen bajo tierra, y todo lo que crece en la oscuridad es peligroso comerlo porque aportará oscuridad a tu alma.

El viaje, el ajetreo y el aire fresco de la montaña me habían abierto el apetito. Tenía hambre y la noche se aproximaba, de modo que también empezaba a preocuparme: «¿Qué pasará? Si preparan la comida por la noche, tendré que acostarme sin cenar». Y me dolía la barriga.

Se pusieron a preparar la comida. Eran grandes tentaciones: tomates, patatas y el delicioso aroma de la comida. Me debatía entre la tentación y la virtud. En algún momento estuve a punto de decidir que más valía pasar una noche sin comer —no me moriría por ello— que consumirme en el fuego del infierno por unos tomates y unas patatas.

Pero el hambre me atenazaba y se me ocurrió el siguiente argumento: si todos mis amigos van al el infierno, ¿qué haré yo en el cielo? Más vale estar en el infierno rodeado de amigos que en el cielo con esos ridículos santones jainas. Al menos en el infierno se cocinan tomates y patatas y se come bien; fuego no falta. ¡Hasta yo podría cocinar allí!

Trataron de persuadirme: «Aquí no puede verte nadie más, y nosotros no iremos a contárselo a tu familia. Nadie sabrá nunca si has comido por la noche o si has comido tomates o patatas».

Titubeando y de mala gana, accedí. Pero no pude dormir hasta que vomité a media noche. Nadie más vomitó —todos se durmieron en seguida y roncaban—; solo yo vomité. Era mi psicología, pues me atormentaba la idea de que había cometido un pecado. No fueron los tomates lo que vomité, sino mi actitud. Y aquel día me quedó claro, absolutamente claro, que solo puedes vivir la vida plenamente si dejas a un lado todas las actitudes. De lo contrario, vivirás parcialmente, y vivir parcialmente es no vivir en absoluto.

Ternura

La ternura es lo que te hace vulnerable, lo que te hace abierto y sensible a los misterios que te rodean. Las personas que no son tiernas, que son duras como una roca, desperdician la vida. La vida pasa de largo; no puede penetrar en ellas: son impenetrables.

Si uno es tan tierno como una rosa, acaba descubriendo lo misterioso y lo milagroso. La vida está llena de sorpresas; aunque solo para aquellos que tienen un corazón tierno.

Pero todos hemos sido educados de tal modo que nos volvemos duros, pues nos han enseñado que la vida es una lucha: un conflicto; una lucha constante por la supervivencia que te obliga a ser duro. Si no eres duro no serás capaz de competir; y es cierto: no serás capaz de competir. Pero la competencia no lleva a ninguna parte, es perder tontamente el tiempo. Hay que llevar una vida no competitiva, pues solo entonces uno descubre lo que es Dios.

Jesús dice: «Los últimos de este mundo serán los primeros en el reino de Dios». Está predicando la no competitividad: «Los últimos de este mundo serán los primeros en el reino de Dios». Pero recuerda, no quieras ser el último de la cola para ser el primero, porque así no habrás entendido nada. Disfruta siendo el último, pues ser el primero en el reino de Dios es una consecuencia, no un objetivo.

La vida es un gran placer para los que son tiernos, suaves, cariñosos, compasivos y sensibles. La vida misma es la prueba, pues demuestra de mil maneras la existencia de Dios. Aunque para el duro, para el que es como una roca, no existe prueba alguna de Dios. Para él, Dios es indemostrable porque carece de sensibilidad para percibirlo; ha perdido toda capacidad de sentir. Solo vive del pensamiento. Ha perdido el corazón y solo le queda el cerebro, ¡pero el cerebro no es más que basura! Sé siempre un corazón. Y si te cuesta la cabeza, piérdela; vale la pena. Carecer de cerebro es bueno, pero no tener corazón es infame.

Tibieza

Hay personas que siempre hacen las cosas tibiamente; su vida es tibia. Nunca logran nada porque siempre se contienen. Nunca participan en nada totalmente, intensamente. Siempre esperan en una orilla mientras piensan en la otra. Y aunque a veces lo intentan, cabalgan sobre dos monturas: si una falla, siempre les quedará la otra. Tienen un pie en cada barca. Su vida es tan dividida que lo hacen todo con indecisión. Y la conciencia solo florece cuando se da en ti una unidad orgánica.

Timidez

La timidez es en todos los casos el subproducto de un ego muy, muy sutil. La timidez no es nunca el problema, sino un síntoma de que tienes un ego muy sutil. Con lo conocido está bien; pero con lo desconocido hay peligro. Con lo conocido eres hábil: el ego sabe qué hacer y cómo mantenerse en el poder. Con lo desconocido el ego no sabe qué hacer porque carece de habilidades para desenvolverse con lo desconocido. De modo que lo que hace es encogerse y retirarse, y ese encogimiento se denomina timidez. La timidez siempre forma parte del ego. Cuanto más egoísta es una persona, más tímida, ya que no puede abrirse a nuevas situaciones porque las situaciones nuevas pueden poner de manifiesto que es un necio. Las situaciones nuevas pueden ponerte en un aprieto: pueden hacer que te falte la tierra bajo los pies.

La timidez nunca es realmente un problema; solo es un síntoma. Pero a lo largo de los siglos nos han enseñado que es una buena cualidad porque protege al ego. Creemos que una persona tímida es una buena persona, que no es agresiva; ¡de ningún modo!, su agresión es muy sutil. Se mantiene apartada y siempre guarda la distancia. Esa distancia no es más que una estrategia; si las cosas van mal, siempre puede escapar. Nunca se compromete: se mantiene en la periferia y finge ser tímido para no tener que mezclarse con la multitud ni alternar con la gente ni comunicarse con desconocidos ni relacionarse, «porque soy tímido». Esa timidez no es más que una excusa, un subterfugio para disimular muchas cosas; pero básica y especialmente para disimular el ego.

Las mujeres son más tímidas que los hombres porque son muy egoístas. Pero a lo largo de los siglos han sido muy alabadas por su timidez, especialmente en Oriente. Se considera que una mujer tímida es una verdadera mujer. ¡Mmm...! Siempre mira hacia abajo, como ocultándose; siempre se retira y nunca toma la iniciativa. Para la mujer oriental, la occidental es un poco ingenua, vulgar y demasiado masculina porque no es tímida. Pero la mujer oriental es muy egoísta. Su timidez no es más que una fachada; una bonita máscara.

Así que no pienses que la timidez es un problema, pues no lo es. Si realmente quieres estudiar el problema, examina el ego y allí encontrarás el origen. Y una vez que hayas comprendido la verdadera causa, las cosas pueden cambiar fácilmente. Uno puede pasarse la vida combatiendo un síntoma y no lograr ningún progreso.

Totalidad

No tienes más que mirar a un niño de tres años para descubrir lo que debe ser la vivacidad: tan alegre y sensible a todo lo que ocurre a su alrededor, y tan despierto y observador que nada escapa a su mirada. Y tan intenso en todo: si está enfadado, es todo ira, pura ira. Es fantástico ver a un niño enfadado, pues los mayores siempre son desapasionados, y aunque se enfaden, no lo hacen totalmente; se contienen. Ni aman totalmente ni se enfadan totalmente ni hacen nada totalmente; siempre están calculando. Su vida se ha vuelto tibia. No alcanzan nunca esa intensidad de cien grados que hace que las cosas se evaporen, que pueda pasar algo y que la revolución sea posible.

Pero haga lo que haga, el niño siempre vive a cien grados. Tanto si te ama como si te odia, lo hace totalmente, y puede cambiar en solo un instante. Es tan rápido que no tarda nada; no le da vueltas. Hace un momento estaba en tu regazo diciéndote lo mucho que te quería. Pero ocurre algo: dices algo y entre tú y él las cosas se complican, y salta de tu regazo diciendo: «No quiero verte nunca más». En sus ojos puedes ver la totalidad con que lo hace.

Y como es total, no deja rastro tras él. Esa es la virtud de la totalidad: no acumula memoria psicológica. La memoria psicológica solo la genera una vida parcial. Todo lo que solo has vivido en parte se queda pendiendo a tu alrededor y los restos no te abandonan en toda tu vida. Y hay miles de cosas pendidas a medias.

Eso es en definitiva la ley del *karma*: los asuntos sin terminar y las acciones sin concluir siguen esperando a que los terminen y las concluyan, por lo que no dejan de insistir: «Conclúyeme», pues toda acción quiere ser concluida.

Pero si vives totalmente, intensamente, todo eso no te afecta; viviste el momento y se acabó. No miras hacia atrás ni hacia delante, simplemente permaneces aquí y ahora; no hay pasado ni futuro. Eso es lo que quiero decir con celebración: en los verdaderos momentos de celebración solo existe el presente. Y estar en el presente es ser un *sannyasin*; estar en el presente es ser feliz.

Trabajo

Pon tu amor en él y toda tu conciencia. No lo hagas solo por dinero, hazlo también por amor. Hazlo con cariño y no tendrás necesidad de ninguna otra meditación.

Lo mejor sería que pudieses transformar tu trabajo en meditación, pues entonces la meditación nunca entrará en conflicto con tu vida. Todo lo que haces puede ser objeto de meditación. La meditación no es algo aparte; forma parte de la vida. Es como la respiración: como cuando inspiras y espiras; así es también la meditación.

Y no es mucho lo que tienes que hacer; solo un cambio en el énfasis. Lo que venías haciendo descuidadamente empieza a hacerlo con cuidado, y todo lo que hacías para obtener algún beneficio, como por ejemplo: dinero... eso está bien, pero puedes convertirlo en un fenómeno positivo. El dinero está bien, y si te ganas la vida haciendo pasteles, pues adelante. El dinero es necesario, pero no lo es todo. Y si de paso puedes cosechar unos cuantos placeres más, ¿por qué desperdiciarlos? Total, no cuestan nada.

Tradición

¿Qué vas a conseguir siguiendo una tradición? Te volverás un imitador. Una tradición significa algo del pasado; ¡y la iluminación ha de producirse en este momento! Una tradición puede ser muy antigua; pero cuanto más antigua, más muerta.

Una tradición no es otra cosa que las huellas de los iluminados en las arenas del tiempo; pero las huellas no son iluminadas. Aunque las sigas muy religiosamente, no te llevarán a ninguna parte porque cada persona es única. Si tienes presente la unicidad de la persona, seguir a alguien no te servirá de mucho, puesto que no puede haber una rutina fija.

Esa es la diferencia entre la ciencia y la religión: la ciencia se apoya en la tradición. Sin un Newton o un Edison, Albert Einstein no habría tenido la menor posibilidad de existir. Necesita de una cierta tradición porque solo puede sostenerse apoyándose en ella, sobre los hombros de los gigantes precursores del mundo de la ciencia. Y, por supuesto, si te colocas sobre los hombros de alguien, podrás ver un poco más lejos que él, pero es necesario que esté allí.

La ciencia es una tradición, pero no así la religión, que es una experiencia individual. Una vez que algo es conocido en el mundo de la ciencia, no hace falta descubrirlo de nuevo: sería insensato descubrirlo de nuevo. No es necesario descubrir la teoría de la gravitación, ya lo hizo Newton. No hace falta que te sientes en un huerto a ver caer una manzana para concluir que debe haber alguna fuerza en la tierra que tire de ella hacia abajo; sería sencillamente ridículo. Newton ya lo hizo, y ahora forma parte de la tradición humana. Se le puede enseñar a cualquier persona con un poco de inteligencia; hasta los escolares lo saben.

Pero en religión tienes que descubrirlo una y otra vez; ningún descubrimiento puede ser legado. Buda hizo descubrimientos, pero eso no significa que te baste con seguir a Buda. Buda fue único, y tú eres único por derecho propio, así que la forma en que Buda penetró la verdad no te servirá de mucho. Eres otro tipo de casa; puede que las puertas abran a direcciones distintas. Si lo único que haces es seguir ciegamente a Buda, el propio seguimiento resultará engañoso. Las tradiciones no pueden seguirse. Puedes entenderlas y la comprensión de servirá de gran ayuda; pero seguimiento y comprensión son dos cosas completamente diferentes.

Traición

Solo hay una clase de traición, y es traicionar a la propia vida; no hay otra traición. Si continúas viviendo con una mujer, o un marido, regañona y posesiva, a la que no amas en absoluto, estás desperdiciando tu propia oportunidad. Según una máxima del Talmud, Dios te dirá: «Te he dado muchas oportunidades para ser feliz, ¿por qué las has desperdiciado?». No te preguntará qué pecados has cometido, sino qué oportunidades para ser feliz has perdido, pues serás responsable de ellas. Ciertamente, es muy hermoso: solo serás responsable de las oportunidades que tuviste a tu disposición y desperdiciaste.

Mantente fiel a ti mismo —es la única lealtad necesaria— y todo irá bien.

Transexuales

Creo que si alguien quiere cambiar de sexo, no hay nada inmoral en ello. Has vivido como un hombre: sabes lo que es ser hombre y, naturalmente, todos los hombres sienten curiosidad por las mujeres. De hecho, se dice que nadie ha sido capaz hasta ahora de desvelar el misterio de las mujeres. Se trata, por tanto, de una buena manera: te cambias de sexo y te vuelves una mujer; ¡y descubres el misterio!

No hay ningún misterio. Pero si tienes la oportunidad de vivir en una sola vida las dos caras de la moneda, ¿por qué no? No veo ningún problema en ello. Cambiar de sexo es muy sencillo. La diferencia entre hombre y mujer es muy pequeña; casi desdeñable. Es como un bolsillo: lo sacas por fuera y es un hombre; lo vuelves hacia dentro y es una mujer.

Transigir

Transigir simplemente quiere decir que no pisas terreno seguro. En lugar de transigir, busca los fundamentos, las raíces, la individualidad; busca la sinceridad en los sentimientos: el sostén de tu corazón. Entonces las consecuencias que se deriven no deben preocuparte.

Trascendencia

La trascendencia define exactamente la meditación. Hay que trascender tres cosas para alcanzar la cuarta, que es nuestra verdadera naturaleza. Gurdjieff solía llamar a este método la cuarta vía y en Oriente la hemos llamado el estado último del ser: *turiya*; el cuarto.

Debemos trascender el cuerpo, que constituye nuestra circunferencia exterior. Debemos ser conscientes de que estamos en el cuerpo, pero no somos el cuerpo. El cuerpo es maravilloso y hay que cuidarlo y tratarlo con mucho cariño, pues él te sirve admirablemente. No seas su antagonista.

Las religiones han enseñado a la gente a ser antagonistas del cuerpo; a torturarlo; lo llaman ascetismo. ¡Es pura estupidez! Pero creen que si torturan al cuerpo serán capaces de trascenderlo. Están completamente equivocados.

La única manera de trascenderlo es la conciencia, no la tortura. No es una cuestión de tortura. No torturas a tu casa: sabes que no eres ella; es tu casa. Solo se necesita conciencia. No hace falta ayunar, ponerse cabeza abajo o contorsionarse en mil y una posturas. Basta con observar y ser consciente. Y esa es también la clave para las otras dos trascendencias.

La segunda consiste en trascender la mente. Esta constituye el segundo círculo concéntrico y está más próximo a tu ser que al cuerpo. El cuerpo es el material y la mente el sutil, pero hay un tercero todavía más sutil: tu corazón; el mundo de tus sentimientos, tus emociones y tus humores. Pero la clave es la misma.

Empieza por el cuerpo porque es lo más fácil de observar: es un objeto. Los pensamientos también son objetos, pero más invisibles. Una vez que seas consciente del cuerpo, también serás capaz de observar tus pensamientos, y cuando seas consciente de tus pensamientos serás capaz asimismo de observar tus humores, solo que estos son más sutiles; así que este tipo de conciencia solo debe ensayarse en la tercera fase. Una vez que eres consciente de los tres círculos concéntricos que rodean tu centro, el cuarto se manifiesta espontáneamente. Súbitamente descubres quién eres, aunque no verbalmente: no tienes una respuesta ni puedes contárselo a nadie, pero lo sabes. Lo sabes de la misma forma que sabes que te duele la cabeza, que tienes hambre o sed o que estás enamorado.

No puedes demostrarlo; no hay forma alguna de demostrarlo, pero lo sabes. Y tal conocimiento es evidente: no puedes dudar de él, es incuestionable. Una vez que llegas al cuarto, has trascendido el mundo.

Yo no predico renunciar al mundo, sino trascenderlo, y ese es el camino.

Trinidad

Las *Upanishads* hablan de dos trinidades. Una se denomina *satyam, shivam, sunderam. Satyam* significa verdad; *shivam* significa bueno, virtud o bondad, y *sunderam* significa belleza.

Hablan también de otra trinidad: *satchitanand —sat, chit, anand—*. *Sat* significa ser, *chit* significa conciencia y *anand* significa felicidad.

Estas dos trinidades son mucho más hermosas y significativas que la trinidad cristiana de Dios padre, Cristo hijo y el Espíritu Santo. Comparada con esas dos trinidades, la trinidad cristiana da la impresión de ser muy inmadura, muy pueril. A veces, incluso los niños tienen más perspicacia que la trinidad cristiana.

Cuando Sigmund Freud dijo que Dios padre no era otra cosa que el profundo anhelo de una persona inmadura de aferrarse al padre, a la idea del padre; que era una fijación paterna, estaba en lo cierto. Pero no había oído hablar nunca ni de *satyam, shivam, sunderam* ni de *satchitanand;* de haberlas conocido no habría podido decir nada denigratorio de esas visiones supremas.

La trinidad cristiana es ciertamente muy pueril, y lo repito: a veces incluso los niños son mucho más inteligentes.

Un chiquillo le estaba haciendo preguntas a otro, amigo suyo. Ambos estaban aprendiendo el alfabeto y el primero le preguntó al segundo:

—¿Cómo es que la S va siempre antes que la T?

Y el otro chiquillo respondió:

—Es obvio: solo si eres puedes tener. ¡Primero tienes que ser, y solo entonces podrás tener! Por eso la T de «tener» va después de la S de «ser». ¿Cómo podría ir antes?

Así pues, esos dos chiquillos son mucho más evolucionados y perspicaces que la trinidad cristiana —padre, hijo y espíritu santo—, ¿de qué insensatez están hablando?

Tristeza

La tristeza también es buena. Hay que aprender que todas las cosas son buenas.

La bondad no es una cualidad de nada, sino solo tu enfoque y tu manera de verlo. La tristeza es buena porque te brinda una profundidad que ninguna felicidad podría darte nunca. La felicidad no deja de ser superficial. La tristeza llega hasta lo más profundo de tu ser; penetra hasta el centro mismo de tu corazón.

Turista

El «turista» es una especie nueva: no son seres humanos corrientes. Se trata de una evolución reciente: un progreso —o un fracaso—. El turista es una extraña clase de persona: siempre corriendo hacia ninguna parte sin saber por qué, de un lugar para otro. Cuando está en Kabul, piensa en Puna; cuando está en Puna, piensa en Goa, y cuando está en Goa piensa en Katmandú. Nunca está donde se encuentra, sino en cualquier otro lugar; está en todos los lugares menos en aquel en que se encuentra. Nunca está en casa. Nunca le encontrarás en su propia casa; siempre se habrá ido a cualquier otro lugar; siempre está soñando con otros lugares.

El turista sigue su camino perdiéndoselo todo; va con tanta prisa que no puede ver nada. Para ver cosas hay que estar un poco más relajado, un poco más reposado. Pero el turista siempre está ocupado. Toma el desayuno en Nueva York, el almuerzo en Londres y sufre una indigestión en Moscú.

Inevitablemente lleva una cámara. Como no puede ver nada sobre la marcha, no para de tomar fotografías. Después hace álbumes; ¡es un perezoso, pero hace álbumes! Y más adelante, cuando ya ha estado en todas partes, contempla los picos del Himalaya o las playas de Goa; ¡pero cuando estuvo, no estaba allí! La cámara hacía el trabajo por él. No hacía falta ir allí; en realidad, ¿para qué molestarse? Esas fotografías se pueden adquirir en cualquier parte, y mejores que las que pueda tomar él, porque es un aficionado: fotografías hechas por profesionales. Puede conseguir magníficos álbumes para contemplarlos sentado en su casa. Pero ahora el problema es que no puede permanecer sentado.

Esa es una de las cualidades que algunas personas están perdiendo completamente: no pueden permanecer sentadas. Tienen que hacer algo o tienen que ir a alguna parte y tienen que ir deprisa. No quieren perder tiempo, ¡y desperdician toda su vida en ese afán por no perder tiempo! No comprenderán nada porque la comprensión requiere intimidad.

Si quieres comprender a una flor, tienes que sentarte a su lado, meditar y dejarla que hable. Tienes que experimentar el gozo y la danza de la flor bajo el sol, el viento y la lluvia. Tienes que descubrir los diferentes humores de la flor por la mañana, por la tarde, bajo el sol ardiente, al anochecer o bajo la luna llena; tienes que descubrir todos los humores de la flor. Tienes que familiarizarte con ella y entablar amistad. Tienes que decirle «hola» y entrar en diálogo; un diálogo existencial. Solo entonces la flor te revelará sus secretos.

Unicidad

No hay nadie como tú en ningún lugar del mundo; no lo ha habido antes ni lo volverá a haber: ¡eres único! Cada individuo es único; la unicidad es un don de la existencia.

Unidad

Yo predico el individuo: el individuo único. Ámate y respétate a ti mismo, pues nunca ha habido una persona como tú ni jamás la volverá a haber. Dios nunca repite. Eres absolutamente único, incomparablemente único. No tienes necesidad de parecerte a nadie ni tienes que ser un imitador, sino auténticamente tú mismo; tu propio yo. Tienes que seguir tu propio camino.

En el momento en que empiezas a aceptarte y respetarte a ti mismo, empiezas a ser uno. No hay nada que te divida, así que nada puede provocar la escisión.

Yo predico un hombre nuevo: una nueva humanidad que no piense en el futuro ni viva pendiente de deberes y obligaciones, que no repudie ningún instinto natural y que acepte su cuerpo y todo aquello que le otorgue la existencia con profunda gratitud.

Tu cuerpo es un templo: es sagrado. Tu cuerpo no es tu enemigo. Amar a tu cuerpo y cuidar de él no es impío, sino religioso. Lo impío es torturar tu cuerpo y destruirlo. Una persona religiosa amará su cuerpo porque es el templo donde reside Dios.

En realidad, tú y tu cuerpo no sois dos, sino la manifestación del Uno. Tu alma es tu cuerpo invisible, y tu cuerpo es tu alma visible. Yo predico esa unidad, y gracias a esa unidad el hombre se vuelve uno. Predico la alegría, no la tristeza ni la seriedad. Predico el amor y la risa, porque no hay nada más sagrado que el amor y la risa, ni nada más piadoso que la alegría.

No predico la renunciación, como han venido predicando a lo largo de los siglos. Yo predico: ¡Disfruta, disfruta y disfruta! La alegría ha de constituir el núcleo esencial.

En efecto, mi aproximación a la vida es holística, ya que, para mí, ser uno es ser sagrado.

Universidades

Las universidades occidentales han venido impartiendo saber durante siglos. En la actualidad las universidades orientales también imparten saber, pues no son sino copias de las de Occidente. Al principio, lo que impartían básicamente las universidades orientales no era saber. Nalanda y Taxila no enseñaban saber; enseñaban meditación. Impartían una profunda ignorancia y el misterio que la envuelve. En la actualidad no quedan universidades orientales; tanto si están en Oriente como en Occidente, todas las universidades son occidentales. Atiborran la mente de saber.

Así, pues, cuando el estudiante vuelve de la universidad es un ser atiborrado. No tiene alma; solo tiene saber. Y crea problemas; no puede por menos que crear problemas porque lo único que la universidad le ha proporcionado es el ego. No ha adquirido ni un atisbo de humanidad o de humildad. No ha oído hablar siquiera del no-ego. No ha mirado por la ventana a través de la cual la vida es un misterio. Es un ignorante, pues no ha mirado por la ventana. Ha sido atiborrado de saber, y el saber produce la impresión de que uno es muy importante y necesario porque sabe. El ego está fortalecido, así que crea todos los problemas que puede.

El ego crea la política y genera la ambición. El ego crea la envidia, el conflicto permanente y la violencia porque no puede estar satisfecho a menos que alcance la cumbre. Y como todo el mundo trata de llegar a la cumbre, se establece una competencia sanguinaria en todos los terrenos de la vida. Bien sea la economía, la política o la educación, en todas partes hay una rivalidad implacable. Nadie está preocupado por sí mis mo; todos están preocupados por su ambición de llegar a la cumbre y nadie piensa en qué va a encontrar cuando llegue. ¿Qué vas a conseguir llegando a la cumbre? No vas a conseguir nada, solo desperdiciar tu vida.

Las universidades orientales impartían una profunda ignorancia: la ignorancia fundamental de que el hombre no puede penetrar el misterio porque el misterio es soberano. El misterio es inherente a la naturaleza, y el hombre no es más que una parte de ese mismo misterio. Cuando esos dos misterios, el que encierra el hombre y el que encierra la existencia, se encuentran, se produce el éxtasis. La vida se vuelve maravillosa: se convierte en música perpetua; se torna danza. Solo puedes danzar si existe el misterio, pues se necesita al dios de la danza: un dios capaz de danzar. Y la existencia danza por todas partes. ¡Fíjate! No es solo una teoría. ¡Fíjate en la existencia! Danza por todas partes; danza cada una de sus partículas. Tú eres el único que se ha quedado clavado en el suelo. No puedes moverte; no puedes danzar porque sabes; tu saber se ha transformado en veneno.

Vacuidad

Cada vez que oímos la palabra «vacío», pensamos en algo negativo. En el lenguaje de Buda la vacuidad no es negativa, sino absolutamente positiva; más positiva que la llamada plenitud, pues la vacuidad está llena de libertad; todo lo demás ha sido eliminado. Es espaciosa: todos los límites han desparecido. Es ilimitada, y la libertad solo es posible en un espacio ilimitado. Su vacuidad no es una vacuidad corriente; no es solo la ausencia de algo, sino la presencia de algo invisible.

Por ejemplo: si vacías tu habitación, en cuanto sacas los muebles, los cuadros y los demás objetos, la habitación, por un lado, se queda vacía, pues ya no hay muebles ni cuadros ni otros objetos, no queda nada dentro; pero, por otro lado, algo invisible empieza a llenarla. Esa invisibilidad es amplitud, espaciosidad; la habitación se hace más grande. A medida que vas retirando los objetos la habitación se hace cada vez más grande. Una vez retirado todo, incluso las paredes, la habitación es tan grande como el cielo.

En eso consiste el proceso de la meditación: en eliminarlo todo; eliminar tan completamente que no quede nada, ni siquiera tú. En ese silencio absoluto está la libertad.

Vagabundo

Cuando viajas lo haces con un objetivo en la mente. Cuando viajas no estás interesado en el viaje en sí, sino que concentras toda tu atención en el objetivo y te pierdes todo lo que hay en el camino.

Un vagabundo es alguien que no va a ningún lugar en concreto, que simplemente disfruta con el vagabundeo. El norte está bien, pero el sur también. Si va hacia el este, estupendo, y si va hacia el oeste, mejor. Llegue a donde llegue disfruta, pues toda la tierra y toda la existencia le pertenecen. No se dirige a ninguna parte. No tiene la intención de llegar a ningún lugar, de modo que allí donde se encuentre, se encuentra plenamente.

Cuando tienes la intención de llegar a algún lugar, no puedes estar plenamente en los lugares donde no quieres estar, pues mentalmente, en tu imaginación, ya has abandonado el lugar. Puede que físicamente sigas allí, pero mentalmente ya has llegado a donde está tu objetivo. La mente siempre anda rondando alrededor del objetivo. Cuando no hay ningún objetivo, la mente no tiene donde alojarse.

En Oriente el vagabundo ha constituido uno de los principales mecanismos de la senda espiritual. Los budistas llaman al vagabundo *parivragika*: el que va de un lugar para otro. No es que tenga que ir a ninguna parte, sino que disfruta estando en cualquiera. Nunca permanece mucho tiempo en un lugar, nunca impone su presencia por mucho tiempo ni pone casa en ninguna parte. Su casa es su tienda, y allí donde la planta se convierte en su casa. Cuando quiera puede desmontarla y echársela al hombro; es un vagabundo.

Con el tiempo, el vagabundeo hace que estés relajado en todo momento, de modo que puedes gozar continuamente de todo lo que sale a tu encuentro: la luna, los árboles, los pájaros, la gente, los extranjeros y los lugares desconocidos.

Valentía

La cobardía y la valentía son las dos caras de una misma moneda; en ambas está presente el miedo: son las dos caras del miedo. Una es sencilla y directa, la otra taimada y oculta; un valiente es un cobarde taimado.

Una vez me contaron que un soldado que estaba en el frente se asustó mucho; tanto, que empezó a correr hacia la retaguardia. Un superior le dio el alto y le preguntó:

—¿Qué estás haciendo? ¿Adónde vas? ¡La batalla ya ha comenzado! ¿Acaso eres un cobarde?

Pero el hombre estaba tan asustado que ni siquiera se molestó en responder y siguió corriendo. El superior fue tras él, lo atrapó y le dijo:

—¿Por qué corres tanto? ¿Por qué no respondes? ¿Sabes quién soy? ¡Soy tu general!

El soldado exclamó:

—¡Dios mío! ¿Tanto he retrocedido?

Vuestros generales y vuestros líderes siempre están en la retaguardia. Nunca mueren ni pasan apuros, son cobardes redomados que se las dan de ser los más valientes. Otros mueren por su causa mientras ellos se quedan en la retaguardia. Vuestros napoleones, vuestros hítleres y vuestros alejandros no son más que cobardes que proyectan, que crean un fenómeno diametralmente opuesto a lo que sienten por dentro. Conviene tenerlo presente, pues solo así podrás tomar en consideración una tercera posibilidad, es decir, la ausencia de miedo. Un hombre que no tiene miedo no es ni cobarde ni valiente, no es ninguna de las dos cosas porque sencillamente no tiene miedo. Un Mahavira, un Buda, un Chuang Tzu o un Jesús no son en absoluto hombres valientes, porque tampoco son cobardes. ¡Solo puedes ser valiente si eres un cobarde!

Un hombre sin miedo es aquel que ha descubierto la inmortalidad dentro de sí mismo, que ha llegado a comprender lo interior: lo inmortal, la eternidad más profunda. Entonces no hay miedo ni tampoco valentía, pues la valentía no es más que una coartada.

Valor

Valor es arriesgar lo conocido por lo desconocido, lo familiar por lo poco corriente y lo confortable por el incómodo y arduo peregrinaje a algún destino inexplorado. Uno no sabe nunca si será capaz de alcanzarlo o no. Se trata de un juego; pero solo los jugadores saben lo que es la vida.

Vejez

No nos queda más remedio que envejecer; pero si envejeces a regañadientes, la vejez es infame. Si envejeces gozosamente, la vejez es hermosa por sí misma: está dotada de nobleza, plenitud, madurez y sensatez. Los jóvenes no tienen nada en comparación con las personas experimentadas, que han vivido la vida y saben que solo es un juego.

En el momento en que una persona comprende que toda la vida no es más que un juego, su vejez es tan hermosa y elegante que ningún joven se le puede comparar.

Verdad

Nadie puede proporcionarte la verdad; la verdad has de descubrirla dentro de tu propia alma. No se puede tomar de los libros sagrados y ni siquiera se puede transmitir, ya que es inexpresable; por su propia naturaleza es intrínsecamente indefinible. La verdad solo se manifiesta cuando estás en absoluto silencio, en meditación muy profunda. Cuando estás en ese estado de no-mente en que no hay pensamiento ni deseo ni ambición, la verdad desciende hacia ti; o asciende hacia ti. Por lo que se refiere a la dimensión de la verdad, es indiferente, ya que en el mundo de la más profunda subjetividad, altura y profundidad significan lo mismo. Es la misma dimensión: la dimensión vertical.

La mente se mueve horizontalmente; la no-mente existe verticalmente. En el momento en que la mente deja de funcionar —eso es al fin y al cabo la meditación: la cesación total de la mente—, tu conciencia se vuelve vertical; tienes a tu alcance la altura y la profundidad.

Al igual que místicos como Patanjali, Badnarayana, Kapila y Kanada, puedes decir que la verdad desciende. Es *avataran*: que desciende sobre ti desde las alturas. De ahí que una persona que alcanza la iluminación reciba el nombre de *avatara*. *Avatara* significa que la verdad ha descendido sobre él; el término *avatara* significa simplemente descender desde lo alto: desde el más allá.

Pero la otra expresión es igual de válida. Místicos como Adinatha, Naminatha, Mahavira y Gautama Buda han dicho que la verdad no viene del más allá, sino que surge de la fuente más profunda de tu ser. No es algo que desciende, sino que asciende; que brota.

Ambas expresiones son válidas; son dos maneras de decir lo mismo: que la dimensión es vertical. Puedes hablar en términos tanto de altura como de profundidad, pero la verdad nunca viene de fuera, por eso nadie puede darte clases.

Vergüenza

George Gurdjieff, que murió en 1950, era un hombre contemporáneo; aunque tal vez el hombre más extraordinario de todo el siglo. Uno de sus discípulos, Nicoll, recuerda que una vez que estaba viajando en tren por América en su compañía, Gurdjieff empezó a comportarse como si estuviese borracho. Nicoll sabía que hacía años que no probaba la bebida —había estado a su lado—, pero empezó a comportarse como un borracho: gritando, tirando cosas y molestando a todo el tren.

Finalmente, acudieron el revisor y el jefe de tren; Nicoll estaba muy confuso. Intentaba calmar a Gurdjieff:

—¿Qué estás haciendo? —le preguntaba. Pero Gurdjieff no le escuchaba. Se estaba poniendo en ridículo y poniendo en ridículo a Nicoll.

Nicoll estaba cada vez más abochornado, pues los demás viajeros empezaron a pensar que Gurdjieff estaba borracho:

—Pero usted debe cuidar de su maestro, y estando borracho no deberían viajar en plena noche —le dijeron a Nicoll—. ¡Ha despertado a todo el tren!

»Además, no está tirando solo sus cosas, sino también las de otras personas. Conténgalo; o de lo contrario tendremos que avisar a la policía en la próxima estación.

Nicoll trataba de persuadir a Gurdjieff diciéndole:

—¡Deja ya de jugar! No hay ninguna necesidad... Sé perfectamente que no estás borracho.

Y Gurdjieff susurró a Nicoll al oído:

—Yo también lo sé, ¡no te preocupes! Tengo mis propios métodos de trabajo. Tienes que aprender a no avergonzarte, sea cual sea la situación. Si quieres seguir conmigo, tienes que aprender una cosa: a no avergonzarte. Esta enseñanza es para ti; he convertido todo este tren en un aula para ti. ¿Por qué nos sentimos avergonzados?

La gente se reunió y se puso a escuchar. De pronto, Gurdjieff ya no estaba borracho y hablaba de la vergüenza y sus implicaciones. Si consigues perder la vergüenza, se produce en ti un cierto crecimiento espiritual. ¿Por qué nos sentimos avergonzados?, porque queremos respetabilidad, y en el fondo aspiramos a que todo el mundo piense de nosotros cosas agradables, cosas buenas y respetables. Cuando ocurre algo que atenta contra la respetabilidad pasamos vergüenza. El que se avergüenza es el ego.

Para acabar, Gurdjieff le dijo a Nicoll:

—Si pierdes la vergüenza, habrás perdido el ego. Ahora ya podemos irnos a dormir.

Todo el tren se quedó asombrado de aquel hombre. Lo que decía era absolutamente cierto. Por la mañana, mucha gente fue a verle al compartimiento. Decían:

—Discúlpenos, pero nos ha causado una gran impresión. Nunca habríamos creído que un profesor, un maestro espiritual, se condujese de ese modo para dar una lección a su discípulo. No hemos podido dormir en toda la noche; hemos pensado en ello una y otra vez. Es cierto, nos sentimos avergonzados, pero no es nuestro verdadero ser, sino tan solo la idea que tenemos de nuestro prestigio, de nuestra posición social y de cómo la gente ha de vernos y conocernos.

Todos usamos máscaras. Y cuando alguien nos quita la máscara, de repente nos sentimos avergonzados. Habíamos ocultado nuestro rostro original a todo el mundo y, de pronto, queda al descubierto. Descubres que de repente te has quedado sin ropa y estás desnudo.

Solo un hombre como Gurdjieff podía hacerlo.

Victoria

En Japón, cuando dos luchadores se enfrentan es todo un ritual. En primer lugar, cada uno se inclina delante del otro; es muy simbólico.

La explicación zen es que el hecho de salir derrotado o victorioso no tiene ninguna importancia, pues ambos se necesitan mutuamente; ambos dependen el uno del otro. Si tú sales derrotado y el otro victorioso, el otro tiene que inclinarse ante ti porque sin ti no podría haber vencido. Su victoria depende de tu derrota, de modo que depende de ti y tiene que estarte agradecido. No puede considerar que la victoria sea suya, pues él solo no podría haber salido victorioso; sin ti no sería nada, así que tiene que darte las gracias y sentirse reconocido. De ese modo ni siquiera la victoria puede infatuarte el ego. Y si sales derrotado, pero ha sido en justa lid, no tienes por qué preocuparte; no te creará ningún problema.

En México han hecho un estudio sobre un grupo de escolares. Existe una antigua tradición mexicana en virtud de la cual el padre tiene que dar premios, juguetes u otras cosas, a cada uno de sus hijos sin tener en cuenta si ha triunfado o fracasado en la vida. El hijo que llega a ser el primero de la clase obtiene un premio, pero el que fracasa, también. No hay ninguna diferencia; el éxito y el fracaso son irrelevantes. Es de una tremenda perspicacia: que triunfes o fracases carece de importancia, no es más que un juego; la recompensa es la misma. Y los psicólogos que lo han estudiado han llegado a la conclusión de que los niños mexicanos se sienten más cómodos en la vida: están más despreocupados, distendidos y relajados. El niño civilizado se pone muy tenso de buen principio, cuando cumple los cinco o seis años y tiene que cargar con todo el peso del mundo. Está tenso, asustado y preocupado por si podrá conseguirlo o no.

Has destruido su infancia y le inculcas el veneno de la ambición. Estás poniendo las cosas demasiado serias: si es el primero es fantástico, pero si queda segundo no habrá alcanzado el objetivo y siempre arrastrará esa herida. Si un niño no ha sido capaz de ser siempre el primero, tendrá que cargar con el complejo de inferioridad, y cuando llegue a casa como un fracasado, nadie le mirará siquiera; todas las miradas serán de reprobación. Lo complicamos todo innecesariamente.

La vida hay que tomársela como una actuación.

Vida

Créeme: la vida es la única verdad que existe. No hay más dios que la vida, así que déjate poseer por la vida en todas sus formas, colores y dimensiones: todo el arco iris, todas las notas musicales. Si pudieses conseguir una cosa tan sencilla... y es sencilla porque solo es cuestión de dejarse llevar. No empujes al río; deja que sea él quien te conduzca al océano, pues él ya va de camino. Relájate, no estés tenso y no trates de ser espiritual. No crees ninguna división entre materia y espíritu. La existencia es una; la materia y el espíritu son simplemente las dos caras de la misma moneda. Relájate, descansa y déjate llevar por el río. Sé un jugador, no un hombre de negocios, y sabrás más de Dios porque el jugador puede arriesgarse. El jugador no es calculador; puede jugarse todo lo que tiene. Pero la emoción del jugador cuando se lo ha jugado todo y espera... ¿qué va a pasar ahora? En ese preciso instante puede abrirse una ventana: puede producirse una transformación de la *gestalt* interior.

Sé un borracho: embriágate con la vida, con el vino de la existencia. No te mantengas sobrio, pues el sobrio está muerto. Bebe el vino de la vida, pues contiene tanta poesía, tanto amor y tanta savia, que en cualquier momento puedes atraer a la primavera. No tienes más que llamar a la primavera y dejar que el sol, el viento y la lluvia penetren en ti.

Vidas pasadas

Hay personas que acuden a mí para saber de sus vidas pasadas. Tuvieron vidas pasadas, pero eso es irrelevante. ¿Por qué ese interés? ¿Qué vas a hacer con el pasado? Ya no puedes hacer nada. El pasado es el pasado y no se puede deshacer; no puedes cambiarlo ni puedes volver atrás. Por eso es por lo que la naturaleza, en su sabiduría, no permite que recuerdes las vidas pasadas. De lo contrario te volverías loco.

Imagínate que estás enamorado de una chica. Si de pronto descubres que esa chica fue tu madre en una vida pasada, las cosas se pondrán muy complicadas. ¿Qué harías entonces?, pues al haber sido tu madre en una vida pasada, hacer el amor con ella ahora te hará sentirte culpable; pero no hacer el amor con ella también te hará sentir culpable, porque la amas.

Por eso digo que, en su sabiduría, la naturaleza nunca permite que recuerdes tus vidas pasadas a no ser que alcances un punto en que pueda permitirlo, es decir, que estés tan inmerso en la meditación que nada pueda perturbarte, en cuyo caso las puertas se abren y aparecen ante ti todas tus vidas pasadas. Es un mecanismo automático.

No las recuerdas porque no sabrías cómo arreglártelas con ellas. Con el lío que tienes con una sola vida, si recordases muchas te volverías loco. No pienses en ello; también es irrelevante.

Lo importante es estar aquí y ahora y encontrar tu camino.

Violencia

Solo el hombre es violento. Tal vez no comprendas a los demás animales: quizá maten más de lo que pueden comerse, pero eso demuestra solamente que no son fuertes en aritmética; nada más. Tal vez hayan matado más de lo que podían comerse, pero lo único que eso demuestra es que no saben calcular por anticipado. Pero no, no lo hacen por deporte ni por diversión.

Las hormigas que se pasean por tu cuerpo cuando estás meditando no son perversas; no tienen ni idea de que estás meditando ni saben quién eres. Puede que anden en sus propios asuntos —las hormigas son muy metódicas—, o puede que sigan su propio camino y tú te hayas puesto justamente en medio; eso es todo. En realidad eres tú quien las molesta, y no ellas a ti. Has tenido que plantarte como una roca precisamente allí; crees que estás meditando, pero lo que estás haciendo es perturbar completamente su camino. Las hormigas son grandes seguidoras de sus líderes: si el líder ha pasado por allí, todas querrán pasar por allí. Son muy disciplinadas en todo momento, como un ejército, de modo que tienen que pasar por encima de ti. Tú piensas que son un engorro y te molestan; pero ellas piensan que eres tú quien las estorba y las molesta. No, no son perversas. Nadie es perverso excepto el hombre; nadie puede serlo, pues ser perverso requiere una gran capacidad de pensamiento. Para ser perverso, uno tiene que pensar en el futuro y hacer cálculos con respecto al futuro. Para ser perverso hay que darle muchas vueltas al pasado —experiencias, posibilidades e imposibilidades pasadas— y al futuro. Hay que ser, además, ingenioso y astuto. Para ser perverso hay que ser discípulo de Maquiavelo o Chanakya. Maquiavelo dice en su *Príncipe* que antes de que alguien te ataque, debes atacarle a él, pues esa es la única defensa. Aunque alguien no te haya atacado todavía, debes sospechar y, antes de que te ataque, atacar tú primero, pues esa es la única gran defensa. Si atacas primero tienes mayores posibilidades de vencer, pero si es él el que ataca primero, las posibilidades de vencer son menores.

El hombre es perverso porque solo el hombre puede ser maquiavélico. Los demás animales son simples, muy simples, y te equivocas si crees que hacen algo por perversión. Tú piensas que los mosquitos perturban tu meditación, pero ellos no lo saben. Ni siquiera te conocen; para ellos no eres más que comida, y andan buscando alimento; es algo muy simple... Cuando te acercas a un árbol —un manzano o cualquier otro árbol frutal— y arrancas un fruto, ¿te has planteado alguna vez que eras perverso con respecto al árbol? No, jamás te ha asaltado ese pensamiento. Es lo mismo que el mosquito te hace a ti, y los mosquitos son muy imparciales: te harían lo mismo aunque fueses un buda.

Los mosquitos son imparciales. No se preocupan de si eres o no eres un buda o de si estás meditando o asesinando a alguien; ellos van en busca de alimento. Así pues, si tú puedes buscar tu comida sin pensar en ningún momento que seas perverso, ¿por qué has de pensarlo de ellos? Nadie es perverso. Ni siquiera los gérmenes, que pueden matarte, son perversos; van en busca de alimento. Ni tampoco son perversos los mismos gérmenes que provocan en tu cuerpo el cáncer que seguramente acabará contigo, que ninguna medicina podrá aliviar, pues no son maquiavélicos ni políticos. Son gente sencilla que busca alimento y están muy contentos de haber encontrado un hogar dentro de ti. No te hacen ningún daño a sabiendas porque no hacen nada deliberadamente. Disfrutan de la vida igual que lo haces tú.

Una vez que lo hayas entendido... No quiero decir que esperes desnudo a servirles de alimento; no me refiero a eso. Protégete, pero no pienses que son perversos. Protégete. Si el árbol hubiera podido protegerse, se habría protegido de ti. Protégete. Hasta el mosquito se protege: incluso se vuelve inmune al DDT. Todo el mundo se protege. No estoy diciendo que debas convertirte en víctima y, pensando que los mosquitos no son perversos, tengas que esperar desnudo a que se ceben en ti porque buscan alimento. En ese caso, lo que haces es irte al otro extremo; caer en otra tontería.

Protégete, pues todo el mundo se protege. Incluso el mosquito se protege, pero no pienses que sea perverso, porque la idea de que toda la vida que te rodea es perversa es muy peligrosa. Esa idea te hará más daño que todos los animales y todos los mosquitos y todas las hormigas juntos, pues te creará un sentimiento de separación de la vida. Esa idea te convertirá en un enemigo de la vida y no permitirá jamás que te rindas al Todo.

Virtud

La verdadera virtud no tiene nada que ver con la llamada moralidad. Hay una sentencia muy profunda y significativa de Sócrates que dice: «El conocimiento es virtud». Por conocimiento entiende sabiduría, conciencia, pues ponía todo el énfasis en «conocerse a sí mismo». Solo la conciencia te permite conocerte. Y desde el momento en que te conoces, no puedes hacer daño a nadie; es sencillamente imposible. No puedes ser destructivo. Es como un hombre que tiene ojos: ¿cómo se te puede ocurrir que trate de pasar a través de la pared? Como tiene ojos, sabe dónde está la puerta y pasará por ella. Pero puede que el ciego sí que lo intente. Chocará con todo, y quizá intente salir por la ventana o a través de la pared. No sabe dónde está la puerta, por lo que tendrá que preguntárselo a los demás. Ahora bien, por lo que se refiere a la vida, a cada momento estás en una casa distinta, pues la casa se transforma continuamente. A veces la puerta está a la derecha y a veces a la izquierda; unas veces está delante y otras detrás. Las indicaciones de los demás no te servirán de mucho, pues la puerta cambia constantemente.

Necesitas tus propios ojos, ya que así no tendrás que preguntar; no hará falta que pienses en la puerta cada vez que quieras salir: te bastará con mirar para saber dónde se encuentra. Eso es lo que te proporciona la conciencia: una percepción, una nueva visión, una manera de ver: un nuevo ojo. En Oriente lo llamamos el tercer ojo. Solo es una metáfora, aunque haya algunos imbéciles que intenten disecar un cadáver para ver dónde se encuentra. Puede que tales imbéciles sean grandes expertos o científicos, pero eso no cambia las cosas. No han entendido la metáfora, no han comprendido la poesía que contiene la expresión. Solo es eso: una expresión. El tercer ojo no existe en el cuerpo físico; no es más que una manera de decir que has descubierto la manera de percibir directamente la realidad, que te has vuelto consciente. Y de esa conciencia nace la virtud. No lo olvides: si la virtud viene impuesta desde fuera, es una reglamentación; cuando sale de dentro, tiene individualidad. No es como la ropa confeccionada, sino que está hecha a tu medida por tu conciencia, en completa armonía con tu yo.

Moisés escribió los Diez Mandamientos hace tres mil años y todavía hay tontos que los siguen. Eran muy válidos para Moisés, pero solo para él y para nadie más que él. Fueron producto de su conciencia. Esa es la parábola: surgieron de un encuentro con Dios, que es una antigua manera de decir que uno se ha vuelto tan consciente que sabe qué es la verdad y qué es Dios. Su experiencia de la verdad suprema dio a luz los Diez Mandamientos, pero solo eran aplicables a él y a nadie más que a él.

En la India los hindúes siguen las normas y la disciplina de Manu, quien todavía es más antiguo que Moisés (tiene cinco mil años). Puede que fuesen muy útiles para Manu, pero no son adecuadas para nadie más. Por eso siempre insisto en que cada persona debe encontrar su propia religión, su propia moralidad y su propia virtud. De ese modo la virtud llevará tu propia firma, estará viva y palpitante y la aplicarás simplemente porque es lo que tienes que hacer, es el corazón quien te lo pide. No esperas recompensas en el paraíso ni ambicionas nada ni tienes miedo del infierno ni del castigo. Haces exactamente lo que tu percepción te dice que hagas, sea cual sea el resultado y cualesquiera las últimas consecuencias. Nadie de profunda conciencia se preocupa jamás por las consecuencias. Actúa de forma inmediata, responde directamente a la realidad: eso es todo. Y disfruta del momento cuando todo su ser actúa de concierto con la realidad. Disfruta de esa armonía, ese encuentro, esa fusión y esa unión.

Voluntad

El hombre tiene que ser una síntesis de voluntad y rendición. Lo primero que el hombre tiene que incrementar es su fuerza de voluntad: su ego. Mi parecer es que como vamos a vivir una media de setenta años, los primeros treinta y cinco debemos dedicarlos a fortalecer el ego y la fuerza de voluntad. Hacer caso a Nietzsche, Steiner y Freud y fortalecer el ego, integrarlo completamente.

Pasados los treinta y cinco hay que aprender a relajarse, a hacer dejación del ego y rendirse cada vez más a la existencia. Occidente es la primera parte de la vida; Oriente es la segunda. La vida debe empezar como en Occidente y acabar como en Oriente. Primero hay que echarse al mundo, y en el mundo te hará falta la voluntad. Hay que esforzarse y luchar, porque la lucha te aguza la inteligencia; pero no hay que seguir luchando y peleando hasta el final. ¿Qué sentido tendría?

Lucha, aguza tu inteligencia, descubre los vericuetos del mundo, recorre el mundo entero y sé un conquistador; pero después... vuélvete hacia dentro. Has conocido el exterior; ahora trata de conocer el interior.

Y para conocer el interior hay que relajarse. Hay que olvidarse de la ansiedad, la angustia y la tensión. Hay que dejar de ser competitivo: ya no hace falta la voluntad. Para conquistar el mundo se necesita voluntad; pero no para la conquista el mundo interior. De momento parece

muy difícil, muy ilógico —soy una persona ilógica—, pero a mi entender solo los egos fuertes pueden rendirse; los egos débiles no pueden hacerlo. Les da miedo porque saben que tienen un ego muy débil; si se rin-
den están perdidos. Un persona con un ego débil sería incapaz de
resistirlo; tiene miedo de su debilidad interior. Finge por fuera, pero conoce su realidad interior: que está listo. Así que se pone a la defensiva, se
defiende.

Cada vez que una persona con un ego fuerte dice: «Muy bien, vamos a verlo, probemos eso también», es consciente de que tiene suficiente confianza para adentrarse en terreno desconocido sin dejar de
protegerse a sí mismo. Y si decide volver atrás, puede volverse atrás;
tiene suficiente confianza: confianza en sí mismo. Tiene suficiente voluntad.

No olvides que rendirse es el último y más sublime ejercicio de voluntad. Rendirse no es tan fácil. No es que te rindas porque ya no puedes
resistir; como ya ibas perdiendo, dices: «De acuerdo, me rindo», porque
ya no te tenías en pie. Rendición no es impotencia. La rendición no parte de la impotencia, sino de un enorme poder. Has seguido los caminos
de la voluntad y no has encontrado nada. Has explorado todas las posibilidades del ego y solo has encontrado sufrimiento; y eso duele. Luego
has decidido: «Haré la última prueba: renunciar al ego».

Para renunciar al ego se necesita una gran voluntad, de lo contrario
es muy difícil. Es el acto más sublime del mundo: el último. Solo está al
alcance de los más valientes.

De modo que cultiva la voluntad, pero no tengas miedo; conviértete
en un gran egoísta, pero no temas. Deja que duela, que te torture, que se
convierta en un cáncer para tu alma hasta que un día, por fin, renuncia-
rás. Y esa renuncia partirá de tus propios sentimientos y tu propia experiencia, lo cual es magnífico.

Voz interior

Hay muchas personas que oyen continuamente voces interiores. Tales
voces interiores no son más que residuos; solo son fragmentos de la

mente y no tienen ningún valor. Pero a veces puedes creer que estás oyendo a algún guía interior o a algún maestro del más allá, o acaso a algún espíritu, como un espíritu tibetano, e imaginarte cosas de esas. Pero lo único que harás es engañarte a ti mismo.

Todos son fragmentos tuyos. Y si los sigues, acabarás loco, pues una parte tirará de ti hacia el norte y otra hacia el sur. Empezarás a desmoronarte. Recuerda que en eso consiste la neurosis, de modo que aprende a tener cuidado con todas esas voces. No hagas caso de ninguna; confía únicamente en el silencio. No te fíes de ninguna voz, pues todas las voces proceden de la mente y no tienes una mente, sino muchas. Persiste la falacia de que solo tenemos una mente, pero es falso.

Tienes muchas mentes. Por la mañana predomina una, al mediodía otra y por la tarde una tercera; pero tienes muchas más. Gurdjieff solía decir que tienes muchos yoes. Mahavira dijo que el hombre es polipsíquico. ¡Eres una multitud! Si no dejas de escuchar esas voces interiores y las sigues, lo único que conseguirás es destruir toda tu vida.

Vulnerabilidad

El hombre de claro discernimiento es inevitablemente vulnerable a todas las contradicciones. No tiene más alternativa que esperar consciente y en silencio, sabiendo que aun tratándose de contradicciones, acabarán por encontrarse en alguna parte. La vida se encuentra con la muerte, el día con la noche, el amor con el odio y el sí con el no. Para el hombre que ha trascendido todas las opiniones, tan parcial es el sí como el no. En realidad, cuando ambos se encuentran y se fusionan, cuando el sí deja de ser sí y el no deja de ser no, cuando es absolutamente indefinible porque el lugar en que el sí y el no se encuentran está más allá de toda capacidad de concepción, es la trascendencia: es ir más allá de la mente.

Xenofobia

En el fondo, toda sociedad espera que te comportes exactamente como los demás. En el momento en que te comportas de forma un poco diferente, te conviertes en un extranjero, y la gente tiene mucho miedo de los extranjeros.

Por eso, dondequiera que dos personas se sientan una al lado de la otra, un autobús, un tren o una parada de metro, no pueden permanecer en silencio, pues en silencio ambas son extranjeros. Acto seguido se presentan mutuamente: «¿Quién es usted? ¿Adónde va? ¿A qué se dedica?». Unas cuantas preguntas... y se quedan tranquilos: solo es un ser humano como yo.

En su autobiografía, *Mein Kampf*, Adolf Hitler dice que si un político quiere mantenerse en la política, no puede dejar de crearse enemigos. A falta de enemigos reales, tiene que crear la ficción de que hay alguien que quiere atacarle, de que está rodeado de enemigos. Eso, y no la paz, es lo único que puede mantenerle en el poder.

Y hay un dato objetivo que conviene conocer: vuestra historia está llena de héroes que no eran más que matones: gente que hizo matanzas de millones de personas. En vuestra historia no consta un solo nombre que corresponda a un pacificador.

XYZ

Todo arte tiene que llegar a un punto en que se prescinda de las tecnologías. Toda meditación tiene que llegar a un punto en que se abandonen los métodos. Estos son buenos para que los principiantes aprendan el ABC; pero cuando has alcanzado el punto del XYZ, no tienen la menor utilidad.

En silencio, estás lleno de música. Sin moverte, estás danzando. Vacío de todo pensamiento y de todo sentimiento, solo emana de ti gracia plena y gratitud, tal como emana la fragancia de la flor de loto.

Hay que alcanzar ese punto, pues solo entonces estás colmado; solo entonces has llegado a tu destino.

Yo

La gente solo tiene egos, y el ego es un sucedáneo del ser. Como no somos conscientes del verdadero ser, creamos el ego; no es más que un simulacro. Como no podemos vivir sin el centro, nos inventamos un falso centro.

Tienes dos posibilidades: o descubres el verdadero centro o te creas uno falso. La sociedad fomenta el falso centro porque una persona falsa se puede dominar fácilmente; no solo puede ser dominada, sino que, encima, quiere que la dominen. Busca continuamente alguien que la domine. Si no es dominada no se siente bien, pues solo cuando es dominada tiene una cierta sensación de «ser alguien». Cuando cumple las órdenes de alguien, cree «ser útil para algo». Tanto su valía como su vida son prestadas. Su vida no tiene de por sí ningún significado; alguien más tiene que dárselo.

Se siente mejor formando parte de una Iglesia: es un cristiano, y por lo menos el cristianismo le transmite una falsa sensación de importancia. O se hace comunista y la gran masa de comunistas le ayuda a sentir que está haciendo algo importante. No puede ser único, y en eso se basa toda la estrategia de la sociedad: no permitir que confíes en ti mismo. Te mutila y te obliga desde el principio a depender de muletas, y la mejor manera de hacerlo es no permitiendo que seas consciente de tu verdadero ser.

En lugar de tu verdadero ser, te da simplemente un muñeco llamado ego. La sociedad apoya enormemente al ego: lo ensalza y lo alimenta. Si sigues los dictados de la sociedad de todas las maneras posibles, serás respetado, y la respetabilidad no es otra cosa que alimento para el ego. Si no sigues los dictados de la sociedad, te faltarán al respeto, lo cual significa castigar al ego: hacerle pasar hambre. Pero como es muy difícil vivir sin un centro, uno está dispuesto a satisfacer todo tipo de exigencias: las racionales y las irracionales.

Mi afán es que renuncies a esa falsa entidad llamada ego. Renunciar es la mitad del trabajo; pero la otra mitad es más fácil: tomar conciencia de tu verdadero yo. Una vez constatas que lo falso es falso, no cuesta mucho aceptar lo verdadero como verdadero.

El verdadero ser existía antes de nacer tú y seguirá existiendo cuando te hayas ido, después de tu muerte. El verdadero ser no solo existe entre el nacimiento y la muerte. Al contrario, el nacimiento y la muerte no son más que episodios del largo, del eterno viaje del verdadero ser. Además, este no es su primer nacimiento; antes ha habido muchos y habrá muchos después.

Cuando uno llega a ser consciente de su verdadero centro, se vuelve consciente de la eternidad.

Zoo

Pat siguió el ejemplo de su amigo Mike y dejó Irlanda para ir a trabajar en Inglaterra. Aunque habían perdido el contacto desde entonces, Mike había mencionado lo fácil que era encontrar trabajo en el zoo de Whipsnade, así que Pat solicitó un empleo. Por desgracia, no quedaba ningún puesto de guardián; ni siquiera una vacante de barrendero.

—Pero te voy a contar algo —dijo el director—, hace un par de días se murió el gorila, ¿y qué es un zoo sin gorila? Pero hemos conservado intacta su piel, de modo que si te metes en ella y ocupas su recinto, te daremos alojamiento y comida, además de pagarte generosamente.

Pat echó una ojeada al lindo terreno que ocupaba el recinto del gorila, inspeccionó la confortable casa del gorila y probó la cama con que estaba dotada. Estuvo de acuerdo y tomó el empleo. Pat se convirtió muy pronto en la atracción predilecta de los visitantes del zoo. Como era extravertido, siempre hacía una buena representación: daba volteretas, se golpeaba el pecho y gruñía. Pero el punto culminante de su actuación era el más popular. Cuando tenía mucho público, Pat trepaba a un gran roble en un extremo del recinto, junto al cercado de los leones, y lanzaba bellotas a la leona. El león de gran melena, especialmente, rugía de rabia y soltaba zarpazos, mientras el público rugía de placer.

Un día festivo, en que se había congregado una multitud mayor que de costumbre, Pat se encontraba arriba y en el momento culminante de su actuación. Acababa de rematar el lanzamiento de bellotas golpeándose el pecho, cuando la rama en que hacía equilibrios se rompió y cayó al suelo a los pies del león. Pat se levantó de un salto, pidió auxilio a gritos y estaba a punto de salir corriendo cuando la leona le susurró:

—Cierra la boca, Pat, ¿acaso quieres que perdamos los mejores empleos que jamás hayamos tenido?

Acerca del autor

RESULTA difícil clasificar las enseñanzas de Osho, que abarcan desde la búsqueda individual hasta los asuntos sociales y políticos más urgentes de la sociedad actual. Sus libros no han sido escritos, sino transcritos a partir de las charlas improvisadas que ha dado en público en varios países en el transcurso de treinta y cinco años. El londinense *The Sunday Times* ha descrito a Osho como uno de los «mil creadores del siglo XX», y el escritor estadounidense Tom Robbins como «el hombre más peligroso desde Jesucristo».

Acerca de su trabajo, Osho ha dicho que está ayudando a crear las condiciones para el nacimiento de un nuevo tipo de ser humano. A menudo ha caracterizado a este ser humano como Zorba el Buda: capaz de disfrutar de los placeres terrenales, como Zorba el griego, y de la silenciosa serenidad de Gautama Buda. En todos los aspectos de la obra de Osho, como un hilo conductor, aparece una visión que conjuga la intemporal sabiduría oriental y el potencial, la tecnología y la ciencia occidentales.

Osho también es conocido por su revolucionaria contribución a la ciencia de la transformación interna, con un enfoque de la meditación que reconoce el ritmo acelerado de la vida contemporánea. Sus singulares «meditaciones activas» están destinadas a liberar el estrés acumulado en el cuerpo y la mente, y facilitar así el estado de la meditación, relajado y libre de pensamientos.

Resort de Meditación de Osho® Internacional

~⟳~

El Resort de Meditación fue creado por Osho con el fin de que las personas puedan tener una experiencia directa y personal con una nueva forma de vivir, con una actitud más atenta, relajada y divertida. Situado a unos ciento sesenta kilómetros al sudeste de Bombay, en Puna, India, el centro ofrece diversos programas a los miles de personas que acuden a él todos los años procedentes de más de cien países.

Desarrollada en principio como lugar de retiro para los marajás y la adinerada colonia británica, Puna es en la actualidad una ciudad moderna y próspera que alberga numerosas universidades e industrias de alta tecnología. El Resort de Meditación se extiende sobre una superficie de más de dieciséis hectáreas, en una zona poblada de árboles, conocida como Koregaon Park. Ofrece alojamiento de lujo para un número limitado de huéspedes, y en las cercanías existen numerosos hoteles y apartamentos privados para estancias desde varios días hasta varios meses.

Todos los programas del centro se basan en la visión de Osho de un ser humano cualitativamente nuevo, capaz de participar con creatividad en la vida cotidiana y de relajarse con el silencio y la meditación. La mayoría de los programas se desarrollan en instalaciones modernas, con aire acondicionado, y entre ellos se cuentan sesiones individuales, cursos y talleres, que abarcan desde las artes creativas hasta los tratamientos holísticos, pasando por la transformación y terapia personales, las ciencias esotéricas, el enfoque zen de los deportes y otras actividades recreativas, problemas de relación y transiciones vitales importantes para hombres y mujeres. Durante todo el año se ofrecen sesiones individuales y talleres de grupo, junto con un programa diario de meditaciones.

Los cafés y restaurantes al aire libre del Resort de Meditación sirven cocina tradicional india y platos internacionales, todos ellos confeccionados con vegetales ecológicos cultivados en la granja de la comuna. El complejo tiene su propio suministro de agua filtrada.

PARA MÁS INFORMACIÓN

Para obtener más información sobre cómo visitar este centro de la India, o conocer más sobre Osho y su obra, se puede consultar *www.osho.com*, amplio sitio web en varias lenguas, que incluye un recorrido por el Resort de Meditación y un calendario de los cursos que ofrece, un catálogo de libros y grabaciones en audio y vídeo, una lista de los centros de información sobre Osho de todo el mundo y una selección de sus charlas. También puede dirigirse a Osho International, Nueva York, *oshointernational@oshointernational.com*

Índice